姚晓岚 魏恤民 著

U0958882

历史学科素养的发展策略研究

LISHI XUEKE SUYANG DE FAZHAN CELüE YANJIU

大连理工大学出版社
DALIAN UNIVERSITY OF TECHNOLOGY PRESS

图书在版编目(CIP)数据

历史学科素养的发展策略研究 / 姚晓岚，魏恤民著
. -- 大连 ：大连理工大学出版社，2019.1
ISBN 978-7-5685-1904-5

Ⅰ. ①历… Ⅱ. ①姚… ②魏… Ⅲ. ①中学历史课－教学研究 Ⅳ. ①G633.512

中国版本图书馆 CIP 数据核字(2019)第 024283 号

大连理工大学出版社出版
地址:大连市软件园路 80 号 邮政编码:116023
发行:0411-84706041 邮购:0411-84706041 传真:0411-84707403
E-mail:dutp@dutp.cn URL:http://dutp.dlut.edu.cn
大连金华光彩色印刷有限公司印刷 大连理工大学出版社发行

幅面尺寸:168mm×235mm 印张:14.5 字数:284 千字
2019 年 1 月第 1 版 2019 年 1 月第 1 次印刷

责任编辑:宋 蕾 责任校对:郭晨星
封面设计:于丽娜

ISBN 978-7-5685-1904-5 定 价:35.00 元

审图号:GS(2018)5113 号
地图由中华地图学社提供,地图的著作权归中华地图学社所有
本书如有印装质量问题,请与我社发行部联系更换。

序

《普通高中历史课程标准(2017年版)》在2018年初正式颁布,这对今后我国高中历史教学的改革与发展具有重要指导意义。新课标是新的纲领性、指导性文件,需要我们历史教育工作者认真钻研,深刻领会和把握,并在教学实践中贯彻落实。早在2013年,深圳科学高中的姚晓岚老师就对历史学科素养问题进行了思考和研究,他带领该校的历史教师团队申报了广东省教育科研课题"高中生历史学科素养培养策略研究",对历史学科素养的培育进行了理论上和实践上的探索。姚老师所主持的这一研究课题,可以说颇具前瞻性,走在了全国课改的前列。在该课题研究的过程中,广东省历史教研员魏恤民老师作为教育部高中历史新课标研制组的核心成员,全程指导并亲自参与了该课题的研究。经过四年多的努力,现在呈现在读者面前的这本书,就是他们的研究成果。这一成果,对高中历史教学有建树之功,起到了引领、示范作用。

目前,历史教师对历史学科核心素养的认识还处于初步理解的阶段,很多问题需要进一步解决。一线教师普遍关心的问题是:如何在课堂教学中聚焦核心素养?如何培养学生的历史学科核心素养?教师应该怎么教?学生应该如何学?姚晓岚、魏恤民的《历史学科素养的发展策略研究》,无疑对上述问题提供了有益且有效的解答。

从他们的研究成果来看,主要有四个突出的特点:

一是系统性。《礼记·学记》指出"杂施而不孙,则坏乱而不修",意为如果教学杂乱无章,学生就会陷入混乱,学习没有成效。捷克教育家夸美纽斯则强调:"秩序是把一切事物交给一切人们的教学艺术的主导原则。"教学是一个系统,有着自身的逻辑规律和结构程序。基于学科核心素养的教学是一个新建构的体系,这一体系的诸多环节需要深入的研究。本书在梳理历史学科五大核心素养的内涵与培养路径的基础上,提出了课堂教学的实施策略,并结合历年高考试题对历史学科核心素养的考查,循序、连贯地展开了系统研究,提出了一系列有效的教学策略和教学路径。

二是实践性。人们常说:"理论之树长青,实践之路常新。"理论与实践相结合,是人们不断前行的保证。深圳科学高中的教师团队在研究过程中,将先进的教育教学理念与实际的教学工作密切结合,开设了30多节研讨课,开展了多样化的教学研讨和校际交流，其研究过程扎实，提出的学科素养的涵养之道可操作性强。他们在教学实践中探索、总结出来的教学策略和教学案例，对广大一线历史教师能起到启示作用。

三是创新性。成功之路往往“重在探索，贵在创新”。纵览全书，作者提出了落实历史学科核心素养的四大教学策略，即目标聚焦、内容统整、情境创设和问题探究。之所以说该书在实践上和理论上都具有创新价值，是因为该书所呈现的研究成果，不仅经历了日常教学实践的淬炼，也经受了历史教研专家的多轮“会诊”。书中的成果在实践上、理论上都反映了作者独到的做法和思考。比如，他们认为时空观念包含着对历史的认识、对现实的审视和对未来的判断，培养学生时空观念的最高价值，是能运用时空观念洞察历史趋势，认清历史方位和时代主题，从而增强历史自觉性。这无疑打破了时空观念的传统认知，拓宽了视野。

四是前瞻性。本书的作者都是一线的教师，但他们几乎与教育部新课标研制组同步开展学科核心素养的研究，走在了历史教学发展大潮的最前列。我们不得不赞叹他们对历史课改有着敏锐的目光。而这部研究著作也是关于中学历史学科核心素养实践研究的第一本专著。

当然，作为前瞻性的研究，必然会存在着瑕疵，也会有一些不大成熟的说法或做法，必定会引发读者的思考和争鸣，而这恰是教学研究的价值所在。通过争鸣，将核心素养的教学研究加深、拓宽、提高，正是教学研究与教学实践发展的必由之路。在这条路上，本书作者先行了一步，这一步迈得扎实。希望广大中学历史教师都能看到这本书，并多多思考如何在自己的教学实践中发展学生的学科核心素养，从而全面推进高中历史教学的改革之路，共同前行。只要我们乐于学习，善于思考，勇于探索，勤于实践，历史教学的改革之路必将成为通途。

中国教育学会历史教学专业委员会学术委员会主任

首都师范大学历史学院教授

教育部高中历史课程标准研制组核心成员

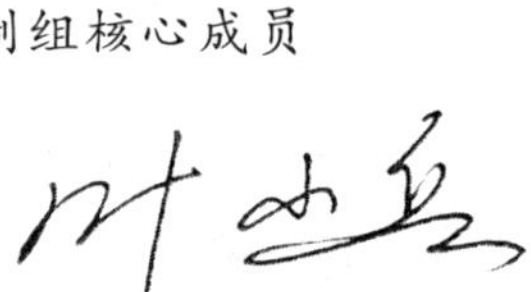

2018年8月30日

目　录

第一章　核心素养的教学追求

基础教育课程承载着党的教育方针和教育思想，规定了教育目标和教育内容，是国家意志在教育领域的直接体现，在立德树人中发挥着关键作用。基础教育要提高质量，课程改革是关键。因此，推进基础教育课程改革，创新人才培养模式，是新世纪我国课程改革与发展的头等大事。

第一节　研究缘起

21 世纪经济全球化和知识经济发展对人才培养的要求，以及国内外课程改革的大趋势、学生个体发展的需要，既是促成我国高中历史课程进一步改革的动因，也是我们开展高中生历史学科素养培养策略研究的宏观背景。

一、国家教育改革发展的需要

核心素养是当今世界各国课程改革的风向标。当今时代，知识经济迅猛发展，科学技术日新月异，经济全球化进程明显加快。为了在国际竞争中立于不败之地，世界各国和各国际组织都加大了对人才培养标准的研究力度。世纪之交，经济合作与发展组织（OECD）提出“核心素养”，一石激起千层浪，欧盟、联合国教科文组织、世界经济论坛等国际组织以及美、英、法、日等国都公布了自己的“核心素养”，从理论和实践两方面确立起影响深远的核心素养框架，并依此倡导课程改革，以迎接信息时代的挑战。可见，提出“学生发展核心素养”是知识经济时代对人才培养的要求，是世界各国为了适应信息化时代的到来和挑战而诞生的战略性概念。

开放发展已经成为教育改革发展的趋势。面对日趋激烈的国际竞争，我国深入实施人才强国战略，提升教育国际竞争力，也必须解决这一关键问题。中国教育需要获得世界认可，需要我们坚持中国特色、中国标准，也要尊重国际规则，对接国际标准，力争成为世界潮流。2014 年，中国启动了学生发展核心素养项目，这一方面是为了顺应世界教育改革的发展趋势，另一方面是中国从人力资源大国向人力资源强国迈进对人的核心素养培育的要求所致。同年 3 月，教育部印发《教育部关于全面深化课程改革落实立德树人根本任务的意见》，首次在国家文件中提出“核心素养”这一概念，并将其置于改革的着力推进的关键领域和主要环节，成为新课程标准制定的核心依据。2016 年 9 月 13 日，中国学生发展核心素养成果发布会召开，会上明确了中国学生发展核心素养总体框架和基本内容，指出“中国学生发展核心素养，以全面发展的人为核心，分为文化基础、自主发展、社会参与三个方面，综合表现为人文底蕴、科学精神、学会学习、健康生活、责任担当、实践创新六大素养”。这显然顺应了世界教育改革与发展的趋势和进程。

“十二五”期间，特别是党的十八大以来，我国教育事业取得了长足发展，教育公平取得重要进展，教育质量稳步提升，服务经济社会发展的能力显著增强。“十三五”期间，我国教育已经进入了提高质量、优化结构和促进公平的新阶段。面对新的形势，党的十八届三中全会、十八届五中全会提出了全面深化改革的目标，规定了深化教育领域综合改革的重点内容，将加快普及高中教育，全面提高普通高中学生综合素质，推动普通高中多样化发展。[①] 在此背景下，推进以人才培养模式转变为核心的课程改革就势在必行。

党的十八大、十九大要求学校教育要落实“立德树人”的根本任务，已经从国家层面深入系统地考虑教育要“培养什么人、怎样培养人、为谁培养人”这一根本问题。在我国，长期以来已经对教育的目的达成了基本共识，即“培养德智体美劳全面发展的社会主义建设者和接班人”。但对于如何培养人，尤其是如何通过学科课程培养人的问题，则是在“学科核心素养”提出后做出了有力回应。《普通高中历史课程标准(2017 年版)》(以下简称“新课标”)以学科核心素养为主线，并以此来制定教学内容、评价标准和教材编制体系，目的是让学生通过历史课程学习，能够从历史角度关心国家命运，关注世界发展。学科核心素养揭示了学科育人的价值观念，是学科教育在全面贯彻党的教育方针、落实立

① 徐蓝、朱汉国:《普通高中历史课程标准(2017 年版)解读》，北京：高等教育出版社，2018 年，第 28～30 页。

德树人根本任务、发展素质教育中的独特贡献，为解决世界教育问题贡献了中国智慧和中国方案。

核心素养的提出，是课程改革的一次华丽转身，在育人模式上实现从学科本位、知识本位到育人本位、学生素养发展本位的转型，即从对内容的关注转向对学习结果的关注，从对教材、课标的关注转向对“培养什么人、怎样培养人、为谁培养人”的关注。将发展核心素养作为出发点和重要依据，引发了对各学科育人价值的思考与实践，明确了未来的教育应该培养学生正确的价值观念、必备品格和关键能力，让普通高中的教学实践有了明确的路径。核心素养也反映了未来社会发展的需求和期望，可以帮助学生明确未来的发展方向，更好地引导学生进行学习。

二、中学历史教育发展的需要

1. 高中历史教育面临的现状

(1)成绩

自 2003 年教育部颁布《普通高中历史课程标准(实验)》(以下简称“实验课标”)以来，我国高中历史课程实验取得了显著成绩，发生了较大的变革。①

一是高中历史课程被定位为一门提高学生素质的基础课程，而不是强调它作为人文社会学科中的一门基础学科，其性质由学科变为课程，终极目标是学生的全面发展，从而打破了“学科中心”理念。实验课标旗帜鲜明地指出，普通高中历史课程是用历史唯物主义观点阐释人类历史发展进程和规律，进一步培养和提高学生的历史意识、文化素质和人文素养，促进学生全面发展。

二是从知识与能力、过程与方法、情感态度与价值观三个维度确立了课程目标。其突出特点是：第一，把知识与能力有机结合起来，把学习的过程与方法作为课程目标提出来，注重学习历史方式的突破；第二，在思想教育目标中突破了以往单纯政治教育的层面，注重人文素养和科学精神的培养，把历史教育的社会功能与人的发展教育功能结合起来；第三，改变了过于注重知识传授的倾向，强调了新的高中历史课程目标要从单纯注重知识传授转变为体现引导学生学会学习、学会做人。

三是实验课标根据高中学生的认知程度，探索了高中历史课程的新体系，

① 徐蓝、朱汉国：《普通高中历史课程标准(2017 年版)解读》，第 9～10 页。

设置了必修课程和选修课程，以“模块”加“专题”的形式加以呈现，构建了重基础、多样化、有层次的课程结构，从而适应社会多样化的需求和学生全面而有个性的发展需要。无论是必修课程还是选修课程，都有中国史内容和世界史内容，这有助于学生形成较完整的世界史知识结构，形成对人类史的整体学习和宏观认识。

四是课程内容更加全面，依据时代性、基础性和选择性的原则，增强了课程内容与社会进步、学术发展和学生经验的联系，加大了世界史、社会生活史、科技史、教育文化史的内容，通过专题、模块将每一阶段的相关内容集中在一个学习专题内，使相关的知识更具系统性，因而实验课标洋溢着浓厚的人文气息。

五是教学改革不断深化。实验课标积极倡导学生学习方式和教师教学方式的转变，强调必须改变课程实施过于强调接受学习、死记硬背、机械训练的弊端，倡导学生主动参与、注重探究、勤于动手，培养学生收集和处理信息的能力、获取新知识的能力、分析和解决问题的能力以及交流合作的能力。在此影响和推动下，自主学习、合作学习、探究式教学、史料教学等新的学习方式和教学方式得到推广。

(2)问题

高中实验课标在实施过程中也存在不少问题。

一是实验课标的理念强调学生个性的整体发展，强调终身教育的基础性，强调创新精神和实践能力的培养，强调科学和人文素养的结合，使学生既能身心全面发展，又能适应社会生活。但就身处一线的教师来说，经常感到面对课程理念与实践操作无所适从，鸿沟犹存。例如迫于有限的课时和高考升学率的压力，选修基本不学，探究基本不用，以多样性与开放性为初衷的课程改革精神大打折扣，实际教学中很难贯彻实验课标关注学生全面发展、鼓励学生个性发展的基本理念。实验课标的基本理念并未在实际教学中得到很好的落实，历史学科多数时候依然是完成升学任务的工具。因此，为真正落实实验课标的基本理念，探索出有效提升高中生历史学科素养的途径迫在眉睫。

二是现行教材的呈现方式不利于学生理解历史。有较多的学生认为现行教材内容跳跃性较大，时间跨度也比较大。采用模块加专题式的教材编写方式，容易造成学生时序观念不强，对历史知识的整体认知偏弱。

三是教学方式并没有发生根本性转变。实验课标实施以来，教师的教学方式确实发生了一些变化，但总体上没有根本性转变，教师采用较多的课堂教学方式仍然是单一的讲授式，教师对教学内容的处理没有按照学生发展的需要或实验课标的要求去处理。究其原因，当下高考成绩是社会、学校衡量教学好坏的唯一指标，在探究活动、探究性学习对高考没有直接效果的情况下，教师转变教学方式的动力会大打折扣。

四是三维目标缺乏核心与层次，一线教师难以充分理解并贯彻到教学实践当中，在具体的教学操作中往往找不到整合三维目标的有效路径，教学中三维目标散乱的现象十分严重。为此，历史教学专家和一线教师曾经提出了历史课堂教学立意、教学灵魂等概念，以此来整合三维目标、统筹课堂教学，在知识与能力立意的大背景下，彰显历史教学的价值。随着学科核心素养的提出，这些探索与提法显得更有价值，因为无论是教学立意还是教学灵魂，都是指向培养学生的品格，引导教师在独特的历史教学内容中，构建学生独特的精神世界。

五是传统的学科教育过度在学科知识上做文章，学校和教师一直纠结于学科知识的容量、难度，教师对所教学科的知识点和训练点烂熟于心，而对学科的本质和教育价值却知之甚少，对学生通过本门学科的学习究竟要形成哪些核心素养以及怎样形成这些核心素养也不甚了解。

高中学科教育被高考绑架，学科和学科教育严重工具化，是目前高中教育存在的深层次问题。学科核心素养正是破解这一问题的钥匙，只有抓住学科核心素养这一灵魂，才能正确地引领学科教育的深化改革，全面地发挥学科的育人功能。

2. 基于学科素养的高中历史教育走向

(1)高中历史的教育目标和功能定位进一步明晰

历史学是研究人类历史进程的学科，是在一定的历史观指导下对人类历史的叙述和阐释。探寻历史真相，体悟历史规律，总结历史经验，顺应历史发展趋势，是历史学的重要社会功能。它在传承人类文明的共同遗产、提高公民文化素质等方面起着不可替代的重要作用。新课标对普通高中历史课程的定位是：在义务教育历史课程的基础上，进一步用历史唯物主义观点，多角度地展现历史演进的基本过程以及人类在历史上创造的文明成果，揭示人类历史发展的基本规律和大趋势。它是促进学生全面发展的一门基础课程。学生通过高中历史课程的学习，将进一步拓展历史视野，发展历史思维，提高历史学科核心素养，能够从历史发展的角度理解并认同社会主义核心价值观和中华优秀传统文化，认识并弘扬以爱国主义为核心的民族精神和以改革创新为核心的时代精神，具有广阔的国际视野，树立正确的世界观、人生观和价值观，为未来的学习、工作与生活打下基础。[①]

教育的终极任务就是提升人的素养。新课标对高中历史课程的目标定位，清晰地描述了历史学科对人的发展的价值和意义，体现它对学生成长的独特贡献，从而使学科教育真正回到服务于人的发展的方向和轨道上来，使学科独特的教育价值在学生身上得到体现和落实，体现了对教育内在性、人本性、整体性和终极性的关注。德国著名教育哲学家雅思贝尔斯说过："教育是人的灵魂的教育，而非理智知识和认识的堆积……在学习中，只有被灵魂接受的东西才会成为精神的瑰宝，而其他含混晦涩的东西则根本不能进入灵魂中而被理解。"[②]任何学科的教学都不仅仅是为了获得学科的若干知识和技能，而应同时指向人的精神、思想情感、思维方式、生活方式和价值观的生成和提升。历史学科同样如此，通过历史教学和学科素养的培育，不仅要使学生逐步形成具有历史学科特征的思维方式、关键能力，还应形成积极的价值观念与情感意识。普通高中历史课程的育人功能，重在引导学生从多角度对历史进行认识，拓展历史视野，发展历史思维，使学生在探究历史的过程中形成自己对历史的正确认识。着力培养学生高尚的道德情操、扎实的科学文化素质、健康的身心、良好的审美情趣，努力使学生具有中华文化底蕴和国际视野，使学生能够从历史的角度考察国家的命运和世界的发展，形成现代公民应具有的历史素养和国家历史认同，是历史课程所坚持的价值追求。

(2)课程目标强调学科素养

纵览世界发达国家的历史课程标准，可以看到其历史课程目标普遍突显学科核心素养的培育。英国国家历史课程标准(1999)规定的能力要求有五项：对编年的理解能力，对历史事件、人物及变化的知识的理解能力，历史解释能力，历史探究能力，组织与交流能力。[③] 美国历史课程标准(1996)在目标领域强调两个重要目标：一是历史思维能力目标，二是历史的理解目标。其中，对"历史的理解"的解读界定了学生应该了解他们国家和世界的历史。韩国历史课程标准(2009)有关能力的表述是：根据历史学习的基本史料，设定通过探究多种多

---

① 中华人民共和国教育部：《普通高中历史课程标准(2017年版)》，北京：人民教育出版社，2018年，第1页。

② 雅思贝尔斯：《什么是教育》，邹进译，北京：生活·读书·新知三联书店，1991年，第3～5页。

③ 李稚勇：《英国历史科国家课程标准论析》，《历史教学(中学版)》2003年第1期，第29页。

样的资料来培养历史思维为目标。这些历史思维包括分析各种资料所含信息，考虑和探究时代的脉络，了解和解释资料的内容、各时期及其主题，还有提出问题的能力和批判性思维能力，培养深入了解韩国史的历史探索和想象力以及历史发展至今的洞察力和判断力。澳大利亚历史课程标准(2009)的历史课程核心术语包括：历史思维、史学研究、历史概述、专题探究等，通过历史教育，学生获得历史知识和对历史的理解。可见，对学科素养的界定和强调跨越了国界，成为历史课程改革的趋势。[①]

学科核心素养有利于解决三维目标割裂的问题，能把三维目标整合起来。核心素养来自三维目标，是对三维目标的进一步提炼与整合；但核心素养又高于三维目标，是个体在知识经济、信息化时代，面对复杂的、不确定的情境时，综合运用学科的知识、观念与方法解决现实问题时所表现出来的关键能力和必备品格。学科核心素养的提出，在教学目标和教学实践之间架起了一座桥梁，避免教学目标过于宏大而没有边界，过于庞杂而结构不明，使之可理解把握、可操作实施、可观察评估。

从历史学科来看，历史学科核心素养是继学科能力之后一个更高、更新的目标。在上一轮课程改革中，中学历史教学初步实现了从"重知识"向"重能力"的转变，着力提高学生历史学科的各项能力，但是能力立意不能有效地解决学生对待历史的态度和情感问题，而三维目标的复杂性及不可检测性，也使得历史课程目标在情感态度及价值观教育方面坍塌，"教学无中心、史学无神韵、观念无灵魂"的现象在中学历史课堂也广泛存在。学科核心素养是学科课程改革发展的新阶段，是从知识与能力立意向素养立意的转变。如果说，以"双基"为目标的教学是立足于知识本位，以"三维目标"为导向的教学是立足于学科本位，那么，以"学科素养"为目标导向的教学则是立足于学生本位。

北京师范大学肖川教授认为："从学科角度讲，要为素养而教，学科及其教学是为学生素养服务的，而不是为学科而教。把教学局限于狭隘的学科本位中，过分地注重本学科的知识与内容，任务和要求，这样不利于培养视野开阔、才思敏捷并具有丰富文化素养和哲学气质的人才。"知识是学校教育活动得以展开的一个支点，教学活动离不开知识，否则教学活动便会成为无源之水、无本之木。但是，教学决不能止于知识，人的发展更不限于掌握知识，教学的根本目

① 徐蓝、朱汉国：《普通高中历史课程标准(2017年版)解读》，第22～23页。

的和人的发展的核心内涵是人的素养的提升，就是说，教学是通过知识的学习来提升人的素养的一种教育活动。从教育思想的角度讲，我们要把“为了知识的教育”转化成“通过知识获得教育”，知识是教育活动中促进学生发展的一种文化资源和精神养料。[①] 因而，教学改革必须回到原点、回归初心，这个原点、初心就是人的素养，就是培养德智体美劳全面发展的人，这才是教学的根本价值。只有从素养这个角度来重新思考和寻找教学改革的出发点和落脚点，才能确保教学改革走在正确方向上并被深度推进。

(3)教学方式更趋开放

强化学生自主、探究学习是当前世界发达地区课程改革的趋势。核心素养在本质上是应对和解决复杂的、不确定的现实生活情境的综合品质，这一过程离不开个体能否综合运用相关的知识技能、思维模式以及态度和价值观等内在的动力系统。素养是个体在具体的特定的任务情境中，不断解决问题、创生意义的过程中形成的。教育或教学的功能就在于创设合理的情境，通过适当的活动促进学习的发生。所以，基于核心素养的学科教学蕴含了学习方式和教学方式的变革。它要求教师能够创设与现实生活紧密联系的、真实的问题情境，让学生通过基于问题的活动方式，开展情境体验式、合作探究式学习。

基于培养学生核心素养的课堂教学，不仅要考虑到教学内容的逻辑、教学过程的环节以及学生的认知特点等，更重要的是在教学理念上要以学生发展为本，以调动和发挥学生学习历史的积极性、主动性和创造性为核心，以学生自主探究活动为中心展开。要打破课堂上以教师为中心的传统模式，奠定学生的“课堂中心”地位，可以通过宽松的课堂氛围给学生更多思考、分析问题的机会，培养他们独立解决问题的能力，增强学生的创新精神和能力。还要以课堂教学为主阵地，多途径、多渠道地开展教学活动，将历史教学向课外延伸。教师可选择具有探究价值和探究意义的课题，让学生通过深入的探究获得知识并加以运用，解决实际问题，让学生在认识历史的过程中，掌握探究历史的方法和技能，逐步学会全面、发展、辩证、客观地看待和论证历史问题。这对学科核心素养的培养至关重要。

(4)教学评价体系更具引导性

传统的课程标准仅规定了课程内容和教授方法，学习结果和学习水平如何

---

① 余文森:《从三维目标到核心素养》,《华东师范大学学报(教育科学版)》2016 年第 1 期,第 13 页。

是以“考试大纲”和“考试说明”的要求来呈现的。新课标提出了基于核心素养的学业质量标准，对学生学习后学科素养的表现进行了水平划分和状态描述。它不仅为有效测评学习结果提供了可能，引导教学重心从“教学内容”转向“学生学习结果”，让教师在把握人才培养要求、把握教学的深度和广度、提高教学设计和实施水平中发挥作用，而且将在帮助学生自主学习、进行过程性学业评价、指导学业水平考试命题和高考命题中发挥作用。

高中历史学习的评价应以学生学科核心素养的发展为着眼点，将评价贯穿于历史学习的整个过程。评价方式应多样化，即课堂学习评价和实践活动评价相结合，形成性评价和终结性评价相结合，量化评价和质性评价相结合，等等。研究分析基于学科核心素养的学业质量标准，并将其校本化，分解和细化到课程模块、单元、课堂教学评价体系中，这既能发挥学业质量评价对学科教学的导向作用，也是深化学科教育课堂改革的关键环节。

综上所述，加强高中生历史学科素养的培育，是适应时代对提高全体国民素质和人才培养质量的新要求，是顺应世界发达地区历史课程改革趋势的需要，是改变高中历史教学现状的需要。在历史学科素养伴随着课程标准走到我们面前的时候，正视它、研究它、实践它才是最好的选择。

第二节　实践探索

近年来关于“历史学科核心素养”的学术讨论方兴未艾，截至 2017 年 12 月，在历史学科核心素养的内涵、培养策略和评价方式等方面的研究与实践已取得了丰硕成果。经过广泛的阅读和文献检索，现将学术界的相关认识梳理如下。这些研究与实践，为我们进一步开展历史学科素养的发展策略研究奠定了良好的基础。

一、关于历史学科核心素养的内涵

历史学科核心素养的内涵一直是学界关注的重点。新课标认为，历史学科核心素养是学生在学习历史过程中逐步形成的具有历史学科特征的必备品格和关键能力，是历史知识、能力、方法、情感态度和价值观等方面的综合表现，包括唯物史观、时空观念、史料实证、历史解释、家国情怀五个方面。对此，不少学界同仁从不同角度对其进行了较为深入的探讨。

在新课标颁布之前，对历史学科核心素养内涵的界定较为权威的当属吴伟教授。他从历史素养与学科能力的关系入手，将历史素养界定为“通过日常教化和自我积累而获得的历史知识、能力、意识以及情感价值观的有机构成与综合反映；其所表现出来的，是能够从历史和历史学的角度发现问题、思考问题及解决问题的富有个性的心理品质”。[①] 他认为学生通过接受历史教育后，所习得的历史素养最后内化为富有个性的内在的心理品质和关键能力。

在新课标颁布之后，仍有不少学者认为“核心素养”(key competences)一词翻译成“关键能力”更符合其本义。赵亚夫教授指出“核心素养”是个复杂概念，其解释空间甚大，简单地把它固化为就是什么，不利于推进课程改革，将“核心素养”称为“关键能力”更为妥帖。[②] 他认为抽离了技能和能力“素养”必空。历史学科的新知识、新技能、新方法、新视野若不以“关键能力”打基础，再怎样包装“素养”也无济于事。[③] 历史学科核心素养不能简单移植工具性学科或科学学科的经验和做法，历史学科是典型的提供人类智慧和经验的学科，关键是用它养育学生的思考力。历史学科应体现独特的学科性和人文性，要能使收集材料、考订史实、历史解释和历史评判等专业化技能转化为学生的通识性知识和基本能力。现在的“学科核心素养”建构中，“唯物史观”“家国情怀”直接体现的是学科“立德树人”的根本要求，其核心依然是爱国主义和社会主义教育。“时空观念”“史料实证”“历史解释”，既内含学科品质，又体现关键能力，也可以把它们理解为实操的部分。但就历史学科核心素养的具体内容而言，唯物史观、家国情怀、时空观念都不是历史学科独占的“素养”。[④] 陈志刚也认为历史学科素养的内涵主要是指向学生学习历史学科应具备的学科关键能力。他根据美国心理学家加涅与教育心理学家布卢姆的相关主张，认为历史学科核心素养的内容构建分为学科基本知识、学科基本技能与学科基本态度三个方面。

有研究者从历史学科核心素养与高中历史教学实践的关系入手，也得出了

---

① 吴伟：《历史学科能力与历史素养》，《历史教学(上半月刊)》2012年第11期，第6～7页。

② 赵亚夫、徐赐成：《“历史学科核心素养”不是什么》，《中学历史教学参考》2017年第17期，第18～25页。

③ 熊巧艺、赵亚夫：《“核心素养”概念辨析——兼议历史教学改革》，《中学历史教学参考》2016年第23期，第5～6页。

④ 赵亚夫、徐赐成：《“历史学科核心素养”不是什么》，《中学历史教学参考》2017年第17期，第18～25页。

类似结论。张华中将历史学科核心素养界定为“中学生为适应现在生活及面对未来挑战，所应具备的核心历史知识、历史思维能力以及认同、尊重和融入历史的态度”。[①] 其中，核心历史知识包括时间知识、空间知识、人物知识、史观知识；核心能力包括运用时空知识准确表达历史的能力、历史理解能力、历史逻辑推理能力、历史解释能力；核心态度包括对自身的态度，对民族、国家和社会的态度，对世界各国和各民族的态度。

关于历史核心能力和核心态度所蕴含的内容，陈志刚等从心理学与历史学科核心素养的关系出发，提出了不同的看法。与张华中将历史核心能力归纳为表达、理解、推理和解释不同，陈志刚等认为历史学科的技能除了上述几点之外，还包括阅读技能、获取信息技能、交流合作技能与学科思维品质。[②] 历史学科态度包括科学的历史学习态度、祖国历史文化的认同、人文精神的认同、强烈的社会责任感、尊重世界历史发展的优秀成果以及认同唯物史观。[③] 笔者也倾向于陈志刚等人的观点，因为历史学的最基本功用便是垂训功用，所以学生对作为历史研究客体的历史事件本身的态度尤为关键，也应纳入核心态度之中。

对于历史学科素养与历史学的关系，有研究者通过解读史学研究过程，归纳了历史学科素养的基本构成，认为历史学科素养主要指向为历史意识。刘俊利通过分析历史研究的动机、抓手、过程等，认为历史学科素养的基本要素包括生活意识、证据意识、问题意识、融合意识和分层意识等。[④] 他在之后的研究中进一步指出，以历史学的内容为线索，基于目标的中学历史学科核心素养(即史学素养)主要表现在四个方面：第一，确证与通透史实；第二，解读与运用史料；第三，体验与领悟史感；第四，分层与表达史事。[⑤] 首都师范大学的张汉林论述了历史学作为历史核心素养的基本前提性局限，认为历史学科核心素养的重要特征是历史思维，尤其是批判性思维。历史思维表现为在时间中思考(即历史

---

① 张华中：《基于实践的历史学科核心素养体系刍议——以普通高中为例》，《历史教学(上半月刊)》2015 年第 9 期，第 36 页。

② 陈志刚、陈彦均：《历史学科素养内容结构构建的方向》，《历史教学(上半月刊)》2016 年第 10 期，第 11 页。

③ 陈志刚、陈彦均：《历史学科素养内容结构构建的方向》，《历史教学(上半月刊)》2016 年第 10 期，第 14 页。

④ 刘俊利：《学术的历史学与中学历史学科素养》，《教育研究与评论(中学教育教学)》2010 年第 1 期，第 22～27 页。

⑤ 刘俊利：《基于课程目标的中学历史学科核心素养：概念、渊源与内涵》，《历史教学(上半月刊)》2016 年第 5 期，第 25～27 页。

地看问题)和基于史料的思维。①

也有研究者从哲学视角解剖历史学科核心素养概念的内涵与外延。冯一下教授认为,“历史学科核心素养”是没有外延的虚假概念(虚概念),在内涵与外延方面存在诸多值得商榷的问题。第一,形式逻辑要求真实定义“必须揭示事物的属加种差”。但新课标中的定义,我们既未见到“历史学科核心素养”的“属”,也未见到“历史学科核心素养”与同种事物的“种差”。第二,形式逻辑要求定义项的外延与被定义项的外延要完全相同,而在新课标的定义中,被定义项是“历史学科核心素养”,定义项讲的却是学生的核心素养的形成及其内容要点等,二者外延明显不同。②

从国际学生评估项目(PISA)对学科素养的界定,有研究者比较了中美历史教学的学科素养关注点差异,将历史学科素养划分为“学生对历史知识的理解、历史知识在新情境中的运用、对历史学科方法的反思、历史元认知的发展”等维度。③

以上是对历史学科核心素养内涵的探讨,虽然视角不同,但大多数研究者认为历史学科核心素养最终的指向是关键能力或历史意识。历史学科核心素养是谁的素养?历史学科本身没有素养,也不需要有素养,因此历史学科核心素养是学生接受系统的历史教育后所获得的素养,它是一种能力或意识。

也有不少研究者对某一历史学科核心素养的内涵进行深入探讨。王德民、朱启胜撰文指出,关于唯物史观,从学理上看,唯物史观是一种世界观与方法论,它理应作为历史课程的整体性指导思想,不宜作为历史核心素养框架界定中的某个具体要素。当然,即使将其纳入历史核心素养框架之中,把它解释为“学习和探究历史的核心理论和指导思想”,但是作为课程目标,它却难以做合理的水平划分。新课标只是简略地对唯物史观做了认知水平区别,并未触及唯物史观作为态度、价值观的深层内涵。④

有研究者对“时空观念”进行探讨,他们都强调时空的社会和历史属性。马维林充分肯定了时空观念的重要性,他将时空观念置于唯物史观视野下,认为

---

① 张汉林:《从历史学谈历史学科的核心素养》,《历史教学(上半月刊)》2016 年第 5 期,第 15～16 页。

② 冯一下:《“历史学科核心素养”商兑》,《历史教学(上半月刊)》2016 年第 10 期,第 16 页。

③ 王德民:《中美历史教学的学科素养关注点差异分析与启示》,《全球教育展望》2015 年第 8 期,第 123 页。

④ 王德民、朱启胜:《基于历史核心素养的教育转型:挑战与课题》,《历史教学(上半月刊)》2017 年第 10 期,第 15～19 页。

正是人类的实践活动，赋予了时间和空间以意义，这样的时空实质上是人化的时空，是人类创造的时空，是意义的时空和价值的时空。社会历史时空视域下，历史的发展总体上呈现出多样性、方向性和整体性的特点。[①] 郭子其认为，历史时间作为历史学的重要概念，应包括两层含义，一是作为一种建构历史认识框架的历史时间，二是作为内在于历史，反映历史流变并内含历史意义的历史时间。[②] 他指出，可将历史时间分为如下几类：从纵横关系看，有共时性与历时性；从时段长短看，有长时段、中时段与短时段；从不同时期、不同历史内容以及不同人物等视角可以呈现出丰富的时间形态。[③] 李宏图强调，就"时空观念"而言，时间和空间不仅仅是自然的时间和空间，还是一种社会和文化的关系的产物。将时间这一单位看作为动态的，有着内在关联性的一种关系，而非一种固定的结构，单一的属性，一种被赋予内容，体现人们认知和社会变迁的单位。[④] 刘继伟主张将空间观念的内涵分解为历史的空间观念、动态的空间观念、联系的空间观念。[⑤]

学术研究必然伴随着争鸣，有研究者对"时空观念"提出疑问。李晓风老师指出，因为所有的历史事件、历史过程、历史现象都发生于时空之中，一个思维和智商处于正常范围的人都自然地能够，而且只能够从时空来认识历史。而且，新课标对"时空观念"的阐释已经远远地超出了时空观念所能够涵盖的范围，已经与历史过程的建构，历史的理解和阐释区分不开了。所以将时空观念作为历史学科核心素养的做法欠妥。[⑥] 刘畅老师则指出李晓风老师的观点是对历史时空观念素养的简单理解，时空性是历史学科本质和天然的特征，时空观念是历史核心素养不可或缺的前提性组成。[⑦] 他把历史时空观念素养分为四个递进的维度：维度一，知道特定历史事件的特定时间和空间；维度二，知道划分历史时间与空间的多种方式及标准，并能运用这些方式描述过去；维度三，按照

① 马维林：《我们赖以认识历史的"时空观念阐释"》，《历史教学(上半月刊)》2017 年第 5 期，第 40 页。

② 郭子其：《培养学生历史时间意识的教育价值》，《历史教学(上半月刊)》2016 年第 7 期，第 28 页。

③ 郭子其：《培养学生历史时间意识的教育价值》，《历史教学(上半月刊)》2016 年第 7 期，第 28～29 页。

④ 李宏图：《学科素养视野下的教学内容分析》，《中学历史教学参考》2017 年第 17 期，第 26 页。

⑤ 刘继伟：《时空观念素养之空间观念的分解及教学建议》，《中学历史教学参考》2017 年第 21 期，第 59～60 页。

⑥ 李晓风：《对于历史学科"核心素养"的一些疑惑和商榷》，《历史教学(上半月刊)》2016 年第 6 期，第 25 页。

⑦ 刘畅：《我的历史四维时空观》，《历史教学(上半月刊)》2016 年第 8 期，第 14 页。

时间顺序和空间要素，独立地编制历史事件进程图表，理解历史在时间上和逻辑上的持续与顺序；维度四，在历史时空的框架下对历史和现实社会进行独立考察和探究。[①] 笔者认为，虽然地理等学科也有相应的时空观念，但是历史更注重时空的社会属性，这是历史时空观念的独特之处，所以将时空观念作为五大素养之一有其合理性。

有研究者对新课标中的"史料实证"的内涵进行了批评。李晓风认为"史料实证"是一个西方哲学的概念，它应该有两个方面的含义，一是考证史料的真伪；二是用史料来论证历史认识、历史观点的正确与否，是否符合历史的真实。从新课标的行文来看，似乎只是体现了第一个方面的含义，对第二个方面的含义未能涵盖。他认为中学的历史教学更多是体现第二个方面的含义，第一个方面更多地体现了"考证"的含义。此外，不管是高中生还是历史专业工作者，他们的历史知识不完全是"证"出来的，还有不少是学出来的，而核心素养却没有提及知识的学习与掌握，这点值得商榷。因此，他认为新课标有一个重大的缺漏，就是没有将"历史知识"的维度写入"核心素养"。[②]

有研究者对"历史解释"素养进行重新定义。张克州、何成刚、康琪认为，历史解释指的是，基于史料与事实，遵循一定的原理、方法，通过逻辑推理，对历史现象、历史事件进行分析的研究行为。[③] 张耕华在《释"历史解释"》一文中对何为"历史解释"进行了详尽的阐述，他指出，历史学中的"历史解释"，可以分为"史料解释"和"史事解释"，前者有两个层次，研讨史料文本义的，可以称为"史料解释 1"，研讨史料原义或引申义的，可以称为"史料解释 2"；后者有两个类型，即演绎法的"史事解释 1"和叙事式的"史事解释 2"。[④] 冯一下先生在探讨了学界流行的几种"历史解释"的定义后，认为"历史解释"是人们以史料为依据，以历史理解为基础，在一定的史观指导下进行的解析和阐释人类社会过往事物的历史思维活动。其中，最重要的应该是"探明历史原因"，而且往往是"由果逆因"。[⑤] 但他也指出，历史解释的重点不是绝对的，历史解释的重点的选择和确

---

① 刘畅：《我的历史四维时空观》，《历史教学(上半月刊)》2016 年第 8 期，第 15～16 页。

② 李晓风：《对于历史学科"核心素养"的一些疑惑和商榷》，《历史教学(上半月刊)》2016 年第 6 期，第 26 页。

③ 张克州、何成刚、康琪：《历史解释：内涵、任务及方法》，《中学历史教学参考》2017 年第 21 期，第 4～5 页。

④ 张耕华：《释"历史解释"》，《中学历史教学参考》2017 年第 17 期，第 16 页。

⑤ 冯一下：《试论历史解释的内容要点》，《中学历史教学参考》2017 年第 5 期，第 7 页。

定，与解释的目的直接相关。[①] 冯一下的观点与何成刚等人非常相似，都强调史料、史观和逻辑的基础性作用。

也有研究者对“历史解释”素养的分类进行探讨。王太元认为，在目前的历史教学中“历史解释”的多样性可以概括成四类：第一类是历史教材中所呈现给学生的“历史解释”；第二类是教师依据历史课程标准，结合自身史学阅读所做的“历史解释”；第三类是教师在课堂教学中引用的学者、专家所做的“历史解释”；第四类是基于学生自身个体对历史事实做出的解释。[②] 邓京力认为，历史解释的内容要点包括探明历史因果、阐释历史意义和客观评价的过程。[③] 冯一下还强调，历史解释是历史哲学的核心概念，“历史解释”包括探明历史原因、分解历史事物、阐明历史意义和进行历史评判等四个内容要点。冯一下先生对历史解释做了较为系统的探讨，包括内涵、内容要点、基本方式以及哲学语境的历史解释等，并形成了一系列比较成熟的观点，这应该是目前学界对“历史解释”这一历史学科核心素养最有针对性、系统性的探究。

到目前为止，对“家国情怀”的研究较少。林德田认为，在理解高中历史“家国情怀”教育内涵的时候，万万不可狭隘地理解“家国”，认为只有“家”与“国”两个层次，其实还应有第三个层次，那就是“天下”。广义上的家国情怀从本质上来说应该是“天下情怀”，体现了“中国的世界、世界的中国”理念。高中历史家国情怀教育中培养天下情怀的内容取向包括：传承中华传统，树立家国同构意识；注重德行修养，培育民族自强精神；胸怀古今中外，形成开放国际意识。[④] 王德民、朱启胜认为家国情怀是人文学科的共同价值取向，政治、语文等学科课程亦能培育家国情怀，尽管课程目标对家国情怀做了内涵界定，但与政治、语文等学科的区分并不明显，相应的水平划分亦显粗糙。[⑤]

还有研究者着眼于探究各核心素养之间的关系。李惠军等人从原典出发，认为马克思主义的唯物史观作为科学的历史观和方法论，它涵盖了时空观念、史料实证和历史解释的概念内涵。唯物史观应该是历史课程体系中上位的宗

① 冯一下：《试论历史解释的内容要点》，《中学历史教学参考》2017年第5期，第12页。

② 王太元：《实现“历史解释”多样性与客观性的统一》，《中学历史教学》2017年第9期，第13页。

③ 邓京力：《历史理解与历史解释辨析》，《历史教学（上半月刊）》2016年第6期，第6页。

④ 林德田：《家国情怀教育的本质是培养天下情怀》，《历史教学》2017年第9期，第44～46页。

⑤ 王德民、朱启胜：《基于历史核心素养的教育转型：挑战与课题》，《历史教学（上半月刊）》2017年第10期，第15～19页。

旨和指导思想，而不应该是与其他下位要素平行罗列的平行关系。① 何成刚、沈为慧撰文探讨了“史料实证”与“历史解释”的关系，如图 1-1 所示：从内涵看，“史料实证”属于“历史解释”；从外延看，“历史解释”较“史料实证”更广泛。

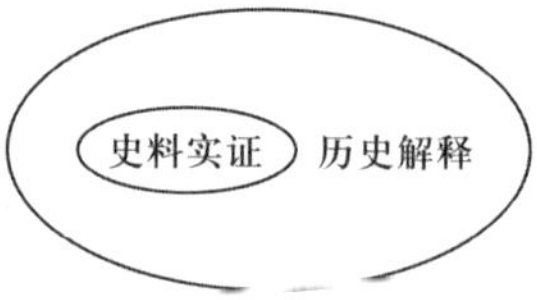

图 1-1 “史料实证”与“历史解释”的关系

也有研究者探究历史学科核心素养的基本要素。李晓风老师认为，历史学科核心素养应涵盖历史知识、历史方法、历史价值观。② 王德民与赵玉洁以“立德树人”的教育根本宗旨为导向，提出历史学科核心素养的基本要素应包括：时空观念、证据意识、历史理解、历史解释以及历史评判。③ 熊巧艺、赵亚夫认为，历史学科素养可以是历史意识、历史方法、公民行动。④ 李渊浩、胡艳萍两位老师根据以往的研究成果和相关纲领性文件，构建了历史学科核心能力模型，如图 1-2 所示。⑤

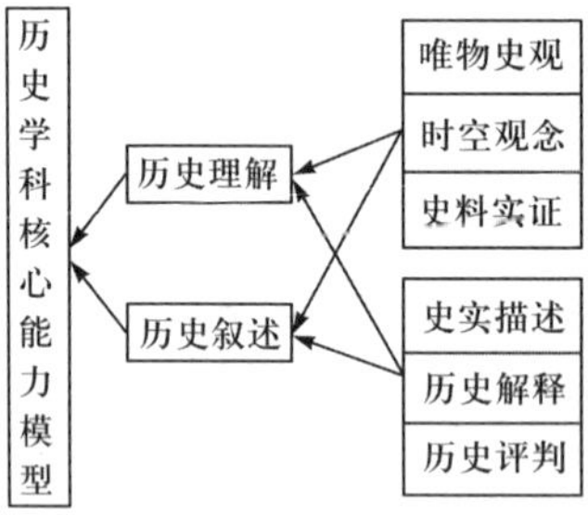

图 1-2 历史学科核心能力模型

历史学科本身没有“素养”和“核心素养”，但历史学科却具有培养和提升历

① 李惠军、张其中、施洪昌：《博识而畅行 广征而顺达(三)——求问唯物史观与时空观念、史料实证、历史解释之间的关系》，《中学历史教学参考》2016 年第 21 期，第 6～8 页。

② 李晓风：《对于历史学科“核心素养”的一些疑惑和商榷》，《历史教学(上半月刊)》2016 年第 6 期，第 27 页。

③ 王德民、赵玉洁：《要素遴选与层次细化：历史核心素养体系构建探讨》，《历史教学(上半月刊)》2016 年第 9 期，第 49 页。

④ 熊巧艺、赵亚夫：《“核心素养”概念辨析——兼议历史教学改革》，《中学历史教学参考》2016 年第 23 期，第 5 页。

⑤ 李渊浩、胡艳萍：《高中阶段历史学科核心能力模型初探》，《中学历史教学》2016 年第 12 期，第 5 页。

史学习者素养的功能，使之适应社会、适应现在、适应未来的变化。因此，当务之急是要在深入研究历史学科(课程)目标体系的基础上，确定核心目标。近来在讨论历史学科核心素养时，一些研究者实际上已涉及历史学科(课程)核心目标问题，且结论各不相同。冯一下指出中学历史学科(课程)的核心目标应是引导中学生初步形成正确的历史观。[①] 何成刚认为"唯物史观"理应成为学生经过中学六年的历史学习，初步掌握的一种核心理论素养。[②] 夏辉辉则强调"历史价值观是核心素养中的'核心'""是皇冠上的明珠"。[③] 魏恤民认为"史料实证"是历史学科最有特色的素养要求。[④] 而邹樱则强调，"历史解释"素养无疑最能体现历史学的本质特征。[⑤]

综括看来，从历史素养、史学素养、学科素养到历史核心素养，不同视角得出的界定各不相同。这里面既有语境、视角差异，又有关注主题不同的偏重。关于"历史学科核心素养"内涵的探讨尚存些许缺憾，他们都没有真正揭示其内涵，提出的只是类概念。同时，也没有厘清核心素养与素质教育以及核心素养与三维目标的关系。

从历史学出发，寻求历史学科核心素养的内涵，是正本清源之举。历史学是人类对自己的历史材料进行筛选和组合的知识形式，也就是说历史学科本身没有素养。历史学科核心素养应当是学生通过日常的历史学习和自我积累而获得的具备历史学科特征的关键能力和心理品质。检验学生是否具备相应的关键能力，主要看学生是否能有意识地运用已习得的方法看待和解决相关问题。历史是面镜子，但镜中人不是别人，而是自我。这个"自我"，可以从两个层面来理解，一个是人类，一个是个体。学生在历史研究和学习中，不断地认识自我、塑造自我，这就是历史学科核心素养的重大功能。

二、关于培养策略

在当前教育领域热议"核心素养"的背景下，如何将"素养"落地，如何弥补

---

① 冯一下：《"历史学科核心素养"商兑》，《历史教学(上半月刊)》2016 年第 10 期，第 17 页。

② 何成刚：《历史核心素养的提炼与培养》，《历史教学(上半月刊)》2016 年 6 月，第 11 页。

③ 夏辉辉：《核心素养视野下的历史教学理解与教学实践》，《历史教学(上半月刊)》2016 年第 6 期，第 22 页。

④ 魏恤民：《例谈基于学生学科核心素养达成的教学设计》，《历史教学(上半月刊)》2016 年第 8 期，第 3 页。

⑤ 邹樱：《培育学生"历史解释"素养的课堂教学探讨》，《中学历史教学》2017 年第 3 期，第 27 页。

教师的“所愿”和学生的“所能”之间的空隙，成为历史教师亟待思考和解决的难题。因此，核心素养培养策略的研究也就成了学界最重要的发力点。综观各家论述可知，有些研究者针对历史学科核心素养的某个要素提出培养建议，也有不少直接将核心素养作为一个整体提出涵养之道。

有研究者提出“人”在历史学科核心素养培养中的关键性作用。陈国峰、李付堂认为培养和提高学生的历史学科核心素养，就要求历史课首先要把“人”摆在首要的位置上，其次才是通过历史知识、历史能力与价值取向的构建达成历史学科素养的培养目标。[①] 唐琴认为，教师在内容、方法、路径的选择上当基于“人”，并将“人”的观念一以贯之，在潜移默化中涵养学生的素养。[②] 笔者认为，几位老师所说的“人”不仅指教师和学生，还包括历史中的“人”。因此在培养学生历史学科核心素养之时，应注意三者的协调。

也有研究者提出运用历史学的思辨性与学术性，探索培养学生历史学科核心素养之道。朱孔庭认为，历史学的思辨性与学术性作为历史学核心特质及其教育价值所在，正是历史学核心素养正向积累和有效内化的正确路径，应成为历史学核心素养导向下课程改革的应然取向。[③] 楼卫琴认为，在课堂上培养学生批判性思维时，需注意如下几个问题：教学立意的重构；教学内容的选择；教学资源的发现；教学问题的设置。[④] 王雯则更加具体，提出在基础课的教学中尝试历史主题阅读的教学模式，基于教材的泛读与精读培养学生的批判性思维能力。[⑤] 卞姗姗提出批判性思维的强化应当从质疑开始，同时，反思与建构必不可少。[⑥]

有研究者从课程角度出发，探索培养历史学科核心素养之道。赵素芹、高岩从课程整合角度出发，提出四大整合方式以提升历史学科核心素养，分别是：基于本校学生学情的整合；基于学生家庭和社会生活的整合；基于学习领域和

① 陈国峰、李付堂：《夜话“素养”——西安夜摊上的延伸研讨》，《中学历史教学参考》2016 年第 17 期，第 47 页。

② 唐琴：《追问与重构：谁的素养？怎样的胜任力？》，《中学历史教学参考》2016 年第 17 期，第 30 页。

③ 朱孔庭：《思辨性与学术性：史学核心素养导向下的高中历史教学的应然取向》，《中学历史教学》2017 年第 11 期，第 8 页。

④ 楼卫琴：《批判性思维与历史教学胜任力》，《中学历史教学参考》2016 年第 17 期，第 44～45 页。

⑤ 王雯：《基于教材的批判性思维能力培养》，《中学历史教学参考》2017 年第 19 期，第 43 页。

⑥ 卞姗姗：《批判性思维与历史核心素养的构建》，《历史教学(上半月刊)》2017 年第 8 期，第 20～22 页。

学习主题的整合；基于信息技术的整合。①

课堂是提升素养的主战场。王建国认为，在核心素养视野下，必须重视提升课堂教学的质量及方向，有三个着力点必须高度重视：一是要重视历史课堂教学的现实关怀；二是要注重历史学习能力的培养；三是要夯实学生历史常识基础。② 张华冕指出，与历史学科核心素养培育相适应的历史课堂教学环节要素，由导学设疑、问题探究、情境体验、延伸拓展等组成。历史课堂教学要尽可能做到以历史学科核心素养培育为指向，以唯物史观、历史情怀为灵魂统摄，以具有思辨价值的问题做贯穿，以探究体验方式为载体，合理灵活安排并实施历史课堂教学诸多环节要素。③ 林红玲以“中国外交的近代化”为例，结合教育学家恩尼斯的“高阶思维”培养法中的“注入”模式，展示了在课堂上培养学生历史思维能力的路径：第一，概念导析——已有知识归类设疑；第二，史实综述——史料整理与归类；第三，思维训导——解决问题；第四，思维建模——思维能力形成与检验。④

也有研究者从高考备考方面叙述提升学生历史学科核心素养的路径。陈福山指出，新高考呼吁广大高三历史教师改弦易辙，并提出相应策略：教材问题化、内容题目化、讲评拓展化。⑤ 张庆安认为，专题复习中核心素养的培养可以采取以下几种方式：准确解读历史概念；精准解读学业考核的要求；构建知识数轴；编制知识表格以帮助学生理解历史和解释历史；左图右史，培养学生的空间观念；精选精编试题培养学生的历史解释能力。⑥ 李柱军也提出了几点想法。第一，在基础知识的复习中渗透和提升学科核心素养。首先，一轮复习逐步由“死讲死记”向“活讲活用”转变；其次，教师可以在唯物史观指导下，以重要历史概念、专题、线索为抓手，梳理和整合历史知识；再次，引导学生按时序整理历史知识和归纳阶段特征。第二，在解题能力的训练中渗透和提升学科核心素养。⑦ 范蕾从核心素养立意的命题视角出发，认为落实核心素养的课堂教学应注重如

① 赵素芹、高岩：《设计适合学生生命成长的课程》，《中学历史教学》2017 年第 8 期，第 8～9 页。

② 王建国：《历史核心素养教育重在实践创新》，《历史教学（上半月刊）》2017 年第 9 期，第 65～66 页。

③ 张华冕：《高中历史课堂教学环节要素设计探析》，《天津师范大学学报（基础教育版）》，2017 年第 18 期，第 44 页。

④ 林红玲：《学生历史思维能力养成路径探析》，《中学历史教学参考》2016 年第 23 期，第 68～72 页。

⑤ 陈福山：《在学科素养指向下的“以考促学”》，《中学历史教学》2016 年第 12 期，第 58 页。

⑥ 张庆安：《新高考复习中核心素养的培养》，《中学历史教学》2016 年第 6 期，第 65～66 页。

⑦ 李柱军：《高三历史备考中渗透学科核心素养初探》，《中学历史教学》2017 年第 1 期，第 65～66 页。

下几点：第一，课有灵魂；第二，结合学情，优化教学策略，在突破知识重点、难点和障碍点上多花功夫；第三，拓宽学科视野。[①] 章光伟、施国芳从分析高考对新文化运动的考查入手，提出塑造学生历史学科核心素养的策略：立足教材信息，牢记基本史实；把握时空联系，贯通思维逻辑；拓宽认识视角，体悟历史价值。[②]

情境式教学被不少教师视为提升历史素养的有效策略。伏玲以“宋明理学”为例探讨了在情境式教学中培养学生核心素养的策略：角色情境培养责任担当和实践创新素养；物具情境展示学会学习素养；问题情境浸润科学精神素养；现场情境渗透人文底蕴和健康生活素养。[③] 陈靖、陈洪义探讨了借助历史人物开展情思教学，促进学生历史情智素养发展的相关方略：走近人物生活场景，开启学生的情感和思维；体验生命的绚丽曲折，调动学生的情感和思维；感悟历史的多面复杂，升华学生的情感和思维。[④] 陈国兵以薛权开老师的一节课为例，提出利用“情境创新”和“角色引入”提升学生的历史学科核心素养。情境创新可有以下几种方式：提炼新主题、站在新角度和利用新素材。通过角色引入，使学生的学习意识和角色悄然转变，成为问题解决者、独立思考者和书面对话者。[⑤]

基于日常教学中“去历史化”的危害，秦晓鸥老师强调矫正“去历史化”以提升学生的历史学科素养。其矫正策略可以通过围绕教学立意，依托核心人物的方式，将“史实梳理”“史料研读”“史感培育”三个环节融于一体，可以就典型的史料进行拓展和延伸并进行多角度、深层次的解读，借助教师的讲解，调动学生与教师的思想互动；将基本史实的记忆和史感的培育融合在一起，以生动地展现历史知识，高效地达成教学目标；让学生有所感、有所悟、有所得，以历史中“人”的情怀与智慧拉近历史知识与学生的距离。[⑥]

从心理学角度出发，郑林教授和郑国民教授基于问卷和学科能力测试题调

---

① 范蕾：《核心素养背景下高中历史试题命制的探索与省思》，《中学历史教学参考》2017 年第 13 期，第 47 页。

② 章光伟、施国芳：《立足教材知识，提升历史素养》，《中学历史教学参考》2017 年第 12 期，第 63～64 页。

③ 伏玲：《在情境式教学中培养学生核心素养》，《中学历史教学》2017 年第 8 期，第 25～27 页。

④ 陈靖、陈洪义：《深挖人物历史内涵 细促情智素养落地》，《中学历史教学》2017 年第 11 期，第 32～34 页。

⑤ 陈国兵：《历史教学的价值取向与样态更新》，《中学历史教学》2017 年第 8 期，第 61～62 页。

⑥ 秦晓鸥：《“去历史化”：历史学科素养的阻抗因素》，《中学历史教学》2017 年第 5 期，第 28 页。

查认为培养历史学科能力的教学首先要激发学生学习历史的兴趣，使他们在历史学习的过程中有愉悦的体验；从学生认知活动角度来看，创新迁移活动中的叙述对学生历史学科能力的影响最大；从教师的教学方式来看，认识发展教学行为对学生历史学科能力的影响最大。①

有教师将阅读作为涵养学生历史学科素养的重要法宝，并根据不同类型的阅读材料提出具有较强实操性的措施。栾思源强调一手史料为主的主题阅读的重要作用，并指出在进行一手史料阅读时，选择史料应把握典型性、多样性和颠覆性等原则。② 叶朝良则强调名著阅读的重要性，并提出在进行名著阅读时要从历史背景、历史语境中去理解作者的写作意图，只有学会对历史事物进行理性分析和客观评判的态度、能力与方法，才能学会历史叙述和历史解释的方法，进而提升学生的历史学科核心素养。③ 张敏霞认为，影视作品观赏也可提升学生的历史学科核心素养。在观看影视作品时，需要注意如下几点：聚焦历史影视，还原复杂历史过程，以历史的观点解析历史影视，或以历史影视的角度来诠释历史，搭建开放性、多维度的知识结构；借由不同的历史叙述与解释，发掘隐藏在影像或文字背后的历史思考，将影像内容与史实相互印证，发展历史的实证意识与思维；鉴别影像真伪、挖掘创作者动机和造伪者意图，反思影像的社会效应，观察历史影视作品背后的个人情感及社会反响；提供模仿的素材，在质疑、反思中强化新旧知识的联系，促进新知识的内化和迁移，进而提高历史思维能力，培养历史核心素养。④ 王雄强调，历史文本阅读能力是学生学习历史的关键能力。他参考美国历史课程标准和中国历史课程标准（征求意见稿），构建了以时序思维能力、历史理解能力、历史解释能力和历史研究能力为主的历史文本阅读能力结构。他认为编制一份能够反映历史文本阅读能力的测试需要进行长期的准备，其难度在于四个方面：第一，将史学研究的思维方式通过高中生能够看懂的简化材料体现出来，材料的长度应该控制在 800～1000 字；第二，历史文本阅读测试题需要检验，并建立至少有 3000 道题的试题库；第三，目前形成的历史文本阅读能力的结构还需要完善；第四，后现代历史哲学的发展如何

---

① 郑林、郑国民：《中学生历史学科能力表现影响因素研究》，《历史教学（上半月刊）》2017 年第 3 期，第 18～19 页。

② 栾思源：《基于主题阅读的一手史料择选标准》，《中学历史教学参考》2017 年第 10 期，第 42～43 页。

③ 叶朝良：《基于名著阅读的分析和表达能力培养》，《中学历史教学参考》2017 年第 19 期，第 46 页。

④ 张敏霞：《基于影视作品阅读的问题意识培养》，《中学历史教学参考》2017 年第 19 期，第 46 页。

逐步融入历史文本阅读之中。[①] 笔者认为，不仅测试题的材料长度应当控制在800～1000字，历史课堂上所使用的材料的篇幅也应控制在这个范围。如此，才能尽最大可能地利用材料，深挖其内涵。

有教师认为历史学科知识是培养历史学科核心素养的基础。刘克明认为，历史学科知识是培育学科素养的载体，学科活动才是形成学科素养的途径，历史学科知识是不能直接转化为核心素养的。落实学生的学科核心素养，要与历史学科的“知识”“活动”融为一体。利用文物古迹等资料去组织历史学科活动，丰富支架式教学的内涵，不但可以提升学生的观察、判断、分析、创造等历史学科能力，而且可以落实学生发展的科学精神、学会学习、实践创新等关键品质。[②] 文物古迹支架式历史教学活动途径如下：第一，获取图文符号，建立学习境脉；第二，开启参观体验，切入项目学习；第三，融合智能技术，实施混合式学习。[③] 同时，以历史古迹去构建学科活动，还需注意以下教学原则：第一，促进教学方式变革；第二，追求终身学习价值；第三，完善激励性评价工具。[④] 余晓芬、许序雅、张静探讨了基于核心素养的历史教学设计，提出以知识内化为始终的教学设计的实施方略：第一，在着手教学设计前，要深究教材内容的逻辑，统合教材内容，并对学生的学情充分把握；第二，在进行教学过程设计时，努力创设情境激发兴趣、感悟历史，创建互动式课堂；第三，在教学评价设计方面，要注重多样性与反馈性。[⑤]

也有教师提出通过跨学科的联动，培养学生的历史学科核心素养。夏辉辉提出可以利用丰富的、体现跨学科性和整合性的学科活动（如中学生书写身边的历史）来培养学生的核心素养。她认为，每节课都有核心目标，应该以“历史价值观”构建一堂历史课的教学核心目标，而教师的目标观、阅读量、教学策略

---

① 王雄：《历史素养的评估与教学建议》，《历史教学（上半月刊）》2016年第9期，第41页。

② 刘克明：《从历史文物古迹到架构学科活动的探讨》，《历史教学（上半月刊）》2016年第11期，第12页。

③ 刘克明：《从历史文物古迹到架构学科活动的探讨》，《历史教学（上半月刊）》2016年第11期，第15～17页。

④ 刘克明：《从历史文物古迹到架构学科活动的探讨》，《历史教学（上半月刊）》2016年第11期，第18页。

⑤ 余晓芬、许序雅、张静：《知识内化：历史学科核心素养下历史教学设计的始与终》，《中学历史教学》2017年第8期，第70～71页。

对核心目标的达成具有重要作用。[①]

也有教师从教学方法入手。严明贵认为，可以通过概念教学培养学生的历史学科核心素养。[②] 有教师提出利用合作学习的方式。如田春苗、范英军认为在合作学习方面，学术史回顾是合作探究的起点，唯物史观是合作探究的准绳，史料实证与历史解释是合作探究的关键，全面辩证是合作探究的终点。[③] 刘夏亲指出，设置疑问引领学生思考，通过情景互动使学生参与课堂，表达各自见解，进而培养学生的历史核心素养。[④] 思维导图也被不少教师视为一种行之有效的途径。比如江子磐利用思维导图培养学生的时空观念。刘道梁、黄海珍认为，在学生自主建构思维导图的学习实践中，教师应做好知识的思维逻辑和伦理逻辑的价值引领工作，并放手让学生设计。与此同时，作为一种简洁概貌性的学习文本，历史思维导图的建构有必要在长时段的时空概念和哲学层面上引导学生深度学习，如此方可获得人类文明发展的若干法则，培育学生的历史哲学素养。[⑤]

有研究者从评价体系入手，突出过程性评价。向佐军认为，只有从根本上改革评价体系，按照能力要求修订教材，并在此基础上改革教学方式，才能使新一轮课程改革落到实处，见实效。[⑥] 同时，张华认为要实现教师教学的素养化和教学评价的素养化。[⑦] 李锡海、王继平强调要重视过程性评价，形成正确的教学评价观。[⑧] 沈玉林认为，优化日常历史作业，通过创新设计来优化训练过程、优化过程性评价，可借助历史调查、历史阅读、撰写历史小论文等形式。[⑨]

---

① 夏辉辉：《核心素养视野下的历史教学理解与教学实践》，《历史教学(上半月刊)》2016 年第 6 期，第 23 页。

② 严明贵：《例说概念教学在历史学科核心素养培养中的重要意义》，《中学历史教学参考》2016 年第 9 期，第 111 页。

③ 田春苗、范英军：《核心素养导向下的中学历史教学三着力点》，《天津师范大学学报（基础教育版）》，2017 年第 1 期，第 43～45 页。

④ 刘夏亲：《设问置疑、情境互动，提升史学素养》，《中学历史教学研究》2016 年第 3、4 期，第 10 页。

⑤ 刘道梁、黄海珍：《思维导图教学实践与学科核心素养的提升》，《中学历史教学》2017 年第 1 期，第 29 页。

⑥ 向佐军：《基于核心素养的历史学科能力培养策略分析》，《中学历史教学》2016 年第 10 期，第 31 页。

⑦ 张华：《核心素养与我国基础教育课程改革“再出发”》，《华东师范大学学报(教育科学版)》2016 年第 1 期，第 9 页。

⑧ 李锡海、王继平：《历史证据思维基准之史料实证素养》，《中学历史教学》2017 年第 4 期，第 71 页。

⑨ 沈玉林：《关于历史学科核心素养“落地”的几点思考》，《中学历史教学参考》2017 年第 7 期，第 54 页。

还有教师特别注重“细节”。陈春露在强调系化与具化之余尤其注重细化，她认为细节是有魔力的。[①] 徐赐成认为，在教学过程中应注意如下几点：要注重建立历史与现实的联系；要注重建立历史与自我的联系；要注重建立历史与未来发展的关系；要帮助学生建立对历史时空观念的感知；要注重发挥历史细节的建构价值。[②] 李树全认为，学生历史素养的培养，需要依托必要的资源、手段或支点。为此他提出如下主张：突破历史概念，深化历史理解；关注历史细节，建构历史认识；聚焦历史人物，滋养思想灵魂；建构历史链条，培养时空观念；拓宽历史视野，培育家国情怀。[③] 施洪昌、金梦霞通过分析李惠军老师的“追寻秦始皇”一课，提出涵养学生历史学科核心素养要把握“三气”，即生气、霸气、底气。在凸显生气时，要注意以下三点：首先，教师要设计合适的教学环节；其次，要以故事为载体，用生动的语言呈现；再次，历史细节与历史问题共同构成历史课堂上师生交往的媒介。[④]

此外，还有一些教师和学者提出了一些实施建议。谢珊珊提出“化育”“习得”的教学策略。“化育”指教师将学科核心素养与教学内容以及教学资源相互融合、转化、重构，形成具有教育意义的系列学习任务。化育的过程首先是转化和重构的过程，同时化育的过程也是带有学科特质的陪伴。带有学科特质的陪伴首先是教师管住自己的嘴，不绑架孩子的思维，鼓励学生围绕学习任务、学习材料和已有的学习方法充分表达，思维活跃起来；其次是依托自己的学科背景为学生把握尺度，允许合理想象，疏通学习障碍，规范学科表达，以激励式的评价、铺垫式的启发使学生在完成学习任务的过程中实现学科核心素养的提升。“习得”是说学生在研习的过程中获得学科核心素养的成长。教师应设置“有料”的问题，让学生遇见问题，激活思维。[⑤] 与谢珊珊的“化育”类似，陈国兵提出的是“引出”，他强调“引出”时要做到下面几点：制造符合中学生需要的“话题”；

---

① 陈春露：《以研修促提升：核心素养落地中的实践性探索》，《中学历史教学参考》2017 年第 21 期，第 42～43 页。

② 徐赐成：《历史教学要着力培养学生理解力》，《历史教学》2017 年第 8 期，第 37～40 页。

③ 李树全：《依托教学支点，培育历史素养》，《历史教学(上半月刊)》2017 年第 10 期，第 38～41 页。

④ 施洪昌、金梦霞：《生气・霸气・底气：核心素养下的历史教学达成》，《中学历史教学参考》2017 年第 21 期，第 20～22 页。

⑤ 谢珊珊：《化育习得——核心素养背景下学科关键问题教学策略初探》，《中学历史教学》2017 年第 8 期，第 20～22 页。

注重"思辨";恰当的"交流"。[①]

综上可知,学界对培养学生历史学科核心素养的策略研究成果颇丰,也具有一定的指导意义。但新意不足,多数是"炒冷饭式"的见解。如有人指出,要教会学生"历史地思考",但所提供的是历史思考的基本方法如创设情境、合作学习、主题教学、思维导图、概念教学等在"三维目标"时代已反复提及,这些研究仍固守传统的大框架,缺少点与面的突破性和具体化、可操作、易推广的见解。由于新课标将历史课程内容分解为必修课程、选择性必修课程和选修课程,历史学科的学业水平考试分为全体学生必须参加的合格性考试和学生自主选择的等级性考试,因此在平时课堂的教学上,根据两类考试的具体情况以及学生的学习需求,在授课方式上可采取走班制等形式。同时,历史学科核心素养的培养应突破传统的思维定式,睁眼看世界,在关照历史学科特性的基础上,吸取国外相关有益经验。

也有不少研究者针对历史学科的某一核心素养提出培养路径。

1. 关于唯物史观素养

唯物史观一直都是高中历史教学指导思想的核心、根本和出发点。它属于历史价值观范畴,在诸素养中是最上位的,也是带有终极性的。由于史观是我们认识历史现象的各种视角,是我们理解过去的思想模型,对唯物史观的培养往往渗透在其他几大素养的培养过程中,因此对它的专项研究则稍显单薄。

有研究者从历史高考备考层面提出建议,提出可以用专题课的联系与训练,以及常规课的思维渗透这两种方式培养学生对唯物史观的理解。行之有效的方法是与政治学科进行跨学科的知识横向整合。[②]

还有研究者就如何坚持唯物史观指导历史学科五大核心素养的落实,推进历史教育落实立德树人的根本任务提出相关看法:在时空观念方面,突破机械唯物主义;在史料实证方面,防范历史客观主义;在历史解释方面,祛蔽思辨唯心主义;在家国情怀方面,拒斥历史虚无主义。[③]

---

① 陈国兵:《"引出":历史核心素养培育的教学实现策略》《历史教学(上半月刊)》2017 年第 8 期,第 30～31 页。

② 双学锋:《"唯物史观"下的历史高考备考策略》,《中学历史教学》2017 年第 5 期,第 52 页。

③ 冒兵:《论唯物史观是根本的历史学科核心素养》,《历史教学(上半月刊)》2017 年第 11 期,第 8～14 页。

2. 关于时空观念素养

历史是在一定的时空中进行的，没有时空就没有历史。离开时空谈历史，历史便如一团乱麻。正如维柯所言："时历和地理就是历史的两只眼睛。"[①]因其基础性作用，所以关于时空观念素养养成的研究成果较为丰硕。

通过梳理相关文献，笔者将时空观念素养的培养策略概括如下：利用历史时序教学工具（如历史歌谣、大事年表、时间轴、曲线图、柱状图、历史时空框架、历史时空图示等）、知识建构法、各式地图、比较法、小组合作法等。同时，各位研究者较为注重以下几个方面：注重时空的基本分类和表述方式；注重历史阶段特征；注重时序转化，借古观今，体现史学的垂训功用；注重时空的因果关联与相互作用；解读时空情境，拉大时空的维度。具体观点如下：

(1)关于时空表达方式

沙牙生从 2017 年高考历史全国Ⅱ卷选择题中得出教学中培养时间观念的相关对策：第一，在教学中应向学生解读清楚不同的时间表达形式，历史时间的表达形式有朝代、世纪、年代、年号、庙号，还有一定时期的前中后期、上中下叶等；第二，不同历史分期的时间表述侧重点不同，中国古代史注重朝代，世界古代史注重世纪，世界近代史注重年代，中国近现代史和世界现代史注重特殊的年份；第三，注重培养学生的纵向联系思维。[②] 范红军也从高考试题出发，提出要让学生了解不同的历史纪年方法（如公元纪年法、民国纪年法、帝王纪年法和干支纪年法等）。[③]

(2)关于历史时空框架图的应用

周朝阳结合中学历史教学实践，对如何建立立体的历史时空认知体系提出了几点建议：首先，建构"时间框"，以一定的历史时段为单位，将课标不同模块、中外史实整合在一起，建构基本的历史时空基础知识；其次，建构"时间框"内历史诸要素之间的联系，其中"主题"复习值得倡导；最后，关注时代特征，时代特征可从课标核心概念或研究方向中提炼，也可从课标专题主题中提炼。[④] 冯一

---

① 李剑鸣：《历史学家的修养与技艺》，上海：上海三联书店，2007 年，第 152 页。

② 沙牙生：《高考中的时间观念考查》，《中学历史教学》2017 年第 8 期，第 68 页。

③ 范红军：《"历史变异"高考命题立意与时序教学策略》，《历史教学（上半月刊）》2017 年第 7 期，第 34～35 页。

④ 周朝阳：《建构立体的历史时空认知体系》，《中学历史教学参考》2017 年第 5 期，第 32～33 页。

下则在此基础上进行完善，提出在日常教学过程中利用“历史时空框架”和“历史时空图示”来强化学生的时空观念。历史时空框架是在“常态的大事年表”上，增加与时间节点（重要年代等）相对应的空间坐标（地域、地点等），并标注史实概述内容，形成时间、空间和史实概述三位一体的“框架”，以达到既培养学生历史时间观念，又培养其空间观念的双重目的。历史时空图示分为地图类历史时空图示与图形类历史时空图示。其中，地图类历史时空图示就是在历史地图上，加注与该图反映的历史事物存在的空间相对应的历史时间（主要是作为时间节点的重要年代）。[①]

(3)关于历史时间轴、大事年表、曲线图、柱状图等教学工具的应用

李萍提出通过时间轴的方式提升学生的时空观念需要注意如下几点：一是时间轴上的单位长度不像数学中那么精确；二是时间轴体现的是主干知识、重大事件，不可能面面俱到；三是为了达到直观效果，时间轴上只是简单排列出重大历史事件，无法呈现事件的来龙去脉。在教学中，仅机械、静态地展示时间轴是不够的，还需要我们引导学生对时间轴上重大历史事件的影响、作用有所阐释，对重要问题的因革损益有所说明，以便进一步探求历史变迁的内在联系、历史发展的前因后果、历史发展演进的规律。[②] 不难发现，李萍老师的时间轴极具实操性。付丽华谈了在“过程与方法”中培养学生时空观念素养的相关途径。例如时间观念的培养：利用或编制历史歌谣，形成对整个历史阶段或某一个历史阶段的脉络；指导学生自制历史大事年表，培养学生的历史时序意识；指导学生制作年代尺，构建历史事件时间轴；利用时间轴，指导学生分析相关历史事件之间的因果关系。[③]

(4)利用各类地图培养空间观念

付丽华提出空间观念的培养要充分利用历史地图，直观呈现历史事件所处的地域空间；通过对比差异，理解地理环境对历史发展的影响；编演课本剧，创设历史情境，置身于历史空间中，深刻体会历史情感。[④] 王福华认为可资利用的

---

① 冯一下：《探寻历史时空观念培养的新方法》，《中学历史教学》2017 年第 8 期，第 11～14 页。

② 李萍：《巧用时间轴，培养学生的时空观念》，《中学历史教学》2017 年第 12 期，第 60～63 页。

③ 付丽华：《在“过程与方法”中培养学生的历史时空素养》，《中学历史教学》2017 年第 5 期，第 14～15 页。

④ 付丽华：《在“过程与方法”中培养学生的历史时空素养》，《中学历史教学》2017 年第 5 期，第 14～15 页。

有历史地图、黑板地图、挂图、教材附图和插图等，帮助学生在历史空间中理解历史事件发生的必然性和对历史产生的影响；注重培养空间位置对历史事件产生影响的空间观念；运用图示培养学生的空间思维能力。① 张胜平提出利用历史地图可以强化学生对相关史实的理解。② 丁继华、刘晓兵从分析2017年高考试题入手，指出"空间观念"素养考查的四个角度分别是空间位置的再现、跨区交往的认知、环境影响的理解和区域差异的分析。基于此，要综合运用历史学科与地理学科知识解读历史地图，展开教学。③

(5)注重历史事件在具体时空中的因果关联与相互作用

曹大梅、张秋生指出梳理时序的具体方法有数轴法、大事年表法、曲线图或柱状图、知识结构构建法。教师要重视历史地图对空间观念培养的重要性。更重要的是学生能够在不同的时空框架下理解历史上的变化与延续、统一与多样、局部与整体，并据此对历史事件做出合理解释，教师要引导学生形成这样的思考意识与习惯。从而使学生在认识现实社会时，能够将认识的对象置于具体的时空条件下进行考察。④ 刘继伟认为，在教学过程中，提升时空观念需重视以下两点：第一，要重视时间和空间的关联性；第二，整体把握空间发展的相关维度。⑤ 刘慧英指出在日常教学过程中不仅可以用情境的解读强化时空观念，同时还可以拉大时空的维度提升时空素养。⑥ 陈小军强调为了培养学生的时空观念，可以建构历史人、事和现象之间的关联，同时也可将现实问题置于特定时空框架。⑦

(6)巧用历史阶段特征

曹大梅、张秋生指出，在课堂教学中强化学生历史时空观念，首先要将历史事件与特定的时空相联系，并进一步归纳时空下的历史阶段特征。贺千红认

---

① 王福华：《历史核心素养之时空观念培养的实践策略》，《中学历史教学》2017年第5期，第9～10页。

② 张胜平：《从文化遗产教学看"核心素养"如何落地》，《历史教学(上半月刊)》2016年第8期，第9页。

③ 丁继华、刘晓兵：《2017年高考"空间观念"素养考查的四个角度及教学启示》，《中学历史教学》2017年第9期，第66～68页。

④ 曹大梅、张秋生：《谈历史时空观素养的考查与培养 》，《中学历史教学》2016年第6期，第47～48页。

⑤ 刘继伟：《时空观念素养之空间观念的分解及教学建议》，《中学历史教学参考》2017年第21期，第61～62页。

⑥ 刘慧英：《时空观指导下的模块整合教学》，《中学历史教学》2017年第12期，第36～38页。

⑦ 陈小军：《时空观念下"物质生活与习俗的变迁"教学思考》，《中学历史教学参考》2017年第13期，第52～53页。

为，培养学生的历史时空观念可以从以下几个方面入手：教授学生时间的不同表达方式；以时间为依据，梳理历史发展阶段特征；时空结合，构建框架，梳理中外共时性问题；独立探究中外共时性问题。①

3. 关于史料实证素养

学科核心素养培养视野下的史料教学的内在本质价值和蕴涵无限智慧的“真善美”，显然将是我们所有一线历史教师始终不变的追求和需要不断研究的课题。从研究的视角看，史料是整个历史学研究的基础和操作对象。这就决定了中学历史课程具有浓厚的证据意识。虽然历史高考全国卷时常考查学生的史料实证能力，但直接将史料实证作为历史学科五大核心素养之一明确提出尚属首次。这有助于改变高中历史教学中普遍存在的重结论、轻推论的现象，也必将有助于进一步展现历史学科的特点和魅力。对于如何强化学生的史料实证意识与水平，各家有不少见解。

从史料实证的目标建构入手。苗颖对史料实证素养的教学目标进行分解，共分解为两大部分十条具体目标：第一部分是对史料本身的认知，包括掌握史料概念的界定、史料类型的划分、史料鉴别的方法、史料价值的判断和比较；第二部分是史料解读与推论，包括学会史料信息的提取、基于史料的逻辑推演、着眼再现的合理想象、结论到史料的逆向推理、史料的联系与比较、建构证据链条。其中，建构证据链条是史料实证素养的综合体现，是本部分阐述的六个层次中要求最高的。她同时也指出，作为历史学重要的核心素养，“史料实证”对学史者的要求不仅是掌握多种史料分析和处理的方法，更为关键的是要涵养一种“尊重历史，追求真实”的精神。② 马秀谊则对“史料实证”测量目标的建构过程进行简要说明：记忆史料的多种类型，比较不同来源、不同观点的史料，运用收集史料的途径与方法；辨别史料，解构史料作者的意图，判断史料的真伪和价值；选择史料中的有效信息作为历史叙述的可靠证据，概述自己的历史认识。③这种目标的建构，为“史料实证”素养的培养策略的探索指明了方向。

---

① 贺千红：《历史学科核心素养及培养途径初探》，《历史教学（上半月刊）》2016 年第 2 期，第 23～25 页。

② 苗颖：《“史料实证”素养的教学分解初探》，《历史教学（上半月刊）》2017 年第 2 期，第 47～54 页。

③ 马秀谊：《基于普通高中历史学科核心素养的考试研究》，《历史教学（上半月刊）》2017 年第 3 期，第 22～23 页。

有研究者根据不同课型提出了史料实证意识的培养策略。第一，教师讲授课重在指导史证方法。教师对史证方法的讲授可采取如下三个步骤：第一步，营造情境；第二步，诱发思考；第三步，方法归纳。第二，学生自学课贵在培养史证能力。课堂上让学生自主学习绝对不是放任自流，教师预先给学生制订一份完整的导学单。导学单以问题探索为抓手，导学单中的问题应符合指向性、发散性和启发性三个原则。第三，小组讨论课难在产生辩论批判。此类课型要注意如下几点：第一点，合作探究学习之前必须进行一定的宣传动员，进行意义的说明和情感的渲染；第二点，合作探究学习之前必须通过教师讲授或学生个体自学，获得良好的知识基础；第三点，合作探究之前必须进行组织分工，制订相应的评价量表；第四点，将讨论的重点放在论证己方观点和批判对方观点上。[①]徐金超则提出以专题课的形式集中关注“史料实证”问题，这是一种值得尝试的途径。在具体操作过程中，要注意学术成果和教学目标的统一。[②]同时，在教学过程中也要做到习得史证方法和形成史证精神的统一。[③]他还介绍了比较验证、考察渊源、推敲逻辑、正视反证等几种辨析史料的方法。[④]

从教学方法的改进入手。刘先维探索了运用推进式教学法培养学生集证辨据的能力。具体做法如下：阅读材料，概括观点；对比阅读，发现问题；考察史书背景，判断史料价值；引用材料，佐证观点；方法总结。[⑤]为了化解当前史料教学存在巨大的伦理风险，刘道梁尝试了主题教学法。他指出在进行主题教学时，需注意如下几点：第一，深度解读课表定主题；第二，观照现实需要定主题；第三，挖掘历史价值定主题；第四，以教育的发展方向定主题；第五，以历史课程方向定主题。[⑥]袁从秀认为情境学习是提升史料实证素养的有效措施。[⑦]

有研究者认为史料实证素养的培养应注意区分学段。席长华提出在不同学段重点培养不同的史料解读能力：第一学段，厘清史料来源，培养史料阅读能力；第二学段，鉴别史料信息，培养知识迁移能力；第三学段，整理史料信息，培

① 张玲俐、付桂：《例谈在不同课型中培养史证意识》，《中学历史教学》2017年第6期，第11～13页。

② 徐金超：《以“史料实证”为中心的专题教学例谈》，《历史教学（上半月刊）》2016年第7期，第33页。

③ 徐金超：《以“史料实证”为中心的专题教学例谈》，《历史教学（上半月刊）》2016年第7期，第35页。

④ 徐金超：《以“史料实证”为中心的专题教学例谈》，《历史教学（上半月刊）》2016年第7期，第38页。

⑤ 刘先维：《史料辨析处的见微知著》，《中学历史教学》2016年第4期，第11～12页。

⑥ 刘道梁：《史料教学的伦理风险及其化解》，《历史教学（上半月刊）》2017年第1期，第25页。

⑦ 袁从秀：《从“三维目标”到“核心素养”的教学实践》，《中学历史教学参考》2017年第21期，第39页。

养阐述表达能力。[①] 不久，席老师进一步完善提升学生历史思维能力水平的构想：第一学段，选取叙事性较强的历史细节史料，还原历史现场，重在培养历史学科的形象思维能力；第二学段，侧重于选取理性较强的史料，注重史实间的联系，重在培养学生逻辑思维能力中的历史推理和历史解释能力；第三学段，侧重围绕某一历史事件，多角度选取史料，重在培养学生历史解释和价值判断能力。[②]

就史料的来源，李杰认为可以适当使用诗歌等文学作品，文史互证，提升学生学习历史的兴趣，同时，他指出在解读史料的过程中，必须要分析当事人是怎么想的，要有洞察入微的分析力与设身处地的想象力。[③] 戴世锋指出，在用好课内资源、发挥课堂主渠道作用的同时，要积极拓展课外资源、开展课外觅史活动。[④] 左秀银指出，在史前史教学过程中可充分利用考古实物资料图、尽可能参观原始人类遗址、合理开发各类传说故事。[⑤] 张胜平认为可以挖掘历史遗产的历史信息，培养史料实证素养。[⑥] 刘尚秀则强调图像资源的运用是文字史料的重要补充，能很好地培养学生的史料实证素养。[⑦] 薛权开在《基于史料实证的乡土资源的理性开发与运用》一文中指出，只有基于史料实证，乡土资源的开发和运用才能不落窠臼，理性而科学地传承传统文化，深化历史学科的教育教学改革，持续发挥其独特的研究价值和育人功能，并提出如下几个原则：秉持科学方法，严肃对待乡土资料来源；强调证据意识，努力还原史实真相；综合家国史料，双向证实"大小历史"；辩证解读乡情乡事，客观认识家乡与世界。[⑧] 胡克芹着重讨论了如何利用数字史料强化学生的史料实证意识。她提出，在辨析数据史料的真实性方面，教师可围绕一个历史事实展开群文阅读和比较阅读，从中精选

---

① 席长华：《高中不同学段培养史料解读能力初探》，《中学历史教学》2016 年第 1 期，第 8～10 页。

② 席长华：《高中各学段史料教学与历史思维能力的培养》，《中学历史教学》2016 年第 12 期，第 7～9 页。

③ 李杰：《在〈野老歌〉中理解唐代农业经济的发展》，《中学历史教学》2016 年第 10 期，第 28 页。

④ 戴世锋：《基于史料的历史证据意识培养》，《中学历史教学》2016 年第 1 期，第 7 页。

⑤ 左秀银：《史前史教学培养史证意识的探索》，《中学历史教学》2017 年第 6 期，第 14～16 页。

⑥ 张胜平：《从文化遗产教学看"核心素养"如何落地》，《历史教学（上半月刊）》2016 年第 8 期，第 10 页。

⑦ 刘尚秀：《基于历史学科核心素养的图像资源的运用初探》，《中学历史教学》2016 年第 7 期，第 19 页。

⑧ 薛权开：《基于史料实证的乡土资源的理性开发与运用》，《历史教学（上半月刊）》2017 年第 9 期，第 39～43 页。

出相关数据史料投放课堂，引导学生展开阅读、讨论，从而培养学生的质疑精神、求真意识以及多角度认识问题的思维能力。在对这些史料进行辨析和解读的时候，一定不能孤立地去看待这些数据，而要联系相关的历史背景，透过这些数据去领会作者的意图，抓住其中的关键信息进行分析，这样的史料运用才是有意义的。[①] 王少莲认为，核心史料的选择至少需要关注以下三个视角：整合学生身边的资源；用好学生用既“熟”又“生”的资源，即要符合学生的最近发展区；所选资源要有拓展的空间，如服务于课堂教学的主题立意、能支撑教学进程、要有助于激活学生的思维等。[②]

有的研究者则重点关注史料教学的步骤。施洪昌等提出在培养学生史料实证素养时，可以设计“追源”“追问”“追查”三个环节，让学生通过对史料的辨析和对史料作者意图的认知，判断史料的真伪和价值，并在此过程中体会实证精神。[③] 何成刚、沈为慧两位老师就如何进行史料教学设计，提出如下建议：第一步，确定教学内容；第二步，研读课程标准与历史教科书；第三步，开展史学阅读，了解研究概况，获得主要史学认识；第四步，基于课程标准、历史教科书和学情，确定基本教学认识、教学立意，设计教学目标；第五步，设计史料研习活动。[④] 谷大伟提供了使用史料的心得：第一，根据历史的时序，理顺事件本身的内涵和外延，使历史事件脉络化、清晰化；第二，用充足的史料旁征博引印证教材的结论；第三，对史料进行分析、对比，去伪存真，对历史事件或人物做出客观、公正的评价；第四，选择史料时，通过比较分析，尽量保证史料的客观性、真实性，注意难易程度，体现梯度性，提问由浅入深、循序渐进，合理使用教材中的史料，史料形式要有多样性；第五，指导学生自主查阅相关史料。[⑤] 许爱国以“马歇尔计划”的讲解为例，提出可多视角解读某一历史事件或人物，以此培养学生的史料实证能力。具体步骤如下：第一步，教材史料的对照阅读；第二步，多维史料的甄别收集；第三步，史论结合的论文写作。[⑥]

① 胡克芹：《例谈数据史料的辨伪与解读》，《中学历史教学》2017 年第 9 期，第 23～25 页。

② 王少莲：《选择核心史料应关注的三个视角》，《中学历史教学参考》2016 年第 7 期，第 69～70 页。

③ 施洪昌、金梦霞：《生气·霸气·底气：核心素养下的历史教学达成》，《中学历史教学参考》2017 年第 21 期，第 20～22 页。

④ 何成刚、沈为慧：《史料阅读与史料教学》，《历史教学》2016 年第 11 期，第 8 页。

⑤ 谷大伟：《基于史料的公开课教学尝试》，《中学历史教学参考》2017 年第 9 期，第 64～66 页。

⑥ 许爱国：《史料教学：基于培养学生批判性思维的教学尝试》，《中学历史教学》2016 年第 12 期，第 25～26 页。

史料教学的原则也成为关注的要点，不少研究者认为在史料选取的原则方面，要秉持适度性、典型性、针对性、趣味性、可操作性、适时性、科学性、启发性、形象性、符合学生的认知水平等原则。如魏恤民老师强调，在史料的选择上，要遵循典型性原则。[①] 王德民、赵玉洁认为，历史教学要"用证据说话"，以史料为证据的推论要适当，要"一分证据说一分话"，需要避免以下情况：避免推论"过度"；避免推论"错位"；避免"人造史料"。同时，他们指出，对待史料要谨慎，须"大胆假设，小心求证"。[②] 何成刚等提出在进行史料教学时，要注重史料选取的典型性、针对性，史料解读的科学性，史料运用的有效性。[③] 袁廷虎提出运用史料需要注意以下几个原则：史料的选用要符合教学目标的定位，并且具有可操作性；史料的设问要针对学生的最近发展区；对史料的评价尽量客观公正。[④] 李惠军老师针对当下中学历史课堂的史料教学存在的史料开发的过度化、史料解读的随意化、史料分析的碎片化等问题，提出在培养学生的"史料实证"素养和历史思想方法的同时，需要关注以下几点：第一，适度适量；第二，择机择时；第三，无痕链接；第四，问题驱动；第五，关注语境；第六，总体意识。同时，他还补充了两点建议：第一，在历史教学中，史料的解读与历史的叙事要交互一体；第二，在历史教学中，微观的史料与宏观的思考要相得益彰。[⑤] 田耕在《通过史料实证增进历史理解》一文中提出史料实证教学至少应该遵循以下原则：科学性原则、启发性原则、形象性原则、适度性原则。[⑥]

还有教师从史料实证素养培养的整体架构上提出了培养方略。张宗立提出，教师要根据历史学科特点，引导学生知晓史证意识的内涵及基本要求；在进行教学设计时，既要认真研读课程标准、省市区学科教学指导意见和模块学习要求（试行），深钻教材，优化教辅资料，又要结合学生实际情况；在实施教学时，适时给学生提供适当的史料，引导学生认真探索、总结、反思，学生的史证意识一定会得到培养和提高。[⑦] 蔡权认为，史料实证意识的培养有如下途径：分辨史

---

① 魏恤民：《例谈基于学生学科核心素养达成的教学设计》，《历史教学（上半月刊）》2016 年第 8 期，第 3 页。

② 王德民、赵玉洁：《史料教学与学生的证据素养培养》，《历史教学》2015 年第 10 期，第 60～61 页。

③ 何成刚、沈为慧：《史料阅读与史料教学》，《历史教学》2016 年第 11 期，第 5 页。

④ 袁廷虎：《基于学科素养建构的史料教学研究》，《历史教学（上半月刊）》2015 年第 12 期，第 15 页。

⑤ 李惠军：《博识而畅行 广征而顺达（一）——从"诗性预构"引出的关于史料与叙事的教学联想》，《中学历史教学参考》2016 年第 8 期，第 5～7 页。

⑥ 田耕：《通过史料实证增进历史理解》，《历史教学（上半月刊）》2015 年第 12 期，第 59 页。

⑦ 张宗立：《培养学生史证意识尝试》，《中学历史教学》2017 年第 1 期，第 21 页。

料判别研究价值；课堂教学中，教师应依据教学目标，从多个角度入手，精选具有代表性的史料引导学生阅读、思考，形成自己的评判与见解；运用史料论证历史观点。[①] 鲁东海从史实内容、历史表述和当下学习三个维度谈了史料实证意识培养的策略。他指出，历史教学首先应该回到历史的情境中，对同一历史事件，需有多段材料相互印证，尽可能地接近历史真相。为了尽可能接近历史真相，要尽量阅读第一手材料，参考比较权威的书刊资料，努力形成证据链条。同时，在历史教学中应该关注材料产生的时代，以及表述者的身份立场、心理动态，以世论人，培养“理解情怀”。由现实反思历史，以历史映照现实，贯通历史与现实，培养历史意识，理解现实生活，是史料实证意识培育的第三个维度。[②] 何成刚、张克州、沈为慧在《史料实证："可为"与"不可为"》一文中强调，在教学中应对史料进行批判性分析，对于重大历史问题的探讨，一方面有赖于史料的不断丰富与充分挖掘，另一方面也有赖于研究者的价值观念和理论方法的不断更新丰富。单纯强调史料实证，并不符合历史学研究的趋势。[③]

也有学者对史料教学提出质疑。熊巧艺、赵亚夫认为公民教育的核心是独立思考，因此他长期强调教常识、形成教学个性、追求简朴的有效教学，反对课堂充满“史料”和宏大结构、过度备课。[④] 笔者认为，由于历史学科的特性决定了史料教学是培养“史料实证”素养的必由之路。教师们在进行史料教学时，应根据不同教学内容、目标的需求，合理取舍与安排。

4. 关于历史解释素养

英国历史学家卡尔认为："解释是历史的生命必需的血液。"历史解释作为学生建构历史的核心途径，既以时空观念、史料实证、历史理解等作为支撑，同时又是他们历史观、价值观与世界观的体现，因此在核心素养体系中处于一个关键的位置。如何把历史解释素养与高中历史教学对接，让历史解释从历史哲学和历史学的高度落地，并在高中历史教学中生根，是我们必须直面的问题。

有研究者从历史哲学的角度思考历史解释素养的培养。冯一下等认为历

---

① 蔡权：《基于史料探究"王安石变法的失败原因"》，《中学历史教学参考》2016 年第 11 期，第 67～69 页。

② 鲁东海：《史证意识教学的三个时间维度》，《中学历史教学》2017 年第 6 期，第 5～8 页。

③ 何成刚、张克州、沈为慧：《史料实证："可为"与"不可为"》，《中学历史教学参考》2017 年第 17 期，第 35～38 页。

④ 熊巧艺、赵亚夫：《"核心素养"概念辨析——兼议历史教学改革》，《中学历史教学参考》2016 年第 23 期，第 8 页。

史解释主、客体的多样性决定历史解释的方法必定也是多样的，可分为理性解释、叙事解释和图像解释三大类。理性解释的基本方法有覆律解释模型、史观解释、矛盾分析、多层面分析、时段分析、比较分析、量化解释、心理解释、常理解释等。叙述解释的常用方法有隐性解释、显性解释（春秋笔法、夹叙夹议）、借言解释、画龙点睛等。图像解释的基本方式包括绘画解释、影视解释、视频解释、地图解释以及图示图标解释（如传统图表、图示，纲要信号图示，历史思维导图）等。[①] 对历史解释基本范式的解释，无疑对提升学生历史学科核心素养具有重要作用。

关于覆盖定律模型，赵海明、何成刚、沈为慧在《历史解释中的覆盖定律模型概述》一文中对亨普尔的覆盖定律模型做了全面介绍。亨普尔的覆盖定律模型，强调普遍规律和原理在历史解释中的作用，认为对历史事件的解释，实际上是运用一些普遍原理或法则来解释其发生的原因。简言之，就是将作为个例的历史事件置于相关规律覆盖之下以达成解释。要培养学生的历史解释素养，首先，要求历史教师进行广泛阅读，深入学习、汲取其他人文社会学科总结提炼的普遍性规律和原理；其次，要指导学生小心谨慎地尝试运用有关普遍性规律和原理解释历史，从而能更深层次地分析历史现象。解释历史中的“可规律化部分”时，可以运用覆盖定律模型。但是，覆盖定律模型在解释历史时缺乏对人的关怀。在历史解释中，我们不应该拘泥于一种解释模型，应该坚持历史解释的开放性，借鉴多种解释模型分析历史现象。[②]

有研究者基于课堂教学设计，结合学生的认知经验，以课堂教学问题设计为“脚手架”，培育学生的历史解释素养。培育学生历史解释素养的问题设计首先应具有整体性，围绕同一个主题问题展开；其次，问题之间应具有一定的逻辑性，可以引导学生通过问题的回答，体会演绎或归纳逻辑推理方法；第三，尽量补充历史材料作为问题情境，一方面，可以让学生回到历史现场，对历史问题尽可能地进行“同情之了解”，另一方面，占有尽可能多的历史材料，寻找历史事实之间的关联是进行历史解释的重要方法；第四，提供对同一问题的不同历史解释，引导学生对此加以评析；第五，根据“历史解释”的水平要求及教学内容，结合现实生活，设计具有拓展性的学习任务，以此作为学习评价；第六，问题设计

---

① 冯一下、占心磊：《试述历史解释的基本方式》，《中学历史教学参考》2017 年第 7 期，第 16～23 页。

② 赵海明、何成刚、沈为慧：《历史解释中的覆盖定律模型概述》，《历史教学（上半月刊）》2017 年第 8 期，第 32～36 页。

由浅入深，反映核心素养的不同水平的要求。① 关于培育学生历史解释素养的问题设计，姜继根认为应着重关注三个提问敏感点：原因、依据、异议。② 而方军则进一步阐明“依据”应当是以第一手史料为主，因为第一手史料可天然地将学生带入到特定的时空中，同时学生也可借此真切感受历史学者研究的过程；“异议”主要是冲突性问题，因为它能唤起学生强烈的解释欲望，培养学生思维的开放性，进而培养学生学习历史的兴趣。③ 王鑫则提出通过问题链的设置涵养学生历史解释素养的相关策略：设置历史情境，通过提问回到历史现场；从现象出发，概括历史阶段特征；从现象看本质，进行归因分析；史论结合，对归因分析详细剖析；大胆质疑，批判地阅读教材。④

有研究者从梳理历史解释素养的能力要求入手，针对不同的素养层次，提出了与之相对应的培养途径，如表 1-1 所示：⑤

表 1-1

素养层次	新分类法六个水平	培养途径
层次一	信息提取理解	理解历史概念，撰写名词解释；阅读教材，构建历史知识
层次二	理解分析	阅读相关材料或专业书籍，从政治、经济、思想文化、地缘、个人等方面多角度阐释历史事件发生的背景、原因、作用、影响等
层次三	知识应用	在理解历史事件多种联系基础上，比较历史事件、历史人物异同
层次四	知识应用 元认知系统 自我系统	阅读相关材料或专业书籍，概括归纳材料和书籍论述的角度，从时代背景、论述目的、作者立场、作者经历、作者史学修养等方面评估历史著述；比较对立双方观点，解释对立面的合理之处；在理解历史事件多种联系基础上，提炼主题，围绕主题独立、多角度、史论结合地建构自己对历史的叙述

① 邹樱：《培育学生“历史解释”素养的课堂教学探讨》，《中学历史教学》2017 年第 3 期，第 27～30 页。

② 姜继根：《关于中学生历史学科素养培养的认识》，《中学历史教学研究》2016 年第 1 期，第 37 页。

③ 方军：《制造“历史解释”的途径：第一手史料与冲突性问题》，《历史教学(上半月刊)》2016 年第 3 期，第 6～7 页。

④ 王鑫：《问题链的设置与历史解释素养的培养》，《中学历史教学》2017 年第 7 期，第 18～19 页。

⑤ 王秀青：《“历史解释”的素养层次及其培养途径之思考》，《中学历史教学参考》2017 年第 5 期，第 50～51 页。

有研究者认为，解释历史时应注重创设情境、移情换景。李婕认为，可以运用相关材料，巧设情境，以唯物史观为指导，以史料为依据，从时序与地域、动机与效果、继承与发展、量变与质变、必然与偶然、个案与全局等角度加深对历史的理解，做到论从史出、史论结合，对历史做出符合逻辑的解释和阐述。[①] 王少莲提出为了更好地养成学生的历史解释能力，在使用间接史料时应当注重"中间人手"的时空与观念。[②] 刘畅认为，历史解释不仅要走进历史现场，还要超脱于历史境遇之外，以一定的时空距离来俯瞰历史，构建包容古今的开放视野。[③] 张俊田认为，影响历史多样性的历史解释有着复杂的原因和因素，应着重从生产力水平和文明发展程度、时代观念和价值投射、史学理论和观念的发展、解释主体的个性差异等方面进行分析，并指出构建合理历史解释的两大策略：从现实回望历史和从历史关照现实。[④] 姚智老师结合"古希腊民主政治"的教学实践，提出了通过引入第一手史料，创设历史情境。[⑤]

有研究者从新课标对历史解释能力的四个水平层次要求入手，提出这一要求可以归为两个类别：一是学生能够理解、评析不同史家（或者不同视角）的历史解释；二是学生能够开展自己个性化的历史解释。研究者还进一步指出总体的培养思路应当是要求学生先了解、熟悉、领会史家提出历史解释的途径、形式，以及形成历史解释的方法、立场、史观，然后在模仿与借鉴的练习中，逐步形成自己的历史解释能力，学会用合适的途径和形式表达，用科学、专业的方法阐释历史问题，并有自觉的价值立场和史观追求。要实现这些目标，离不开教师精心的设计、得法的引导、正确的示范以及材料引入上的逻辑编排。[⑥] 朱能也有类似看法，他认为改变学生"简陋思维"的历史解释教学途径如下：一是围绕某一历史现象，选择史家们多元的历史解释，从历史观念、历史材料、史家个性等角度引导学生辨析多元解释；二是依托原典史料，引导学生沿着历史的道路重

---

① 李婕：《历史学科核心素养视阈下的高中历史教学》，《中学历史教学参考》2017 年第 21 期，第 71 页。

② 王少莲：《选用"间接史料"需理解"中间人手"的时空与观念》，《历史教学（上半月刊）》2016 年第 3 期，第 8 页。

③ 刘畅：《我们解释一个奇迹的时候，不必害怕奇迹失踪》，《历史教学（上半月刊）》2016 年第 11 期，第 20～21 页。

④ 张俊田：《认识不同"历史解释"的途径及建构意义》，《历史教学（上半月刊）》2017 年第 7 期，第 42～46 页。

⑤ 姚智：《"历史解释"在课堂教学中的渗透》，《中学历史教学》2017 年第 5 期，第 39 页。

⑥ 周云华、黄飞：《例谈学生历史解释能力的培养》，《历史教学（上半月刊）》2017 年第 3 期，第 31 页。

新走一遍，沿途获得一些历史理解，阐发一些他们自己的解释。此外，理解历史中的“人”也是改变学生“简陋思维”的历史解释的重要路径。[①]

有研究者将反事实推理作为提升学生历史解释素养的另类途径，并指出在进行反事实推理教学时要把握如下原则：合理性、节制性、短期猜想、最小化改写。[②]

“历史解释”意识的养成是一个潜移默化的过程。余文伟提出比较好的培养途径是“用两条腿走路”——教师一方面借助平时必修课程的教学不断进行点滴渗透，另一方面借助相关校本选修课程的开发和开设。在平时必修课程教学中，教师坚持有意识地引用不同历史解释的最新学术成果。评判学生是否具备“历史解释”这一核心素养的重要标志是，学生有没有具备“历史解释”的意识。[③] 戴加平认为，“历史解释”的素养要靠春风化雨般的涵养，靠日积月累的沉浸来形成。作为教师可从以下几个方面努力：第一是引导学生养成质疑的习惯；第二是指导学生掌握习史的方法；第三是引导学生初步理解多元史观并开始内化。[④]

有研究者从理论层面入手探讨培养学生历史解释素养的实施方略。陈振华认为，历史空间实际上是一个包含“人、地、时间”三个要素的“统一场域”，俗称“历史现场”。从“空间广延性”出发，依据被解释的历史空间的规模，主要是空间的数量关系，将相应的解释分为“空间聚合解释”和“空间扩张解释”两类。“空间聚合解释”是指解释者对两个以上局部空间要素进行比较，概括出共性，而后聚合成一个新空间，在新空间中对历史进行解释并得出历史认识。“空间扩张解释”是指对局部空间的解释，解释者需要将其纳入更大规模的空间内，建构一个视觉上的扩张空间，通过阐发局部空间与扩张空间的联系，达到对解释标的的准确理解。[⑤]

此外，还有一些研究者从不同角度提出了相应的看法。张兆金提出在历史叙事中发展历史解释思维的实施策略：历史叙事解释要准确把握时空结构；历史叙事解释重在理解历史情境中的人和事；历史叙事解释应彰显逻辑思辨。[⑥]

---

① 朱能：《改变学生“简陋思维”的历史解释教学》，《历史教学》2016 年第 3 期，第 6 页。

② 卢晓华：《反事实推理：历史解释的另类途径》，《中学历史教学》2017 年第 2 期，第 19～20 页。

③ 余文伟：《“历史解释”的重要性及其意识的养成》，《历史教学(上半月刊)》2016 年第 3 期，第 12 页。

④ 戴加平：《如何涵养学生的“历史解释”素养》，《历史教学》2016 年第 3 期，第 3～4 页。

⑤ 陈振华：《基于“空间广延性”的历史解释方法》，《中学历史教学》2017 年第 7 期，第 56 页。

⑥ 张兆金：《在历史叙事中发展历史解释思维》，《中学历史教学》2017 年第 9 期，第 7～9 页。

汪俊杰提出应用史学争鸣培养学生的历史解释素养的三原则：以“恕”为进，中立为出；不可“事后诸葛亮”；覆盖表现型规律，寻找机制型规律。[①] 刘德浩、周朝阳强调由于乡土史料地域性的特点，教师在历史论证的过程中应注意历史解释的范围，以免对学生的历史思维产生误导。[②] 李杰提出可以利用诗歌等文学性材料，通过文史互证的方法培养学生的历史解释能力。[③] 虞文琳认为，课堂中的“历史解释”是学生建构历史素养的核心途径，并列举下述几种策略：区分“史实”与“史论”、运用比较法（如数据、观点的比较等）、聚焦于学生疑难之处。同时，她也强调史观引领的重要性。[④]

综上可知，历史解释素养的培养是一个潜移默化的、漫长的过程，对它的培养主要从史观的引领、情境的创设、问题意识的养成等层面入手，还有利用历史理论来推动历史解释素养的锻造。有些研究者认为运用多元史观来锻造历史解释素养，与新课标倡导的以唯物史观为指导相冲突。目前，唯物史观是唯一一个能够将全人类历史囊括其中进行解释的史观，其他史观（如全球史观、现代化史观等）至多只能解释某一段历史，均无法解释漫长的人类发展史。

5. 关于家国情怀素养

新课标指出，家国情怀是学习和谈及历史应具有的社会责任与人文追求。学习和探究历史应具有价值关怀，要充满人文情怀并关注现实问题，以服务于国家强盛、民族自强和人类社会的进步为使命。从中可知，家国情怀更多的是情感、态度、价值观的表达。目前，关于如何提升学生家国情怀素养的策略探讨略显薄弱。

有研究者提出了中学历史教学中涵养家国情怀应遵循的原则：教学内容取舍遵循恰当切入式原则；教学过程实施遵循情境体验式原则；教学结果升华遵循层次渐进式原则。[⑤]

---

① 汪俊杰：《应用史学争鸣培养学生的“历史解释”素养》，《中学历史教学》2017 年第 11 期，第 69～70 页。

② 刘德浩、周朝阳：《乡土史料进入课程应注意历史解释的范围》，《中学历史教学》2017 年第 11 期，第 28 页。

③ 李杰：《历史教学：关于史料的理解与解释》，《中学历史教学参考》2016 年第 7 期，第 67 页。

④ 虞文琳：《“历史解释”在课堂教学中的实施策略》，《历史教学（上半月刊）》2016 年第 3 期，第 10 页。

⑤ 赵红梅、裴显钱：《基于涵养“家国情怀”的历史教学初探》，《中学历史教学》2017 年第 12 期，第 30～31 页。

有研究者提出利用历史文化遗存提升家国情怀素养。张胜平提出通过对文化遗产进行多角度比较,内化成历史价值观,形成开放的世界意识,以及积极向上的世界观、人生观和价值观。[①] 蒋静提出可以让学生实地参观博物馆、历史遗存,借助博物馆资源,利用学生的生活经验和知识基础形成家庭教育、社会教育和学校教育三者合力,潜移默化地达到历史课立德树人的目标,渗透社会主义核心价值观。[②]

各位教师虽然对其策略冠以不同的名称,但基本是从教学主题的选择、情境的创设、问题的设置、教法的选择等方面展开论述。如杨汉坤的情思教学,他培养学生家国情怀的策略是:有效发掘教学内容的情思因素,把握情思的最佳结合点;有效创造生动的学习情境,形成融洽的情思交流;选择适宜的教学组织形式和方法,促进学生的情思发展。[③] 赖立新以"中华人民共和国成立以来的重大科技成就"教学实践为例提出培养学生家国情怀素养的方法:通过教学主题的确立,实现价值观的演进,从而理解家国情怀;通过展现典型人物,展现积极人格,在生命自觉中感悟家国情怀;从国防发展中渗透家国情怀。[④] 陈辉等认为历史学科核心素养引领下的历史价值观养成的教学过程设计要注意如下几点:第一,确立"课魂",突出重点,解决历史价值观达成的关键问题;第二,创设历史情境,引领学生在历史情境中展开学习活动,对历史事件进行探究;第三,以问题为引领,在教师设(提)问的基础上,引导学生在学习中生成有价值的问题。[⑤] 李婕提出,教师要充分利用教材,深入挖掘教材,在引导学生学史、承古、开新的过程中关注学生的知与行,帮助学生养成良好的国家认同意识和浓厚的爱国之情,树立对己、对人、对社会、对祖国应有的责任感,勇于担当。[⑥] 袁从秀认为,学生在体验中感知、在感知后理解、最后实现情感升华,最终达到培养学生家国情

---

① 张胜平:《从文化遗产教学看"核心素养"如何落地》,《历史教学(上半月刊)》2016 年第 8 期,第 13 页。

② 蒋静:《历史课堂渗透社会主义核心价值观的探索》,《中学历史教学参考》2016 年第 11 期,第 56 页。

③ 杨汉坤:《情思造境:让历史课堂成为培养学生家国情怀的沃土》,《中学历史教学》2017 年第 12 期,第 24～26 页。

④ 赖立新:《以家国情怀教育为抓手,培养高中生的积极情感》,《中学历史教学》2017 年第 12 期,第 27～29 页。

⑤ 陈辉、王子涵、何俊:《核心素养下的历史价值观养成》,《中学历史教学》2017 年第 1 期,第 15～18 页。

⑥ 李婕:《历史学科核心素养视阈下的高中历史教学》,《中学历史教学参考》2017 年第 21 期,第 72 页。

怀的目的。[①]

从上述研究者的观点可知，家国情怀的培养重在体验，因此情境创设尤为重要。

综上，对于如何培养学生历史学科核心素养，目前学界已经做了较为深入的探讨，成果斐然。但也存在些许缺憾，这些探索绝大部分为一线历史教师的经验总结，研究结论多止于经验层面，雷同情况较多。同时，核心素养的提出，就是希望在宏观教育目标与教育教学实践之间架起一座桥梁，建构可理解把握、可操作实施、可观察评估的培养目标，避免培养目标过于宏大而没有边界，过于庞杂而结构不明。但对五大核心素养的培养目标的过分分解与细化（如针对史料实证分成10个目标），未免过于繁杂，不利于中学历史教学的实践。因此，针对如何提升历史学科核心素养的问题，仍有很大的探索空间。

三、关于评价方式

赵亚夫教授强调："'学科核心素养'能否有别于过去的历史教学，终归要由学生的历史思考、历史方法和（实践性）行动的发展水平来体现和检验。"[②]由此可知，基于核心素养的考试评价体系是保证新一轮课程改革顺利实施的重要基础和支持系统，没有这一支持系统的有力保证，基于学科核心素养的教学难免会流于形式。目前已有部分研究者对其进行探索。

就传统笔试的评价方式而言，范蕾认为素养立意的试题命制应重视考查思维过程。她指出，时空观念是历史学科最基本的素养，对时间和空间两个基本要素的考查，不要求学生死记硬背，而是把历史事件、现象或人物放到具体的时空环境中去理解和思考，灵活地掌握历史时空构织的场景；通过让学生解读漫画的方式考查学生的历史解释素养；唯物史观是历史学习的核心理论，家国情怀则是核心价值观的表现，这两方面的素养不宜直接考查，而是往往渗透于各类试题中，与历史时空、史料实证和历史解释等素养密切相连。[③]

有研究者提出要改变传统的笔试。王亮提出利用课堂记录卡片，跟踪每位

---

① 袁从秀：《从"三维目标"到"核心素养"的教学实践》，《中学历史教学参考》2017年第21期，第39页。

② 赵亚夫、徐赐成：《历史学科核心素养"不是什么"》，《中学历史教学参考》2017年第17期，第18～25页。

③ 范蕾：《核心素养背景下高中历史试题命制的探索与省思》，《中学历史教学参考》2017年第13期，第44～47页。

学生的课堂听课和思维过程，通过特设的形成性评价，帮助学生提升核心素养。这一评价体系涉及学生自己、同学和教师的三方评价，能够较为全面地对学生的学习情况进行评判，有利于教师掌握学生的学习程度。但在具体实施过程中，以高一教师为例，每位教师可能任教6个班级，这种评价模式也许会大大增加教师的工作量，从而无法很好地落实。[①] 马秀谊认为，对于学科核心素养的测评需要量化和质性评价相结合，单纯依靠纸笔化测试无法有效完成。[②] 她以安德森修订后的布卢姆教育目标分类学的认知过程分类法为指导，以历史学科核心素养为基础，探索研发普通高中历史学科学业水平测试的测量目标。她在提及实现学科素养立意的情境化命题模式时指出需要注意以下几点：情境选材的类别化和结构化；情境选材的真实性和现实性；情境材料应服从考试测量目标。[③]

有研究者提出了指向深度学习的评价应该过程与目标并重。朱文琪提出，指向深度学习的历史核心素养评价，主要是以学习目标为依据，运用观察、反思、调查、测验等方法，来收集学习过程及学习结果等领域的资料，对学习效果做出鉴定和价值判断，反思和修订学习目标的活动。[④] 王德民、朱启胜认为基于历史核心素养的评价应采取目标与过程并重的价值取向，将评价过程与教学过程交叉、融合，尤其要将质性评价纳入教学过程之中，通过观察、描述等方式，对学生在真实学习中表现行为背后的素养进行揭示与测量评价。借助多种评价途径，将核心素养的评价“嵌入”历史教学过程，通过日常评价引领学生的历史学科核心素养发展。[⑤]

有研究者借鉴国外相关理论，提出新的评价模式。仲尧明借鉴PISA测试、TALIS调查和PIRLS评比的相关理论，架构了高中生历史学习效能及核心

---

① 王亮：《核心素养培育导向下的历史课堂跟踪与评价》，《中学历史教学研究》2016年第3、4期，第39页。

② 马秀谊：《基于普通高中历史学科核心素养的考试研究》，《历史教学（上半月刊）》2017年第3期，第20页。

③ 马秀谊：《基于普通高中历史学科核心素养的考试研究》，《历史教学（上半月刊）》2017年第3期，第24～25页。

④ 朱文琪：《指向深度学习的核心素养校本评价》，《历史教学（上半月刊）》2017年第11期，第24～27页。

⑤ 王德民、朱启胜：《基于历史核心素养的教育转型：挑战与课题》，《历史教学（上半月刊）》2017年第10期，第19页。

素养的评价要素。他认为，历史学科问题解决能力素养的评价项目有三个维度：面对问题的态度、处理问题的方式及问题解决的品质。历史学科科学精神的测量评价项目分为“理性思维”和“勇于探究”两个维度。每个维度分别有各自的要点、相应的能力表现以及赋分。历史学习态度的评价要点有三个，分别是学业参与、学科参与和全球化能力。他同时指出，历史学科核心素养的评价，从方式上应该重视利用计算机进行测试。在此基础上，他进一步指明了历史学科核心素养评价体系的构建原则：第一，追求体现终身学习的评价；第二，建立多种维度体系的评价；第三，开发具体化的评价工具；第四，关注尊重学生成长的评价。①

综上可知，评价是历史学科核心素养实施的难点问题。历史学科核心素养的评价需改变传统纸笔化评价模式，加强对世界先进地区的历史教学方法、评价方式的关注和研究，注重测评的整体性，让形成性评价发挥更大作用。当然，学业评价是国家选拔人才的重要标准，是系统性工程。因此有待教育主管部门提出相关指引性的文件，上述只是理论层面的探讨。

---

① 仲尧明：《高中生学习效能与学科素养培育之评价构想》，《中学历史教学参考》2017 年第 7 期，第 31～33 页。

第二章 历史学科核心素养的内涵及其实现

新课标提出历史学科的五大核心素养分别是唯物史观、时空观念、史料实证、历史解释、家国情怀。它们的内涵究竟是什么？在课堂教学中应该如何落实学科素养？本章将重点阐述这些问题。

第一节 唯物史观

一、内涵分析

历史学是在一定史观指导下对人类历史进程进行叙述和阐释的学科。唯物史观是马克思主义哲学的重要组成部分，是科学的社会历史观和认识、改造社会的一般方法论，它所“揭示的人类历史发展的根本规律就是人类自身的物质生产实践活动和与之相对应的生产能力的发展推动人类的社会交往方式和整个社会形态从低级向高级发展的规律，也就是从原始社会经过阶级社会到无阶级的‘自由人联合体’的规律”。[①]

唯物史观是探索人类自身发展奥秘的实证科学，其基本使命是如实地反映历史的真实。正因如此，唯物史观一直都是高中历史教学指导思想的核心、根本和出发点。在素养时代，它“是诸素养得以达成的理论保证”。新课标在“课程性质”与“课程理念”部分均着重强调运用唯物史观展现历史发展演进的基本过程以及人类在历史上创造的文明成果，揭示人类历史发展的基本规律和大趋势，并将正确的思想导向和价值判断融入对历史的叙述和评判中。

① 庞卓恒、李学智、吴英：《史学概论》，北京：高等教育出版社，2006年，第64页。

我国的教育部门不仅在“学”上强调唯物史观的指导性作用，在“考”上也非常关注唯物史观的渗透。《2018年普通高等学校招生全国统一考试大纲》明确指出高中历史考核目标是“注重考查在唯物史观指导下运用学科思维和学科方法发现问题、分析问题、解决问题的能力”。①

新课标对唯物史观素养有如下阐释：“唯物史观是揭示人类社会历史客观基础及发展规律的科学历史观和方法论。人类对历史的认识是由表及里、逐渐深化的，要透过历史的纷杂表象认识历史的本质，科学的历史观和方法论是非常重要的。唯物史观使历史学成为一门科学，只有运用唯物史观的立场、观点和方法，才能对历史有全面、客观的认识。”②并将四个运用水平划分为两个层次(表2-1)。

表2-1

水平1 水平2	能够了解和掌握唯物史观的基本观点和方法，理解唯物史观是科学的历史观。
水平3 水平4	能够将唯物史观运用于历史学习、探究中，并将其作为认识和解决现实问题的指导思想。

唯物史观是非常丰富和艰深的，新课标虽然要求学生掌握唯物史观的基本观点和方法，但并未具体指出高中生应该掌握唯物史观的哪些理论、哪些方法。结合高中历史的具体教学情况，学生需掌握的唯物史观的基本理论有以下几种。第一，社会存在和社会意识的辩证关系，即社会存在决定社会意识，社会意识是社会存在的反映，社会意识具有相对独立性，对社会存在有反作用。第二，社会基本矛盾运动，即“生产力决定生产关系，生产关系对生产力有反作用”“经济基础决定上层建筑，上层建筑对经济基础具有反作用”，这两大矛盾是推动一切社会发展的基本矛盾。第三，人类历史发展的总趋势：从纵向看，不同生产方式变革会引起社会形态从低级向高级发展；从横向看，人类历史是从孤立分散走向密切联系的整体；在阶级社会中，社会基本矛盾表现为阶级斗争，阶级斗争是阶级社会发展的直接动力。第四，人民群众是社会历史的主体，是历史的创造者，要坚持群众观点和群众路线。第五，历史是偶然性和必然性的辩证统一。

① 教育部考试中心：《2018年普通高等学校招生全国统一考试大纲》，北京：高等教育出版社，2017年，第133页。

② 中华人民共和国教育部：《普通高中历史课程标准(2017年版)》，第4页。

唯物史观从社会的生产力和生产方式、经济基础和上层建筑、社会形态从低级向高级的发展、社会存在和社会意识、阶级对立和阶级斗争等方面，揭示了人类历史发展的客观基础；从历史发展的一般规律和特殊规律、历史发展的必然性和偶然性、历史发展的连续性和阶段性、历史发展的动力、人民群众和杰出人物在历史发展中的作用等方面，揭示了人类历史发展的辩证运动。迄今为止，还没有任何一种历史观和方法论，在研究和解释历史方面比唯物史观更周密、更全面。何成刚老师认为，"在引导学生分析历史现象时，以何种历史观为指导，在很多情况下，比占有多少证据更为重要"。[①] 所以，在素养时代的高中历史教学中，如何使学生掌握唯物史观的基本观点和方法、如何使学生认识唯物史观的科学性以及如何使学生运用唯物史观认识和解决历史与现实问题，就显得尤为迫切。

二、培养路径

新课标选修模块"史学入门"对唯物史观有如下要求：知道历史观对于史学研究和史学发展的重要性；知道唯物史观的基本观点及认识历史的基本原则；理解唯物史观是科学的历史观，对历史研究具有重要意义；尝试运用唯物史观的观点对历史问题进行分析和解释。[②] 唯物史观的基本原理并不能自动地生成历史解释，而是必须结合史实进行具体分析。因此，以下将从基本观点的习得、观念的树立与史观的运用等层面分别论述高中历史课堂唯物史观的实施方略。

1. 学科联动，掌握唯物史观的基本观点

由于高中生学习的是历史课，而不是专门的理论课程，因此在历史课堂系统地讲授唯物史观的设想不切实际，更何况高中历史教材没有专门章节介绍唯物史观的基本观点。但政治学科必修 4《哲学与生活》第四单元"认识社会与价值选择"的第十一课"寻觅社会的真谛"则对其进行了全面的介绍。相比较而言，政治学科的学习要求偏重于掌握唯物史观的理论和解释，历史学科的学习要求则强调学生运用唯物史观解决历史与现实的问题。两门学科各有所长，能够相互促进，因此要让学生对唯物史观的主要观点有较为全面的认识，需要与

---

① 何成刚：《历史核心素养的提炼与培养》，《历史教学(上半月刊)》，2016 年第 6 期，第 9 页。

② 中华人民共和国教育部：《普通高中历史课程标准(2017 年版)》，第 34 页。

政治学科进行跨学科的知识横向整合。在不同的学习阶段，唯物史观的培养侧重点是有所区别的：在高一及高二第一学期由于学生尚未在政治课上学习哲学部分，教师在日常教学中更多的是对基本观点进行简单介绍，并指导学生运用相关观点阐释相应的历史现象，因此注重教师引领下的“学”；经过高二下半学期政治课堂的系统训练，步入高三，学生对唯物史观有了系统的认知，因此本阶段注重学生主动的“用”。

以“古代中国的发明和发现”的部分片段为例。高二上学期的学生在政治课堂中尚未系统学习唯物史观的基本内容，但历史课上对此已有所提及，所以教师事先可以简单带领学生回顾唯物史观的相关内容。之后，让学生以表格总结 10 世纪到 19 世纪中叶中国和欧洲的科技成就（材料一，表 2-2）。接着补充材料二，并创设问题情境，以便更好地引导学生思考，提示学生注意思考问题的角度。

材料一

表 2-2　　10 世纪到 19 世纪中叶的科技成就

时期	中国	欧洲
10—15 世纪（宋元到明初）	印刷术、火药、指南针、远洋航海技术	远洋航海技术
16 世纪（明中后）	《本草纲目》	哥白尼“太阳中心说”
17 世纪（明后期至清初）	《农政全书》《天工开物》《徐霞客游记》	天文望远镜、近代化学、力学、解析几何学、血液循环学说
18—19 世纪中叶（清）		蒸汽机、电磁感应理论、分子原子结构学说、细胞学说、进化论

材料二　18 世纪，……中国的这一系列成就，同医学和药物学及其应用一样，主要是整理积累的经验发现，而不是系统的或持久的科学探索的结果……（上等人）视一切体力劳动为低级，甚至蔑视实验工作，……然而，正是理论、构思、实验和实践的结合，产生了现代西方科学和技术成就。

——罗兹墨菲《亚洲史》

问题：根据两则材料，从研究内容、方法、目的、发展趋势等方面指出 10 世纪到 19 世纪中叶中国和欧洲科技发展上的差异，并利用唯物史观的相关原理解释原因。

在新授课阶段，有意识引导学生归纳所学知识，并将之作为设问的材料，在问题设置时关注学情，注重史观方面的提示与引导。上述两问设置的意图是训练学生在教师的引导下认识并学会使用唯物史观的基本原理。

步入高三，学生经过政治课的系统训练，对唯物史观基本理论有了更系统、更全面的认识，此时在高考备考复习中，应强化学生优先使用唯物史观的意识，主动运用唯物史观基本理论分析问题。以高三一轮复习"明清之际活跃的儒家思想"部分的片段为例。首先向学生呈现基本材料，然后创设问题情境。

材料　日本学者岛田虔次在《中国近代思维的挫折》中，遵循王阳明——泰州学派——李贽这样的思想脉络，认为中国由于没有培养出像欧洲那样的市民阶层，所以中国明代以王阳明心学为核心的人文精神，到李贽后，因其自杀而发生了"断裂"。

问题：假使李贽不死，这种带有近代色彩的异端思想能够发展为欧洲式的人文主义思潮吗?

把这个问题留给学生，主要意图不仅是让他们自主地运用社会存在与社会意识的辩证关系分析明清时期中国未能产生人文精神的原因，同时还应把思维的焦点落在当时人文精神的萌芽上，学会用内发式的视角来看待纷繁复杂的历史问题。

这样的常规课程设计能够加深学生对唯物史观的理解与运用，培养学生将唯物史观视为解题第一选择的思维习惯。

2. 认识唯心史观的局限性，理解唯物史观的科学性

马克思主义产生以前的历史观、历史理论均属唯心主义范畴。列宁曾指出唯物史观之前的历史理论有两个主要缺点："第一，以往的历史理论，至多是考察了人们历史活动的思想动机，而没有考究产生这些动机的原因，没有摸到社会关系体系发展的客观规律性，没有看出物质生产发展程度是这种关系的根源；第二，过去的历史理论恰恰没有说明人民群众的活动，只有历史唯物主义才第一次使我们能以自然史的精确性去考察群众生活的社会条件以及这些条件的变更。"①

一些著名科学家因受唯心史观的影响，背离正确的物质观，而给事业带来

① 中共中央马克思恩格斯列宁斯大林著作编译局：《列宁选集(第二卷)》，北京：人民出版社，1995年，第425页。

重大损失。经典力学的奠基人牛顿，一生成就卓著，但遗憾的是他最终把物质运动的第一推动力归功于上帝，此后他埋头编写以神学为题材的著作，在物理学上再无精进。法国的帕斯卡在数学研究上是佼佼者，但遗憾的是在晚年他把兴趣转向神学方面，从怀疑说出发，认为感性和理性知识皆不可靠，从而得出信仰高于一切的错误结论。

比如，刘泰特在《谁是中国最伟大的哲学家》一文中认为秦始皇改变了中国历史的发展，并进一步指出“凡是改变历史的人，他们都是源于一种改变历史的精神，这个精神又都是最大的精神”。这是典型的唯心史观。

为了让学生明确唯心史观的局限性，教师可以设计系列问题引导学生思考：秦始皇嬴政为何会萌生“统一中国”的想法？难道是其“天生如此”或是什么“天命所在”等方面的原因？答案显然是否定的。秦始皇的主观想法受其赖以生存的阶级与时代的影响。他在秦国统治阶级中成长，代表了这一阶级的利益要求。而他统一中国的政治行为，无非就是他自身的阶级本能使然罢了，他的一统天下亦无非就是在表达他那个阶级的整体意志罢了。更重要的是，统一是时代的要求。春秋时期，各诸侯国为了控制更多的土地与人民，相互征战。战国时期，一些强大起来的诸侯不满足已有的封号，纷纷改称“王”。一些诸侯国为了富国强兵，支持变法或改革，力图通过兼并战争来统一天下。人民历经战乱，也渴望统一。所以说，统一趋势早已有之，嬴政只不过是画上一个句号而已。

为了进一步说明秦始皇的主观意愿也无从决定历史的发展方向，可以补充以下材料。

材料　他把三皇和五帝的名称合为“皇帝”，定为自己的尊号，自称“始皇帝”，希望由自己开始，子孙能够二世、三世乃至千万世地传承，永掌政权。

——人教版普通高中历史实验教材《历史·必修一》

问题：材料体现了秦始皇的什么愿望，这个愿望是否实现了？

客观真实的历史告诉我们，秦始皇的愿望很快便落空了，仅仅过了十几年秦朝便亡于暴政。

所以，个人无法决定历史发展的方向，只有历史才能够决定个人的方向。个人（英雄们）改变不了历史，个人只能加速或延缓历史的脚步。故没有英雄创造历史，只有历史成就英雄。个人的主观意志决定不了历史，只有历史才能决定个人的主观意志。一定时期的客观历史环境，决定了生活在其中的所有人的社会意识。客观历史环境对人的主观意志起决定作用。人的主观意志只能是相对性地进行反作用，不能从根本上改变什么，更别说“创造历史”了。

唯物史观则要求我们对造就历史人物思想意志的社会存在进行研究，要求我们着重于历史人物当时所在的客观环境及当时社会关系的总和等方面的研究和论述。我们必须坚持唯物史观的指导，拒斥唯心主义的理念和主观臆断。我们不可能完全地复制出历史的本来面貌，但我们却能够尽量客观地还原历史的真相及其规律。马克思认为，唯物史观“不是在每个时代中寻找某种范畴，而是始终站在现实历史的基础上，不是从观念出发来解释实践，而是从物质实践出发来解释各种形态”。①

就高中历史而言，“马克思主义的诞生”一课是学生了解马克思及其理论最好的载体。马克思的墓碑上有一句话：“以往哲学家们都只是试图以不同的方式来解释世界，可重要的是如何去改造这个世界。”从中可知，“改造世界”是包括哲学家们在内的一切人类的生命活动之特征，是所有人的本质。在讲授本课时，尽量避免干巴巴地抛出“共产主义”的概念，要着力阐释马克思所设想的共产主义社会中活生生的“人”，是自由、全面发展的人。为此，可以提供下列几则材料。

材料一　马克思理想中的共产主义最重要的特点，在《资本论》的第二卷有一段话讲得很清楚。他把共产主义称为“自由王国”。……那段话这样说：真正的自由王国存在于物质生产领域的彼岸，那就是作为目的本身的人的能力的发展。

——周国平《我们误解了马克思主义》

材料二　在共产主义社会里，任何人都没有特殊的活动范围，而是都可以在任何部门内发展，社会调节着整个生产，因而使我有可能随自己的兴趣今天干这事，明天干那事，上午打猎，下午捕鱼，傍晚从事畜牧，晚饭后从事批判，这就不会使我老是一个猎人、渔夫、牧人或批判者。

——马克思、恩格斯《德意志意识形态》

材料三　代替那存在着阶级和阶级对立的资产阶级旧社会的，将是这样一个联合体，在那里，每个人的自由发展是一切人的自由发展的条件。

——《共产党宣言》

---

① 马克思、恩格斯：《德意志意识形态》，《马克思恩格斯文集（第一卷）》，北京：人民出版社，2009 年，第 544 页。

古人云："亲其师，则信其道；信其道，则循其步。"要想让学生理解、信仰马克思主义唯物史观的价值，需让其清楚马克思及其理想的伟大。学生通过阅读必定能感受共产主义的壮美、马克思主义的瑰丽。更重要的是，马克思主义经得起实践的检验。近代中国处于半殖民地半封建社会的旋涡，一部分先进的中国人以马克思主义为武器，进行了艰苦卓绝的斗争，最终推翻三座大山，成立了中华人民共和国。同时，将马克思主义与国情结合，不断发展马克思主义，指导社会主义建设取得辉煌的成就。这一切足以证明包括唯物史观在内的马克思主义的先进性与科学性。

3. 理解唯物史观与其他史观的内在一致性

从哲学层面来讲，唯物史观和唯心史观是最基本的历史观。我们平常所说的"文明史观""现代化史观""全球史观"等，是叙述或撰写历史的范式、视角。这些史观是以唯物史观为基础，从不同角度丰富和发展了唯物史观，表现了唯物史观与时俱进的时代品格。

文明史观与全球史观分别从纵向发展与横向联系两个角度丰富和发展了唯物史观。文明史观把人类历史看作是人类文明的演进，侧重于从长时段的角度来考察人类社会纵向发展的历史。人类文明从纵向来看，可以分为渔猎采集文明时代、农业文明时代和工业文明时代三个阶段，从横向来看可以分为物质文明、政治文明和精神文明。其划分标准是生产力，这是对唯物史观"生产力是人类发展的根本推动力"这一观念的丰富和发展。全球史观是将人类社会的历史作为一个整体来看待的，又称为整体史观。它关注人类社会发展的横向联系，认为人类历史的发展过程是从分散发展向整体发展转变的过程。生产力的发展和世界各地区交往的发展是人类历史发展的两条主线，建立在生产力发展基础上的各地区交往的发展是推动人类社会从分散发展走向整体发展的决定因素。这是对生产力与生产关系这一对基本矛盾生动而具体的演绎。

而现代化史观则关注由传统社会向现代社会变迁的过程，现代化是一场全方位的社会变革，其核心是经济的工业化和政治的民主化。从生产力变迁的角度看，现代化史观可看作是唯物史观在社会转型过程中的生动体现；从与文明史观的关系看，现代化史观是文明史观的特例，即从社会转型探究人类文明发展的历程。

由此可知，唯物史观是根本性的理论，它对其他的历史观起统帅作用。文明史观、全球史观、现代化史观等史观之间并非是相互对立的，而是相辅相成的，它们分别反映了人类社会的某个侧面的特殊规律，同时也是对唯物史观的丰富和深化。

2018年高考历史全国Ⅰ卷的41题便是以唯物史观为基础，多种史观相互联系的范例：

中国基层社会治理历史悠久。改革开放以后，村民自治成为中国亿万农民的伟大创造。

材料一　宋代一些地方实行乡约制度。其功能主要是扬善惩恶，制定规约进行道德教化，并建立民间组织和相关的赏罚制度，明清时期，宣讲“圣谕”成为乡约最重要的内容。当时，由地方官吏广泛推行乡约制度，设立乡约组织，每月召集百姓宣讲、教化。康熙九年颁布了乡约组织必须宣讲的《上谕十六条》，内容包含“重农桑以足衣食”“训子弟以禁非为”等。

——据杨开道《中国乡约制度》等

材料二　清末，时人认为“地方自治者，为今世界立国之基础……于救亡之事，至为切要”。1909年，清政府颁布《城镇乡地方自治章程》，地方自治大致按行政区划分城镇和乡两级，设立议事会为议决机关，议员由选民互选充任。

——据张海鹏主编《中国近代通史》

材料三　20世纪80年代后，村民自治迅速发展，到1997年底，全国共有91万个村民委员会的村干部由村民直接选举产生，大部分农村有90%以上的选民参加了选举。1998年颁布了《中华人民共和国村民委员会组织法》，村民委员会是我国农村基层社会的群众自治组织。

——据郭德宏等主编《中华人民共和国专题史稿》

(1)根据材料一并结合所学知识，概括宋代到明清时期乡约制度的变化，并说明乡约制度的积极作用。(12分)

(2)根据材料二并结合所学知识，简述清末城镇乡地方自治的历史背景。(9分)

(3)根据材料三并结合所学知识，说明村民自治的意义。(4分)

从整体而言，该题以唯物史观为基础，以文明史观为框架，并且渗透了现代化史观。唯物史观强调经济基础决定上层建筑，上层建筑反作用于经济基础。上层建筑是复杂庞大的体系，由该社会的观念上层建筑和政治上层建筑两个部分组成。观念上层建筑包括政治法律思想、道德、宗教、文学艺术、哲学等意识形态。政治上层建筑在阶级社会指政治法律制度和设施，主要包括军队、警察、法庭、监狱、政府机构和政党、社会集团等，其中国家政权是核心。观念上层建筑和政治上层建筑是相互联系、相互制约的。观念上层建筑为政治上层建筑提供思想理论根据，政治上层建筑为观念上层建筑的传播和实施提供重要的保证。据此可知，中国古代的乡约制度、清末的城镇乡地方自治以及改革开放以后的基层民主选举制度均属于政治上层建筑的范畴。在古代中国，自然经济占主导地位，乡约制度成为稳定基层的重要措施，社会稳定则推动了社会生产的发展；在近代中国，经济结构发生变动，观念上层建筑也出现了变化（如西方民主思想的传入），清政府为了维护统治，对政治上层建筑做出相应调整，出现了城镇乡地方自治。在中华人民共和国，伴随着改革开放，社会主义市场经济不断发展，人们道德及文化素质提升，基层民主逐步确立。而实行村民自治，适应了社会主义建设的要求，有利于社会经济的发展。

从文明史观角度看，本题梳理了从古至今基层治理制度的流变，展示了政治文明演进过程。注重中西方文明交往对中国基层治理制度的积极影响。从现代化史观角度来看，体现了政治民主化的进程。从全球史观角度来看，体现了在中西方联系不断加强的条件下，西方政治文明对中国政治制度变革的影响。

命题者在唯物史观的指导下，运用文明史观、全球史观、现代化史观选取史料，从多个维度展现我国基层政治制度的发展沿革，从而拓宽了学生视野，能够引导学生从多个角度、运用不同史料丰富自己的历史认知，进而提升史学素养。而整体性、辩证性正是运用唯物史观的基本原则。

4. 在课堂教学中渗透唯物史观

(1)研究课标，把握立意前提

课程标准是国家对学生接受一定阶段教育之后的结果所做的具体描述，是国家教育质量在特定阶段应达到的具体指标。它是教师教学的直接依据，是学业水平评价的依据。因此教师在将唯物史观渗透至教学立意时，要立足课标，同时又要结合具体内容、学术前沿深入思考，进而确定高远的立意，上出一堂有独到见解的好课。例如，“从师夷长技到维新变法”一课，现行的课程标准为“了解鸦片战争后中国人学习西方、寻求变革的思想历程，理解维新变法思想在近代中国社会发展进程中所起的作用”。课标的要求较为简单，但教师的课堂追求不能浮于课标。教师在课堂教学立意和教学目标的制订上要从更广、更深的领域思考,才可能上出一节有思想、有见解的好课。扬州中学的张一桢老师以"顺乎世界之潮流"为主题重构了"从师夷长技到维新变法"一课。他将近代中国思想的变迁置于世界潮流变换的大格局之下,向学生展示了一幅宏大的画卷,把社会存在与社会意识的辩证关系体现得淋漓尽致,生动地回答了近代中国向西方学习的根源的问题,同时也展现了中国逐步走向近代化的道路,启发了学生的思维。合理的立意使这节课达到了余音绕梁之效,是一节让学生回味无穷的好课。

赵华栋与郑流爱两位老师在思考"近代中国资本主义的历史命运"一课教学立意时,从中国民族资本主义发展与不发展这一历史辩证视野出发,分别考察外国资本主义、传统封建势力和新兴民族资产阶级这三股力量在近代中国民族资本主义演进过程中的辩证作用。他们指出,"发展与不发展"是中国民族资本主义发展的中心线索,"发展"概括了发展的总体水平,"不发展"突出了发展的阻碍因素,是总体发展过程中的两个方面,辩证地呈现出中国民族资本主义发展的内在关系和总体特征。①

(2)引入故事,增强课堂生动性

史观的渗透往往由于其较强的理论性而显得枯燥乏味,无法激发学生的学习兴趣。如果一味地从理论层面渗透史观,必会出现事倍功半的效果。苏霍姆林斯基说过:"道德教育成功的'秘诀'在于,当一个人还在少年时代的时候,就应该在宏伟的社会生活背景上给他展示整个世界、个人生活的前景。"②高中生正处于自我意识日趋成熟的阶段,他们对未来充满憧憬,渴望实现自己对未来的期许,但碍于有限的人生经验和阅历,使他们迫切需要从他人的生活经验中汲取智慧,因而他们对他人的故事充满好奇。在涵养唯物史观时,借助鲜活的历史人物的故事,瞬间吸引学生注意力,不着痕迹地拉近学生与历史的距离,悄无声息地渗透唯物史观,素养培养水到渠成。

湛江的陈靖老师在讲授"战后资本主义经济的调整"一课时,利用 1974 年诺贝尔经济学奖得主哈耶克的人生经历,带领学生重返历史情境,从"情""思"两方面深挖历史人物背后的历史内涵,用特定环境下的人物活动唤起学生的情

---

① 赵华栋、郑流爱:《发展与不发展之间的辩证思考》,《历史教学问题》2016 年第 4 期,第 134 页。

② B. A. 苏霍姆林斯基:《给教师的建议》,北京:教育科学出版社,1984 年,第 392 页。

感体验，以调动学生的学习热情和培育学生历史思维，并运用唯物史观解析相关问题，进行深度引导和学习。[①]

材料一 我年轻的时候，只有很老的长者才相信自由市场制度。等我人到中年，除了我自己，就没人相信它了。现在，我很高兴自己活得足够久，看到青年人再次相信它。

——韦森《哈耶克与凯恩斯的论战：来龙去脉与理论遗产》

材料二 2008年以来，一场全球性金融风暴爆发，哈耶克自由主义的坚定追随者乔治·布什总统旋即采取了凯恩斯主义政策措施……

——刘业进《重拾哈耶克的思想遗产》

设问：从哈耶克身上我们可以学到什么？布什总统的做法给予我们什么启示？

设问的意图是让学生感受社会和历史的复杂性，涵养学生的唯物史观和历史价值观素养。

哈耶克坚持真理，永不放弃的精神值得我们学习。然而，人类社会是复杂的，哈耶克理论的被认可并不意味着凯恩斯主义的过时，就像布什总统，虽是哈耶克的坚定追随者但必要时仍会采取凯恩斯主义的政策措施。这说明：没有任何一种理论和政策是完美的，任何理论、政策都必须依据社会形势发展变化不断地进行调整才能与社会发展相适应。

(3)构建场景，寻找历史发展规律

马克思对人类历史的发展得出一个规律性的认知，认为人类历史发展的总趋势从纵向看，是由不同生产方式变革而引起社会形态从低级向高级的发展；从横向看，人类历史是从孤立分散走向密切联系的整体。历史规律是指历史发展过程中多次出现的、具有表象相似性或本质共同性的历史现象及其内部和外部的本质联系。为了让学生认识历史发展的规律，教师需要像布罗代尔强调的那样，借助中时段或长时段历史观。把历史当成一个整体来看，不仅要重视长时段历史的影响和作用，而且要在整体史中包含更丰富的历史视角，在清晰的内容结构中把握历史的多元性、丰富性或复杂性。

---

① 陈靖、陈洪义：《深挖人物历史内涵 细促情智素养落地》，《中学历史教学》2017年第11期，第32～34页。

在高考历史通史复习时，要确定每一个历史发展阶段的主线，凸显历史发展规律。以世界史为例：世界古代史，注重全面反映多元文化和历史发展的多样性，以及在欧、亚、非各洲之间不断进行的交往；世界近代史，注重揭示资本主义产生和发展历程、马克思主义诞生和殖民地人民对资本主义殖民扩张的反抗，以及资本主义世界市场的不断扩大和世界各国各地区之间联系的不断加强；世界现代史，注重社会主义、资本主义和新型民族独立国家（发展中国家）发展的历史进程，以及世界日益联系成为一个密不可分的整体，构成了世界各国相互依存、相互竞争、相互影响的复杂局面。通过这样的编排，以及对历史发展线索上具有重大影响的历史事件、历史人物和历史现象的叙述和阐释，使历史课堂能够具象地、生动地揭示历史发展演进的规律，进而涵养学生的唯物史观素养。

为了更好地训练学生把握长时段历史发展规律，笔者曾在课堂上引用2017年高考历史全国Ⅰ卷第42题的材料，如表2-3所示：

表 2-3

时间	中国	外国
14—15世纪	朱元璋在位期间，与占城、爪哇、暹罗等30余国进行官方贸易。 废除丞相制度。 郑和七下西洋，是世界航海史和中国古代对外交往史上的壮举。	德国人古登堡发明了最早的印刷机。 哥伦布到达美洲大陆。 佛罗伦萨200余家纺织工场雇佣3万余名工人。
16世纪	张居正进行赋役合一、统一征银的“一条鞭法”改革。 李时珍《本草纲目》刊刻。 玉米、番薯、马铃薯等高产作物传入中国。 汤显祖出生，代表作《牡丹亭》表现男女主人公冲破礼教束缚，追求爱情自由。	哥白尼提出“太阳中心说”。 意大利传教士利玛窦到中国，传播了西方自然科学知识。 莎士比亚出生，代表作《哈姆雷特》。
17世纪	朱子学在日本为官方推崇，成为显学。 茶叶大量输往欧洲。 宋应星《天工开物》刊刻。 美洲白银大量流入中国。 郑成功收复台湾。	英国入侵印度，英属东印度公司在印度开展殖民活动。 英国早期移民乘“五月花”号到达北美。

——据李亚凡编《世界历史年表》等

上表为14—17世纪中外历史事件简表。从表中提取相互关联的中外历史信息，自拟论题，并结合所学知识予以阐述。（要求：写明论题，中外关联，史论结合。）

该题以表格形式呈现14—17世纪的中外大事，时间跨度长，空间跨度广，共选取重要事件20条，其中，中国12条，外国8条。试题要求学生提取“相互关联”的历史信息，“自拟论题”并展开“阐述”。学生通过分析归纳可知，14—17世纪中外的经济、文化交往不断增多，世界联系日益紧密。

(4)视角多元，掌握唯物史观的辩证性

马克思主义史学的辩证法是历史辩证法，而历史辩证法具有如下原则：辩证法包括两点论和重点论；对事物的分析要具体，分析历史事件或人物不能千篇一律地贴标签。[①]“唯物史观肯定经济领域是揭示人类社会历史发展的根本原因，但它同时承认政治制度、法律制度、思想文化、道德风尚等对经济社会发展的重大作用”。[②]虽然唯物史观认为经济基础决定上层建筑，但正如恩格斯在致约·布洛赫的信中所言，“青年们有时过分看重经济方面，这有一部分是马克思和我应该负责的。我们在反驳我们的论敌时，常常不得不强调被他们否认的主要原则，并且不是始终都有时间、地点和机会来给其他参与交互作用的因素以应有的重视”。[③]因此，在运用唯物史观时也应把握辩证的原则，在视角多维的前提下，突出重点。

例如，分析百家争鸣出现的时代背景。首先，充分调动学生已掌握的关于春秋战国时期经济、政治发展的相关史实，构建示意图（图2-1）。学生根据示意图运用自己的语言描述百家争鸣出现的原因。春秋战国时期铁犁牛耕出现，生产工具的改进推动了生产力的发展，促使生产关系发生变化，社会发生大变革（井田制瓦解；分封制、宗法制破坏；阶层、阶级变动）。此时思想言论自由，为争鸣提供舞台；各诸侯国为了富国强兵，招揽人才，士人受重用，成为专业的文化阶层。致使思想文化领域发生重大变化，出现了百家争鸣的局面。学生通过自己的描述可深刻感知，百家争鸣局面的出现与同一时期其他历史现象之间存在

---

① 张庆海：《中学历史教学中的史学理论问题》，长春：长春出版社，2012年，第148～149页。

② 王加丰：《史学理论与中学历史教学》，安徽：安徽大学出版社，2011年，第8页。

③ 中共中央马克思恩格斯列宁斯大林著作编译局：《马克思恩格斯选集（第四卷）》，北京：人民出版社，1972年，第479页。

千丝万缕的联系。

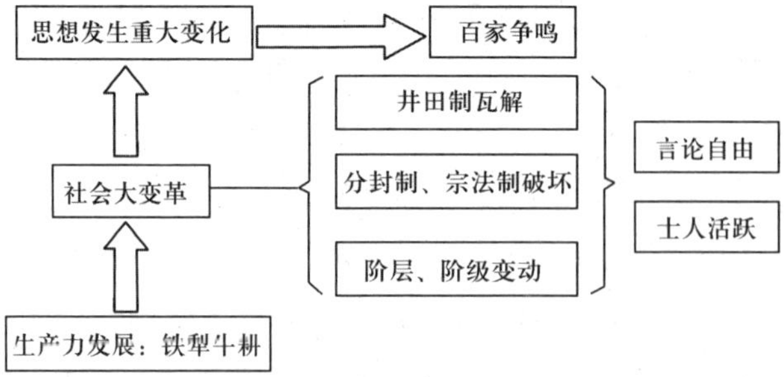

图 2-1

任何历史事物都不是孤立存在的，而是和周围其他事物之间互相联系的，但在梳理这些因素时要明确经济因素的决定性作用。例如，在认识到阶层变动、教育发展等因素对百家争鸣的影响时，也要认识经济因素对其形成所起的基础性作用。再如，虽然法国大革命是由多种因素促成的，但经济依然是决定性因素。[①] 教师要善于引领学生把握历史事物之间的联系，学会在把握重点因素的前提下运用联系的观点看问题，才能正确认识过去的历史、当下的现实与未来的世界。又如，唯物史观强调人民群众是历史的主体，是历史的创造者。但是，在突出人民群众的主体性地位的同时，也不能忽略英雄人物的作用，要辩证地看待人民群众和英雄人物在历史发展进程中的作用。在讲授法国大革命时往往会提及拿破仑的丰功伟绩，溢美之词随处可见。对拿破仑过度地宣扬，易使学生过分关注英雄人物在历史发展进程中的作用，陷入英雄史观的泥潭，身陷唯心主义的囹圄。为此，笔者引用了以下两则材料：

材料一　有一回拿破仑过 Alps 山，说："我比 Alps 山还要高！"这何等英伟，然而不要忘记他后面跟着许多兵。

——鲁迅《未有天才之前》

材料二　恰巧拿破仑这个科西嘉人做了被战争弄得精疲力竭的法兰西共和国所需要的军事独裁者，这是偶然现象。但是，假如不曾有拿破仑这个人，那么他的角色是会有另一个人来扮演的。

——恩格斯

① 张庆海：《中学历史教学中的史学理论问题》，第 157 页。

设问：倘若没有身后的众多士兵和民众，拿破仑能够成就举世瞩目的业绩吗？究竟谁是历史的创造者？如何看待拿破仑的作用呢？

在看了鲁迅的评价后，学生自然能知晓人民群众在拿破仑征战沙场的时候起着不可或缺的作用。恩格斯的分析主要是基于唯物史观。正所谓“时势造英雄”，人民群众是造“势”者，某人的顺势而为，使其成为时代的英雄，人民与英雄合力推动，历史不断向前发展。“某种拥有广泛群众基础的共识可能是错误的或反动的，会使一个国家误入歧途；但如果没有群众支持，革命派或改革派将会一事无成”。①

当然，还要正视英雄人物在历史发展进程中的作用，不要通过贬低英雄的作用、通过丑化英雄的作用来拔高人民群众的作用。比如在讲授“新航路开辟”一课时要正视葡萄牙亨利王子在新航路开辟中的重要作用，他创办航海学校，搜集航海资料，绘制地图，培养航海人才，推动和改进造船技术和航海技术，这些都使新航路的开辟成为可能。②

5. 评判历史，把握实事求是原则

晚年的恩格斯在给保·恩斯特的信中说：“如果不把唯物主义方法当作研究历史的指南，而把它当作现成的公式，按照它们来剪裁各种历史事实，那么它就会转变为自己的对立物。”③“实事求是”是唯物史观的理论精髓，在学习历史的过程中，学生应当基于具体的时空情境和相关史料，对历史材料做出全面、准确、合理的解读，形成符合实际的历史认识和价值判断。为此，教师需要在课堂中充分挖掘隐藏在迷雾之中的历史，同时站在历史进步的角度评判历史，实事求是地解构历史，还历史以真实颜色。

(1)深挖历史细节

面对内忧外患之危局，清政府内部的洋务派提出“中体西用”“师夷长技以自强”的思想主张，强调以封建纲常伦理为国家安身立命的根本，同时主张采用西方先进技术，以挽救江河日下的封建统治。纵观近代前期先进人士的有关言

① 王加丰：《史学理论与中学历史教学》，第 169 页。

② 陈家运、李游：《唯物史观在高中历史教学中的运用——以岳麓版“新航路开辟”一课为例》，《中学历史教学》，2017 年第 6 期，第 20 页。

③ 中共中央马克思恩格斯列宁斯大林著作编译局：《马克思恩格斯选集(第四卷)》，第 472 页。

论,少数人对“中体西用”这一文化原则整体上的正确性有过疑虑,但从未有人对其所含的民族性提出过怀疑。教师在课堂中要挖掘其中蕴含的“民族性”,即抵御外来侵略,维护中华文明。如此才能较为客观全面地还原地主阶级洋务派掀起向西方学习的初衷。

(2)从历史进步的视角评判历史

马克思对历史进步的评价主要有两种尺度:一是历史尺度,二是价值尺度。“从马克思的观点来看,历史评价始终是首要的,价值评价则是第二位的”。[①] 所谓历史尺度有两个基本要求:一是对任何社会制度和社会现象,都应该从其发生、发展的整个过程来看待,而不应该从静止不变的状况来观察;二是对任何社会制度和社会现象,都应该从其所处的历史时代的总的情况加以考察,而不应当仅仅用当下的条件和标准去衡量。从历史尺度出发,我们就要历史地看问题,把一切社会制度和社会现象都放在一定的历史范围中,从社会制度和社会现象的具体的历史条件出发,不要以一时的现象下定论。

譬如关于“九品中正制”,教师一般都强调它的负面作用:“在这种制度下,世家大族子弟依靠门第即可步入仕途,所以他们往往不注重提高才能。而真正有才学、但出身低微的人,很难到中央和地方出任高官。”但是细究起来会引人深思,为什么它从魏晋时期一直存在到隋朝,延续数百年之久?魏晋南北朝是国家分裂时期,各独立政权为什么都采用这种选官制度?笔者在教学时提供了以下材料:

材料一　魏氏承颠覆之运,起丧乱之后,人士流移,考详无地、故立九品之制,盖以论人才优劣,非为士族高卑。

——沈约《宋书·段灼传》

材料二　自黄初以来,崇立太学二十余年,而寡有成者,盖由博士选轻,诸生避役,高门子弟,耻非其伦,故无学者。

——陈寿《三国志·魏书·刘馥传》

材料三　盖自汉代学校制度废弛,博士传授之风气止息以后,学术中心移于家族。

——陈寅恪《隋唐制度渊源略论稿》

① 丰子义:《关于历史进步的评价问题》,《学术月刊》,2007年第12期,第114页。

材料四　西晋名士乐广，因“寒素为业，人无知者。”但“性冲约，有远识……尤善谈论，每以约言析理，以厌人之心”，被荆州刺史王戎举为秀才，后又得到裴楷的推荐，辟为太尉掾，转太子舍人，前后做过中书侍郎、太子中庶子、侍中、河南尹等职。……东晋车胤，“家贫不得油，夏日则练囊盛数十萤火以照书，以夜继日焉”，后因为“辨识义理”被桓温辟为荆州从事，其才能得到当时一流士大夫的赏识，谢安每开筵席都招待他，先后任过中书侍郎、侍中、国子博士、吴兴太守、吏部尚书等职。

——胡克森《九品中正制度再评价》

如果我们将九品中正制放到整个中国古代人才选拔制度的大背景下去考察，就会发现，它是察举制向科举制演变过程中特定时期的人才选拔制度，与魏晋以来各级官学及开馆授徒的私学全面衰落和家学的长足发展有关，初期是为了“辨人才之优劣，非为士族之高卑”。尽管这一制度在发展过程中不断受到高门士族的干扰，但它同时也在不断地努力排除这种干扰，出台一些选拔优秀寒门人才的特殊政策作为补充，因此九品中正制有其产生、存在的合理性的一面，在当时的历史进程中是曾起到过积极作用的。

如果因为九品中正制后来的消极影响而对其进行简单的否定，那就像把雅典衰亡归罪于其实行民主政治、由于经济大危机而贬抑推动社会化大生产的工业革命一样，是唯物史观所批判的目的论：“每一代一方面在完全改变了的条件下继续从事先辈的活动，另一方面又通过完全改变了的活动来改变旧的条件。然而，事情被思辨地颠倒成这样：好像后一个时期历史乃是前一个时期历史的目的，例如，好像发现美洲的根本目的就是要引起法国革命。”[①]从整个人类历史发展的观点来看，我们分析任何历史事物，都必须站在历史进步的立场上，去认识其本质属性，从而肯定和支持一切推动历史上升和前进的力量。这是我们评价一切历史事物的原则立场，这也符合唯物史观的基本原则。

需要明确的是，掌握唯物史观的立场、观点和方法仅仅是培养学生唯物史观素养的低阶目标，更重要的是运用唯物史观架构起沟通史实与结论之间的桥梁，学生运用唯物史观正确解释历史现象和本质、全面分析历史原因和结果、阐述历史发展规律、掌握解决具体历史问题，此为高阶目标。唯物史观毕竟是一

① 马克思、恩格斯：《德意志意识形态》，《马克思恩格斯文集（第一卷）》，第540页。

种世界观，更多地属于立场、态度与价值观，它是在诸如历史理解、历史解释、历史评判等具体性历史思维、要素活动之中获得的。[①] 所以，学生唯物史观素养的习得要求教师在教学目标设定中、在问题情境的设置中、在学生为主体的合作探究中以及在课堂动态发展中不断渗透。通过教师在课堂中的示范，学生对其进行模仿，掌握方法，最终主动拿起唯物史观的“武器”分析、解决历史与现实问题，如此便与历史学的“垂训功用”相契合。当然，唯物史观是一个开放的体系。将唯物史观作为学生分析历史的核心素养，并不排斥在历史学习中指导学生借鉴其他有价值的思想、理论与方法。[②] 而是强调应以唯物史观作为核心史观引领、指导我们的历史教学、历史学习、历史研究。

第二节 时空观念

历史学科时空观念的内涵是什么？如何在教学实践中涵养学生的时空观念？这是中学历史教师面对时空观念的概念时需要解决的两个问题。

一、内涵分析

培养学生时空观念的前提是要厘清历史学时空观念的内涵。新课标认为“时空观念是在特定的时间联系和空间联系中对事物进行观察、分析的意识和思维方式”。这涉及三个概念：历史学的时间、历史学的空间和历史学的时空观。

1. 历史学的时间

与哲学、物理学范畴的时间概念不同，历史学的时间体现了历史学科独特的思维方式。它有客观时间和历史时间之分。

(1)客观时间

客观时间是历史活动赖以发生和演变的时间，是不以人的意志为转移的客观存在，表现为时间点、时间段和时间长河。为了记录和表达客观时间，历史上

---

① 王德民、朱启胜：《基于历史核心素养的教育转型：挑战与课题》，《历史教学(上半月刊)》2017 年第 10 期，第 15～19 页。

② 何成刚：《历史核心素养的提炼与培养》，《历史教学(上半月刊)》，2016 年第 6 期，第 10 页。

各地区、各民族发明了许多计时单位，如年、月、日、时辰等，也出现了诸多纪年方式，如公元纪年、年号纪年、干支纪年、民国纪年等。有学者把这些对客观时间的表达方式称为“历法时间”。[①] 因为它体现着历史活动的客观存在性，没有主观价值判断倾向，所以属于客观时间的范畴。

(2)历史时间

历史时间是历史学家为了研究的方便和需要，基于自己对社会历史的认识而对客观时间所做的单元划分，是史学家拟构出来的时间观，[②]其表现形式是各种历史分期。梁启超在《中国历史研究法》中写道：“叙述数千年之陈迹，汗漫邈散，而无一纲领以贯之，此著者、读者之所苦也，故时代之区分起焉。……人间社会之事变，必有终始、因果之关系，故于其间若欲划分一界线，如两国之定界约焉，此实理势之所不许也。故史家惟以权宜之法，就其事变之著大而又影响于社会者，各以己意约举而分之，以便读者。虽曰武断，亦不得已也。”[③]因历史学家的认识和研究角度不同，历史分期的方法和方式也不同，常见的有以下几种：一是依据社会制度和社会形态来划分，如原始社会、奴隶社会、封建社会、资本主义社会、社会主义社会，或古代、中世纪（中古）、近代和现代等；二是以文明发展程度和生产力进步标准来划分，如农耕时代、工业文明时代、信息时代等；三是按政权或王朝、朝代来划分，如路易十六时代、斯图亚特王朝时期、秦汉时期、隋唐时期、明清时期等；四是某些具有时代标记的特定历史时期，如文艺复兴时代、启蒙运动时代、第一次世界大战时期、第二次世界大战时期、冷战时期、改革开放时期等。与客观时间相比，历史时间是人们对客观历史进程的主观整合，带有鲜明的主观性。同时历史学家通过历史分期，给历史时间概念打上了特殊的标记，包含了史学评价标准，使之具有特定的史学意义和价值判断。比如“中世纪”的负面意义一直很突出，“大航海时代”“启蒙时代”“改革开放（新时期）”的积极意义很明显。

蔺子武在《时空观念的形成和历史教学》一文中认为：“科学的时间概念含义有二：一是指年代的时间概念……它属于表面层次；二是指逻辑的时间概

---

① 曾庆发：《略论马克思的社会时空观理论及其意义》，《黄石教育学院学报》2004 年第 2 期，第 58 页。

② 许序雅：《历史学中的“时间”探究》，《历史教学（下半月刊）》2017 年第 9 期，第 9 页。

③ 梁启超：《中国历史研究法》，北京：中华书局，2009 年，第 172～173 页。

念……它属于隐含层次。”[①]他所说的“年代的时间概念”就是客观时间；而“逻辑的时间概念”则是历史时间，因为它“贯穿着一系列重大事件的相继发生和演变”，是反映历史社会属性的发展变化、划分历史内容的性质归属的关键性年代。

历史事件的发生演变、历史人物的活动，都有一定的联系性，并按一定的时间顺序进行着，前后相继，因而客观时间具有时序性和连续性的特点；而历史时间是人为界定的，具有阶段性、时代性和时机性特征。

①历史时间具有阶段性

社会历史虽然是按一定顺序连续发展的，像一条流淌不息的时间河流，但它也呈现出明显的阶段性特征。历史发展的不同阶段反映历史过程质的变化，揭示了不同历史阶段的性质差别，这是历史学家划分历史时期的依据所在。布罗代尔将历史时间分为三种，即长时段、中时段和短时段，这三种时段分别对应了地理时间、社会时间和个人时间；而结构史（地理环境演变史）发生在长时段，社会史和情势史发生在中时段，事件史（政治、军事史）则发生在短时段。[②] 布罗代尔强调要研究 10 年、20 年乃至 50 年的历史态势，更要研究以百年计算的长时段和超长时段的历史。因为对于大的社会演变，须考察其长期的历史后果，如果考察期过短，便无法见其周期性的全貌。

②历史时间具有时代性

每一阶段的历史，因其经济、政治、文化发展不同，体现出各自鲜明的时代主题和时代特征。例如，明清时期，政治上，君主专制发展到顶峰，封建制度渐趋衰落；经济上，农耕经济高度发达，商品经济空前活跃，新经济因素出现，对外贸易由盛转衰；思想文化上，思想专制强化，传统科技继续领先但近代科技落伍，文学艺术进一步世俗化、平民化。

③历史时间蕴含着历史的时机性

时机是历史发展进程中的关键节点，决定着此后一个时段的历史发展方向。历史之所以会在此处出现转折或加速发展，是社会历史条件成熟所致，因而历史的时机性体现着历史发展变化的必然性与偶然性的关系。

---

① 蔺子武：《时空观念的形成和历史教学》，《兰州教育学院学报》1991 年第 2 期，第 2 页。

② 陈新：《理性、保守主义与历史学家的责任——初论布罗代尔史学思想及其实践效应》，《世界历史》2001 年第 1 期，第 80 页。

2. 历史学的空间

历史学的空间不同于地理学上的空间概念，它有两层含义：一是社会历史所处的自然地理环境，这是历史活动不可或缺的自然场所；另一是与历史活动密切相关的经济、政治、文化和社会环境及其相互关系，即社会历史空间，它包括经济生产方式，以及由此所产生的社会阶层和阶级结构、文化特质和文明形态等。

经济活动和生产方式是人类赖以生存和发展的基础，对政治生活、文化生活起决定作用，推动着人类社会不断发展。但人类历史上的经济活动受自然地理环境影响较大，有着明显的空间分布特征。古代中国北方生活着游牧民族，中原汉族从事农业生产，其生活区域和生活环境属于自然空间范畴。但他们不同的经济生产方式以及由此而形成的游牧文化、农耕文化，则属于社会历史空间范畴了。同样的，古希腊多山阻隔、海陆分割，山多地少、海岸线曲折，这属于自然空间。但这种独特的自然地理环境使之形成众多彼此独立的小城邦，造成其农耕受限但海外贸易和工商业发达，并促使自由平等观念的形成、民主政治的产生，则属于社会历史空间。中国近代民族工业主要分布在沿海地区，尤其是东南沿海城市。这种空间分布特征，反映了近代西方列强侵略、自然经济解体从沿海地区逐步向内地延伸的历史过程。可见，社会历史空间的显著特征是地理环境与社会历史相互影响，融为一体。

3. 历史学的时空观

将历史学的时间和空间相对独立地进行探讨，是为了便于对概念进行深入剖析，揭示其内涵。实际上，历史活动总是以一定的时间和空间作为自己的舞台，历史时空的背后隐含着历史发展的重要元素，任何历史事件、历史现象和历史人物都不能脱离开具体的时间和空间而独立存在。

历史学的时空有“自然时空”和“社会时空”之分。

“自然时空”是由历史赖以发生和演变的客观时间和自然地理空间交织而成，在时间上具有时序性和连续性特征，在空间上具有方位性和地域性特征。梁启超在《中国历史研究法》中说：“以地理定空间之位置，以纪年定时间之位置，二者皆为历史最重要之事物。”[①]这里所说的时间和空间就是自然时空。编制大事年表、人物大事记，整理历史线索，梳理知识结构，都是从自然时空角度

---

① 梁启超：《中国历史研究法》，第168页。

来认识历史事实,获得历史理解的,它体现着历史活动的客观存在性。在自然时空视野下认识历史,历史的时间与空间紧密联系,可以掌握客观存在的历史,但它缺乏对历史联系的内在把握,更缺少历史意义的建构。因此,若要建立对历史的深刻认识,必须将时空观念进一步深化,进入"社会时空"理解阶段。①

"社会时空"是作为运动高级形式的社会所特有的时空结构,在本质上是人类通过自身实践所创造的物质生活、政治生活、精神生活和社会生活及其发展变化的时空,即人类实践的时代特征和时代格局。② 它是从历史的阶段性(历史时间)和历史的社会背景(社会空间)出发,深刻阐释生产力和生产关系、经济基础和上层建筑之间的相互关系所构成的人类历史图景。人们要想全面了解历史,完成对过去历史的意义的建构,就必须在"社会时空"的语境下,将历史事件放在具体的历史情境中去考察,只有这样才能回答其所以发生、其这样发生的理由,也因此获得意义。从这个意义上说,社会时空观念是我们真正理解历史的关键。③

二、培养路径

在厘清时空观念的内涵之后,培养学生的时空观念素养还需要有更好的策略和针对性举措。我们认为可以从以下五个方面来进行。

1. 从客观时间出发,认识历史的时序性及其意义

时序性是历史学科的基本特征。历史事件的发生、演变和历史人物的活动,总是前后相连并按一定的时间顺序展开。华东师范大学聂幼犁教授认为:"时间或时序不仅是历史的最基本要素之一,也是正确反映、表达客观历史不可或缺的基本坐标。"④新课程的必修内容"中外历史纲要"以通史的叙事框架,展示中国历史和世界历史发展的基本过程,这对培养学生的时序观念是很有帮助的,克服了 2004 年高中课改以来历史教材模块化编写体例带来的弊端。

培养学生的时序意识,教师的通常做法,一是编制年代尺,建构历史的相互

① 马维林:《历史课程目标中"时空观念"的理解维度》,《教学与管理》2017 年第 25 期,第 55 页。

② 胡刘、祝莉萍:《马克思实践论视域的社会历史时空观及其当代意义》,《教学与研究》2012 年第 4 期第 26 页。

③ 马维林:《历史课程目标中"时空观念"的理解维度》,《教学与管理》2017 年第 25 期,第 55 页。

④ 聂幼犁:《盯住试题的关键词:何时(一)》,《历史教学(中学版)》2010 年第 6 期,第 67 页。

关联性。这不但能帮助学生厘清时序，还能把零散的史实串联起来，帮助学生克服碎片化认知历史的局限；二是宏观把握历史发展线索，帮助学生理解历史的嬗变与延续，体会历史发展的规律和趋势。例如关于“英国君主立宪制的确立”，从1215年的《大宪章》到1689年《权利法案》的颁布，时间跨度474年。如何把握这四百多年的历史中英国的“制度创新”？梳理历史事实可以发现两条线索：一是不断加强对王权的限制，二是议会权力的不断扩大。最终，议会成为国家的权力中心。

在历史长河中，每一历史事件都不是孤立的。如果在年代尺上把反映不同性质的系列历史事件串联在一起，就能让学生在纷繁复杂的历史事件中发现历史发展的不同趋势、走向和内在联系，有助于深入理解并阐释历史事件、历史人物与其所处时代的关系，从而获得非凡的意义。

例如，在中国近代史前期从鸦片战争到五四运动80年的线性时间上，安排鸦片战争、第二次鸦片战争、中法战争、甲午战争、八国联军侵华，呈现的是列强侵华和中国一步步沦为半殖民地半封建社会的历史；若加上太平天国运动、戊戌变法、辛亥革命、新文化运动等内容，就是一段侵略与反侵略、救亡图存的探索历史；若再穿插洋务运动、中国民族资本主义产生和发展、社会生活的变迁等内容，呈现出的则是中国社会从传统向近代转型的波澜壮阔的历史画卷。这样，“近代”作为一个时代，其独特的意义就凸显出来了。

再以“辛亥革命”为例。通过编制年代尺(图2-2)寻找相近时间发生的历史

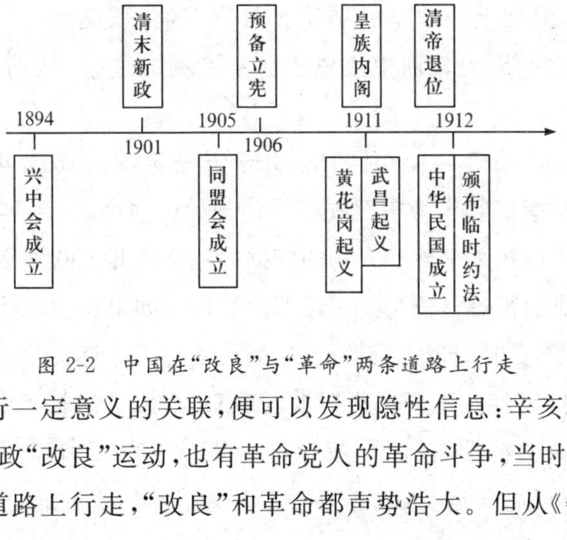

图2-2　中国在“改良”与“革命”两条道路上行走

事件，并对其进行一定意义的关联，便可以发现隐性信息：辛亥革命前的中国，既有清政府的新政“改良”运动，也有革命党人的革命斗争，当时的中国是在“改良”和革命两条道路上行走，“改良”和革命都声势浩大。但从《钦定宪法大纲》

的出台到“皇族内阁”的成立，清楚地表明“立宪”只不过是清政府维护其统治的一种手段。在最敏感的政权问题上，清政府不愿意做出妥协和让步，使得原本支持清政府的立宪派对它在政治上的顽固与僵化大失所望，最后与之分道扬镳，从而加剧了清王朝的统治危机。从制作的历史进程图中还可以得出这样的认识：武昌起义后，革命党和清政府的力量是分属南北，北方的封建势力和革命党中的旧官僚势力比较强大，这就为后来袁世凯能够上台提供了政治条件。

因此，编制年代尺和大事年表，尽管反映的是历史的客观存在，但选择哪些历史事件则反映了编制者的主观意图。一段线性的时间通过巧妙的事件串联，可以成为展开某一历史主题的工具，从而被赋予某种意义。

2. 从历史时间出发，把握历史评价和比较的方法

由于历史时间的划分有不同的依据和视角，它就可以成为开展历史比较和评价的依据和手段之一。

(1)把握历史事件在特定历史时期的所处位置，才能对它有真正的理解

以洋务运动为例，倘若以时间为线索，把它与中国民族资本主义产生发展联系在一起，放到中国近代化历史发展进程中去考察，甚至放在世界近代化运动的历史潮流中去考察，在才能真正理解它的发生、发展及成败得失。这种考察的角度正体现了历史时间的阶段性和时代性。

再如，明清之际的进步思想家，李贽和黄宗羲、顾炎武、王夫之生活在不同时期，导致他们的思想特征有较大区别。李贽生活在晚明时期，其思想特征是反传统、反教条，强烈批判理学的僵化。而黄宗羲、顾炎武、王夫之生活在明末清初，从明朝灭亡的历史教训中反思了君主专制的危害，从而酝酿了早期民主思想。

马丁·路德在 1517 年 10 月贴出《九十五条论纲》，1517 年 10 月是客观时间，可是当历史学家把它作为宗教改革运动开始的时间，这个客观时间就变成了历史时间，成为评价相关事件和人物的依据之一。离开了欧洲宗教改革运动时期这个历史时间，我们很难分析马丁·路德的动机。如果我们把欧洲宗教改革运动再放到近代史的历史时间里进行评价，这场运动的历史意义就会更为深刻。

(2)把握同类事件在不同历史时期的联系，形成前后相承的历史脉络

例如“西方人文精神的起源和发展”，通过考察古希腊先哲的精神觉醒、文艺复兴、宗教改革、启蒙运动，就能把西方人文精神的演进通过一系列历史事件在线性时间上的展开，表达出西方人文精神的起源和发展这一历史主题，也确立起一个评价的基本标准，对公元前 6 世纪到 18 世纪的长达近 2400 年的欧洲思想的评价，就以人文精神和理性为准绳。

3. 从自然空间出发，认识历史的空间表达方式

认识历史的自然空间，需要充分利用历史地图，了解历史地理常识、古今地名的区别和历史上专有地域名称的意义等。

(1)运用历史地图，提高历史空间的感知性和联系性

历史地图是表示人类历史活动特定的空间和进程的方式，是历史叙述中最常见的空间表达方式。它提供了直观的地域空间图像，能揭示不同时期处于变化中的历史现象。常见的历史地图类型有疆域图、形势图、分布图、路线图、示意图、平面图等。为有效地掌握历史地图所传达的空间概念，不但要让学生掌握不同类型地图的特点和读图方法，还应指导学生最大限度地从中获取更多信息，运用地图促进历史理解，逐步提高学生对历史空间的感知性和联系性。

“国共的十年对峙”涉及南昌起义、秋收起义、广州起义、井冈山革命根据地的创建、工农武装割据、农村革命根据地的广泛建立、反“围剿”斗争、红军长征等许多重要的历史事件，历史形势、地理分布、进军路线等空间概念特别强。为了更好地展现这段历史纷繁复杂的形势、进程和历史逻辑，笔者在教学中使用了多幅历史地图，并提出一系列问题引导学生从时空交织的视角分析、理解历史问题。

问题一：读《秋收起义军向井冈山进军路线图》《三大起义和井冈山会师图》(图略)，思考从起义的进攻方向、计划进攻方向、转移方向路线看，起义的进展情况如何？让学生得出结论：秋收起义爆发的地点分别在江西的修水、铜鼓和安源，武装力量分散，给党的统一指挥带来了困难；三大武装起义和井冈山革命根据地的创建历经挫折，中国共产党人适时地调整了策略，走出了一条具有中国特色的革命道路，体现了实事求是的精神。

问题二：读《红色根据地形势图》《红军长征路线图》《七七事变时国内各势力分布图》(图略)，分析红色根据地的分布、红军长征的路线与时局的关系。让学生理解当时错综复杂的政治形势，体会蒋介石借“追剿”红军之机控制西南的企图，以及共产党领导人审时度势、高瞻远瞩的战略眼光。因此，充分利用和解读历史地图信息，能对历史获得更深的理解。

(2)把握历史地名的变迁,形成历史时空意识

中国幅员辽阔,历史源远流长,古今地名多有变化。一是城市名称的变化,例如六大古都中没有哪一个都城的名称是古今一致的。二是政权名称的变化,例如满族的祖先粟末靺鞨建立渤海政权、女真建立金,此后努尔哈赤建立大金国、皇太极改国号为“大清”,伴随着民族称呼和政权名称的变化,其统治范围也在不断变化,直到清军入关、逐步统一全国。三是地方行政区划的变迁,在中国古代两千多年的行政区划史上,最基本的单位“县”,始终没有多大变化,变化最大的是最高一级的行政区划单位:秦汉为郡,魏晋南北朝隋为州,唐为道,宋为路,元为行省,明为布政使司,清为省。行政区划的变迁,必然导致一些地区辖区归属的变化。把握地名沿革和疆域区划变迁,能形成较好的历史空间意识,理解历史发展脉络。

(3)把握历史上专有地域名称的意义

如中国古代对新疆、西藏、台湾、南海诸岛等地区的称呼在不同时期各有不同,中原、关中、汉中、巴蜀、江东、关东、漠北、南洋、西洋、北洋、东洋、远东、中东、近东、三秦、三晋、三湘、察哈尔、热河、绥远、西康、丝绸之路、茶马古道等,都代表着不同时期的特殊地域范围。这些地域概念不完全是自然地理意义上的客观空间,更是人类活动所创造的文明空间,同时具有时间和空间的意义。

不同时期的历史地名,构成了历史地理概念最基本的成分,只有从时间和空间两个维度找准坐标,才能保证历史地理概念的准确性和科学性,从而准确理解历史事物的发展与变迁。

4. 从自然时空出发,形成时空相连的历史思维方式

新课标将时空观念的运用水平划分为四个层次,其中对水平 2 和水平 3 的要求是“能够利用历史年表、历史地图等方式对相关史事加以描述;能够认识事物发生的来龙去脉”,“能够把握相关史事的时间、空间联系,并用特定的时间和空间术语对较长时段的史事加以概括和说明”,这基本是对历史自然时空的要求。

(1)把握历时性和共时性问题

历时性是以时间为依据,探索历史的纵向发展过程,通过历史的演进关注过去与现在的内在联系。虽然高中教材很少涉及国别史、地区史,但按国别、地区整理专题历史发展线索、比较其异同,有利于更深入地获得多元视角的历史

理解。梳理俄国历史，可以掌握从沙俄到苏俄、苏联、俄罗斯国名的演变；梳理近代法国历史，可以理解法兰西共和政体确立的艰难历程；梳理日本近现代史，能清楚地看到日本走上资本主义道路、对外侵略扩张乃至谋求政治大国地位的历史轨迹；比较近代史上英、美、法、德等国资本主义政治制度的确立与发展，能获得其经济、政治、文化与历史传统的差异性认识。梁启超在《中国历史研究法补编》中有一篇对地方史的专论，他说："治中国历史，分地研究，极为重要。因为版图太大，各地的发展，前后差异悬殊。……普通说中国如何如何，不过是政治中心的状况，不是全国一致的状况。所以有作分地的专史之必要。"①历史就是史实加变迁。从国别、地区的历史演变，能够在整体感知历史趋向的前提下获得历史发展的多样性和丰富性认识。

共时性注重历史事件的横向联系，揭示同一时间不同地域的历史的关联。恩格斯曾说过："当我们深思熟虑地考察自然界或人类历史或我们自己的精神活动的时候，首先呈现在我们面前的，是一幅由种种相互联系和相互作用无穷无尽地交织起来的画面。"②历史时空观的建立，不是把历史定格在某一孤立的时空里，而是要求人们从不同的维度建立起联系性，不仅可以从时间的顺序性来认识，还可以从空间的联系性来发现历史背后的某种关联，找出历史发展的基本规律。

未被认识的历史事件是具体的、零散的、分散的存在。当我们超越了对局部时空的理解，以联系的视角认识历史，就能发现历史长河中的一个个精彩片段，成为我们认识和把握历史的关键。

(2)梳理历史知识体系，概括历史阶段特征

历史学科是一门逻辑性和系统性很强的学科，从多元联系角度搭建知识纵横联系网络，有利于学生对历史事件、历史现象形成系统性、结构性认识，帮助学生形成准确的历史时序感。

任何事件都是历史长河中的一个点，其背后的时代特征与历史事件有着紧密联系。学习历史要善于把握历史事件和时代背景的关系，从具体的历史事件中分析社会的大环境，在社会大背景下审察具体的历史事件。通过对历史阶段

---

① 梁启超：《中国历史研究法补编》，北京：中华书局，2010年，第42～43页。

② 恩格斯：《反杜林论》，《马克思恩格斯全集(第三卷)》，北京：人民出版社，1995年，第395页。

内社会发展的政治、经济、文化等历史现象的概括分析,探究其内在逻辑,可以进一步发现问题、分析问题和总结规律,有利于深层次地理解和认识特定时空背景下的历史事件。例如,鸦片战争发生在 1840 年,代表 19 世纪中期中国农耕文明与西方工业文明的交汇与冲突。此时英国完成工业革命,资本主义获得长足发展;而晚清的中国在政治、经济、思想、军事、外交等方面落后于世界潮流。这是分析鸦片战争的基本历史视野。

以"'百家争鸣'和儒家思想的形成"为例,时空观念素养的培育体现在如下教学过程当中:

首先,让学生知道春秋战国的起止时间的不同表达方式,并呈现《诸子百家地图》,明确各派思想代表人物的所在地。

其次,以社会历史空间为基础,分析百家争鸣出现的原因;以时间为依据,梳理儒家思想的发展历程,并说明各发展阶段的特征。

再次,时空结合,引入"轴心时代"概念,构建在大视野下的中外(古希腊)历史发展框架,探究中外共时性等问题。

最后,独立探究,比较中外思想的共性与个性,评价中西方不同思想特点的原因及其影响。

5. 从社会时空出发,在特定的时空框架下评判历史与现实

新课标在阐述时空观念的课程目标时指出,通过历史课程的学习,学生"能够在不同的时空框架下对历史事件做出合理解释;在认识现实社会时,能够将认识的对象置于具体的时空条件下进行考察"。这是时空观念素养的最高要求,表明时空观念包含着对历史的认识、对现实的审视和对未来的判断。

(1)在特定的历史背景下认识历史事物

任何历史事物都是在特定的、具体的时空条件下发生的。所谓历史地分析问题,就是要把具体的人或事放在特定的历史背景下去认识,只有在特定的时空框架当中,才可能对历史事物做出正确的解释,形成正确的历史观。

列宁说过:"分析任何一个社会问题时,都必须把问题放到一定的历史范围之内,这是马克思主义理论的绝对要求。"[①]在不同的历史背景下,物质生活条件

---

① 中共中央马克思恩格斯列宁斯大林著作编译局:《列宁选集(第二卷)》,第 512 页。

不同,阶级状况、思想意识、社会制度不同,历史的任务和课题也不同。所以分析任何社会历史问题,都要把问题放到一定的历史范围之内,从具体的历史环境出发考察问题,一切以条件、地点和时间为转移,不能用今天的时代条件、发展水平、认识水平去衡量和要求前人。以此为依据,我们评价洋务运动,只有把它放在中国近代乃至世界近代发展的历史潮流中去考察,才能认识到它顺应了世界近代化运动的历史趋势,率先掀起了中国近代化的改革,是中国近代化的起点。司马迁著《史记》,固然要归功于司马迁本人的杰出创造,但也与他所处的时代息息相关。汉武帝时期国家统一,社会经济迅速恢复发展,汉初以来的政治家、思想家重视总结治乱盛衰的教训以期解决日趋尖锐的社会矛盾,司马迁由此确立了"究天人之际,通古今之变,成一家之言"的目标,成就了伟业。面对孤立的历史事件,只有联系时代背景做纵横比较、对前因后果认真分析,才能对其隐藏的历史价值有更深刻的认识。

过去不仅遥远,而且和今天很不相同。如果脱离历史发生的背景,用当代人的思维方式和价值观念去解读历史事件,就很容易误读甚至曲解。例如,在今天的人们看来,手工织品代表着精美、高档和个性,比机器批量生产出来的产品更有品质和品位。但在晚清时期的中国,普通民众家庭手工生产的土布虽结实耐用却粗糙厚重,"能经得住干最粗的粗活时的磨损",它"所用的棉花,至少要相当于我们(指英国)运到中国去的最重的棉纺织品所用棉花重量的三倍"。[①]无论外观还是质地都和今天的名牌手工纺织品无法相提并论。它们虽然同为"手工"产品却完全不属于同一个概念。

在特定的时空框架下认识历史事件,还要求我们在分析评价历史人物时,要结合时代环境、阶级特性、人物处境等因素来判断,回到历史现场去体味历史背后的因素,"强调人物在当时的环境下的反应……把自己代入这一历史人物,体会他的喜怒哀乐"。[②]只有这样才能更好地理解"历史中的人",理解历史人物的言行和他的真实意图,对历史人物抱有"理解之同情"的态度。

在评价新文化运动时,人们往往批评其全盘否定传统文化的局限性。但是,新文化运动是真的要彻底否定中国传统文化、全盘西化吗?陈独秀在《再答

---

① 中共中央马克思恩格斯列宁斯大林著作编译局:《马克思恩格斯论中国》,北京:人民出版社,1997年,第105页。

② 宋旭飞:《回到现场促进学生理解历史》,《现代中小学教育》2014年第10期,第95页。

常乃德《古文与孔教》中说："我们反对孔教，并不是反对孔子本人，也不是说他在古代社会毫无价值。不是'因孔子之道之不适合于今世'，而是因为'今之妄人强欲以不适今世之孔道，支配社会国家，将为文明进化之大阻力也'。"辛亥革命后，面对袁世凯"尊孔复古"的逆流，一部分激进知识分子提出了反对中国传统文化的过激言论，但这并非出于他们文化的观念，而是源于斗争的需要。实际上他们在传统文化方面都有着极高的造诣，正如资中筠所言：新文化运动的"主要代表人物都是身受传统文化的浸淫，有很深的旧文化底蕴的饱学之士，绝非盲目的批判和扬弃。在这个高度上，他们对外来文化就有判断力，知道如何取其精华。另外，他们是一批手无寸铁的读书人，无权无势，完全是凭着自己的智慧、良知和对民族社会的责任感。而他们的对立面是强大的政治、军事权力，和全社会的顽固习惯势力，因此需要大声疾呼，有一些语言比较激烈也不足怪"。[①] 我们如果从当时的历史背景和知识分子们的急迫心理上去分析，就会理解这其实是他们斗争的一种策略。只有这种历史的分析才能准确把握其动因和意义。

(2)要在不同的时空框架下对历史事件做出合理解释

任何历史事件发生后，随着时空条件的变化，它对于后来历史的发展所产生的影响会发生相应的变化。因此不能用静止的时空观形而上学地看待历史，而要用发展的眼光动态地审视历史，把问题放在历史的发展进程中去分析，理解历史的变化与延续；要用联系的眼光全面地看待历史事物，理解历史的局部与整体的关系，并据此做出合理的解释。

①要动态审视历史事物的发展性

历史现象不是某一瞬间或短时期内就可以形成的，往往要经过几十年、上百年甚至更长的时段才能定性。在这个长时段中，历史事物本身仍然会有不同形式的变化，对未来的历史进程产生不同程度的影响；而随着时代的变迁，人们对历史的认识也会发生变化。因此，我们要引导学生从长时段把握历史的发展演变，分析历史的过去、现在和未来之间的内在联系。

例如，关于近代中国经济结构的变动，学生往往认为鸦片战争后国门洞开，外国商品涌入中国，中国的自然经济就迅速解体了，经济结构就此发生了变化。

---

① 资中筠：《五四新文化运动与今天的争论》，《民主与科学》2008年第3期，第22页。

这种认识是用静止的时空观念看待历史事物所导致的，缺乏将历史现象置于长时段审视的意识。实际上，鸦片战争后中国自然经济的解体，经历了“纺”—“织”分离、“耕”—“织”分离和农产品大量商品化的发展过程，从东南沿海缓慢延伸到内陆腹地，在19世纪六七十年代以后到甲午战争前才有较明显的变化，而“广大的西北，一直到甲午战争的前后，我们还没有发现外国棉纺织品破坏农村手工棉纺织业的事实，至于北方的大部分地区至西南一带，农村的棉纺织业仍然占着优势地位”。[①] 同样地，社会主义制度也不是在中华人民共和国成立后就立即建立起来的，而是在经历了国民经济的恢复、“一五”计划和三大改造，实现了生产资料的公有制占主体之后，到1956年的年底才得以确立。

作为中国传统文化主流思想的儒学，是社会历史发展的产物。它在春秋时期产生，历经两汉、魏晋、隋唐、宋明时期的发展，历来都能够适应社会发展的需要，调整自身的理论结构和重心，在激荡和渗透的过程中融汇成一种具有新时代特征的儒学。在每次融汇中，儒学思想都获得了某种层面上的丰富和完善。从儒学的社会功能来看，它在中国古代、近代、现代也发挥着不同的社会作用。在君主专制时代，它具有既维护又制约封建专制制度的特点，本质上以维护封建专制制度为根本使命，但也着眼于统治阶级集团的长远利益，强调仁政、民本、教化；在近代，它一方面仍是统治思想的一部分，另一方面在受到批判的同时，其精华部分得到肯定，并在一定范围内支配和影响人们的精神生活；在现代，儒学作为中国历史上珍贵的文化遗产受到社会重视，并被研究、利用，为人类文明进步服务。中国几千年的文化是历史创造的集体记忆与精神寄托，我们应站在时代的新高度，用改革创新的视野加以审视、扬弃、创新，将传统文化与现代文化意识相融合，为社会主义精神文明建设服务。

②要整体地考察历史事物

认识历史必须超越对局部的社会时空的理解，既要从个别的具体的历史情境中获得历史认识，更要超越具体和个别，用联系的视角整体认识历史。没有对局部的透视，整体就难以把握；没有对整体的理解，局部就无法认识。以整体史观（全球史观）把握历史主要表现为两个方面：一是从历史发展的不同时间进

---

① 陈诗啓：《甲午战前中国农村手工棉纺织业的变化和资本主义生产的成长》，《历史研究》1959年第2期，第27页。

程中探究历史规律，以规律性认识整体性；二是从具体的、局部的、分散的历史中发现历史的关联性，以关联性认识整体性。[①] 理解了整体性的时空框架，就可以用联系的视角发现历史事件之间的关联，把局部的历史现象放在更为广阔、更有纵深感的历史视野中去考察，从而准确认识中国抗日战争在世界反法西斯战争中所起的历史作用，认识中国民族资本主义发展与近代中国社会的相互关系，理解"一国两制"伟大构想的历史地位，理解经济全球化与经济区域集团化之间的辩证关系，等等。

杨天宏教授曾经批评历史学家对中国近代史的研究普遍存在系统性缺失的严重缺陷，学术取向注重对历史个案做微观剖析，忽略了对历史的整体性把握，不能从普遍联系中去认识具体的历史事件与人物。[②] 而方志远教授对明朝历史的研究就视野开阔、格局宏大。他以明王朝自我发育过程中的社会进步与社会问题为个案，分析认为明代多元化社会的形成，不仅表现在仕途、财富、文化三种价值体系的并存和渗透，还表现在嘉靖、万历时期形成了三大中心的并存：政治中心——北京，经济中心——苏松江浙及周边地区，文化中心——南京—苏州。并具体阐述了明朝多元社会对政治、思想、文化、经济诸多层面的影响，如：社会多元化推动着思潮的多元化，国家的舆论引导机制难以建立，政府的影响力日渐消退，国家主导作用的日渐缺失和对外防御能力的急剧下降等。[③] 他不仅把明朝诸多的具体史实紧密联系在一起，还从中探寻出了明朝社会的发展规律，并由历史联系现实，为现代社会提出了历史借鉴，体现了历史学家对现实和人文的关怀。

③洞察历史趋势，认清历史方位和时代主题

培养学生时空观念的价值和意义是什么？不仅要让学生学会在特定的时空框架下去认识历史，还要使学生能够运用时空观念去认清历史方位和时代主题，并以此去理解现实、预测将来、增强历史自觉性，从而达到立德树人的根本目的。

人类历史总是不断进步、滚滚向前的。孙中山先生说："世界潮流，浩浩荡荡，顺之则昌，逆之则亡。"在历史发展潮流面前，善于把握社会历史时空的人

---

① 马维林：《我们赖以认识历史的"时空观念"阐释》，《历史教学（上半月刊）》2017年第3期，第41页。

② 杨天宏：《系统性的缺失：中国近代史研究现状之忧》，《近代史研究》2010年第2期，第42～50页。

③ 方志远：《明朝百年的社会进步与社会问题》，《吉林大学社会科学学报》2012年第5期，第5～9页。

们,才能保持清醒的头脑,审时度势,把握历史的方向,明确自己所处的社会历史时空坐标;也只有能认清时势的"识时务者",才能把握时势,相机而行,顺应历史潮流,开展与历史发展阶段相适应的社会实践活动。所谓"时势造英雄",一定是英雄人物认清了历史潮流,抓住了历史时机,实现了历史自觉,从而推动历史不断向前发展。

习近平同志在十九大报告中指出,经过长期努力,中国特色社会主义进入了新时代,这是我国发展新的历史方位。中国特色社会主义进入新时代,意味着近代以来久经磨难的中华民族迎来了从站起来、富起来到强起来的伟大飞跃,迎来了实现中华民族伟大复兴的光明前景。因此十九大的主题是:不忘初心,牢记使命,高举中国特色社会主义伟大旗帜,决胜全面建成小康社会,夺取新时代中国特色社会主义伟大胜利,为实现中华民族伟大复兴的中国梦不懈奋斗。他专门就青年一代承担使命、接续奋斗提出了期许:"青年兴则国家兴,青年强则国家强。青年一代有理想、有本领、有担当,国家就有前途,民族就有希望。……广大青年要坚定理想信念,志存高远,脚踏实地,勇做时代的弄潮儿。"青年一代只有在认清自己所处的历史方位、把握时代主题,并深刻认识其重大的政治意义、理论意义和实践意义时,才能树立起正确的历史观、民族观、国家观、文化观,在实现中国梦的生动实践中放飞青春梦想,在为人民利益的不懈奋斗中书写人生华章。

总之,时空观念一方面要求我们回到历史现场,尽可能站在当时的历史环境下去认识历史,另一方面要求我们站在今天和未来的视角审视过去、分析现在、展望未来,将认识对象的过去、现在和未来的时空联结在一起,把今天的实践看作正在形成的历史,努力把握其对未来的影响和作用。只有这样,对历史的认识才能摆脱简单的陈述而展现出生动的意义,对历史问题的考察与研究才能充满时代的气息。今天的人们在继承历史,同时也在创造历史。作为历史的创造者,应当具有强烈的历史责任感,努力使自己所做的一切经得起历史的检验,为后人创造更好的生存发展条件。

第三节 史料实证

历史学是一门基于史料分析、注重逻辑推理和严密论证的实证性人文学科，对历史的叙述、理解、评判都要建立在史料证据的基础上。研究历史的基本方法是以史料为依据进行实证，即“通过对史料的收集、整理、辨析，将符合史实的材料作为证据，形成对历史的正确、客观的认识”。[①] 因此，运用史料作为证据并具有实证意识，是历史学习的重要途径。

一、内涵分析

新课标指出，史料实证是指对获取的史料进行辨析，并运用可信的史料努力重现历史真实的态度与方法。它既是历史学习与研究的重要方法，也是解释历史和评判历史的重要依据。

关于史料实证的课程目标，新课标指出是“知道史料是通向历史认识的桥梁，了解史料的多种类型，掌握收集史料的途径与方法；能够通过对史料的辨析和对史料作者意图的认知，判断史料的真伪和价值，并在此过程中体会实证精神；能够从史料中提取有效信息，作为历史叙述的可靠证据，并据此提出自己的历史认识；能够以实证精神对待历史与现实问题”，并将史料实证素养划分为四个水平（表 2-4）：

表 2-4

水平 1	能够区分史料的不同类型；在解答某一历史问题时，能够尝试从多种渠道获取与该问题相关的史料；能够从所获得的材料中提取有关的信息。
水平 2	能够认识不同类型的史料所具有的不同价值；明了史料在历史叙述中的基础作用；在对史事与现实问题进行论述的过程中，能够尝试运用史料作为证据论证自己的观点。
水平 3	在探究特定历史问题时，能够对史料进行整理和辨析；能够利用不同类型史料，对所探究的问题进行互证，形成对该问题更全面、丰富的解释。
水平 4	能够比较、分析不同来源、不同观点的史料；能够在辨别史料作者意图的基础上利用史料；在对历史和现实问题进行独立探究的过程中，能够恰当地运用史料对所探究问题进行论述。

从中可以看出，史料实证的内涵包括两大方面：

一是对史料本身的认知，包括：史料类型的划分、史料获取的途径、鉴别史料的方法、史料价值的判断和比较等。

二是对史料的解读与运用，包括：史料信息的提取、史料的分析与比较、基

① 徐蓝：《关于历史学科核心素养的几个问题》，《课程·教材·教法》2017 年第 10 期，第 29 页。

于史料的逻辑推理、运用史料作为论述的证据。

历史课堂中史料运用的价值不仅仅是增强历史感，丰富教学内容，激发学生的兴趣，更重要的是让学生掌握史料分析方法，拓展历史思维，培养严谨的治学态度和求真的探究精神，从而使学生“能够以实证精神对待历史与现实问题”。因此，培育学生史料实证素养应遵循以下原则。

第一，无信不征原则。即通过甄别，选取真实可靠的材料来说明、论证历史问题。刘知幾撰《史通》，最重要的史学思想是“实录直书，注重史料考据核查”。马端临著《文献通考》选材极为严谨，“信而有征者从之，乖异传疑者不录”。郭沫若先生也曾说过：“材料不够，固然大成问题；而材料的真伪或时代性如未规定清楚，那比缺乏材料还要危险。因为材料缺乏，顶多得不出结论而已；而材料不正确，便会得出错误结论。这样的结论，比没有更要有害。”[①]教师一定要有严谨的意识和科学的态度，在教学中选用的史料应真实可信，并标明出处，避免使用野史逸闻、来历不明和连专家也无法考证的史料。这本身也是教师史料实证素养的体现。

第二，多重印证，即孤证不立原则。王国维二重证据法提倡将“地下发现之新材料”与“纸上之材料”二者互相释证，以达到考证古史的目的，这是对 20 世纪史学产生深远影响的治史观念和方法。史家在选取史料时，先要把它和其他有关的材料进行比较、相互印证，因为“任何一种史料都不是完全可信的，里面可能有错误，可能有虚伪，可能有私人的爱憎，可能有地方及民族的成见”。[②] 应本着“兼听则明，偏信则暗”的理念，在对同一问题的不同表述和认识上发现问题，秉持开放的史料观。梁启超强调“孤证不足以成说，非荟萃而比观不可”。[③]在没有其他佐证的情况下，对单一的史料应持审慎的态度，不能仅凭孤证得出结论。教师要把这些史学研究原则渗透到课堂教学中来，通过自身的“言传身教”培养学生的史料互证意识，教会学生运用已有的知识和方法分析史料，并用不同角度的史料来分析历史问题。

第三，论从史出、史由证来原则。史学研究的本质要求是提出一个论点必须有事实依据，先有史料，后有史论，“有一分证据说一分话”，不能加入个人主观观点，更不能有史论的预先设定。“论从史出”要求凭事实说话，在充分占有

---

① 郭沫若：《批判书》，北京：中国华侨出版社，2008，第 2 页。

② 杜维运：《史学方法论》，北京：北京大学出版社，2006 年，第 118 页。

③ 梁启超：《中国历史研究法》，第 48 页。

史实的基础上，真实、客观地分析历史现象，这样才能透过历史现象看到历史本质，从而得出正确的历史结论。“史由证来”强调在历史教学和历史研究的过程中要掌握充分的、有信度的史料证据，公正、客观地评析历史，力求“证史一致”。历史教师在教学中必须客观、全面地阐释史料，尽量恢复历史的本来面貌，在没有足够证据但根据逻辑推理应该如此的情况下，也不能轻下结论，只能存疑。

第四，摆事实、讲道理原则。教师不仅要通过史料讲述“是什么”，还要在此基础上分析“为什么”，在史料分析解读上下功夫。就是说，既要通过史料把历史面貌尽可能如实地表现出来，但又不能浅尝辄止，仅仅停留在一般的事实描述层面上。应该引导学生通过对史料的深刻解读，挖掘隐藏在史料背后的信息，形成对历史情境的合理解释和逻辑推理，顺理成章地推导出结论，从而获得历史启示，涵养历史智慧。“历史学即史料学”的理念是不足取的。

二、培养路径

基于对史料实证内涵的理解，笔者从教学实施层面提出培养学生“史料实证”素养的五大策略建议。

1. 了解史料的类型及其价值

历史不可重演，人们了解和认识历史必须借助现存的史料。史料是通往历史认识的桥梁，人们研究或讨论历史问题、还原和认识客观历史，都要以史料为依据，正如梁启超所言：“史料为史之细胞，史料不具或不确，则无复史之可言。”[①]因此，了解史料的分类及其价值是史料实证素养的前提和基础。

(1)史料的分类

史料的分类多种多样，划分的标准不同，史料的分类也有所不同。按照史料形式的特点来分，是主要的分类方法。20 世纪 80 年代，著名历史学家荣孟源把史料分为四大类，被认为是比较传统的史料分类：第一类为书报，包括历史记录、历史著作、文献汇编和史部以外的群籍；第二类为文件，包括政府文件、团体文件和私人文件；第三类为实物，包括生产工具、生活资料和历史事件的遗迹等；第四类为口碑，包括回忆录、调查记录、民间传说和文艺作品等。[②]

随着社会的发展，史料不断出现新的形式。笔者根据新课标选修课程模块

① 梁启超：《中国历史研究法》，第 48 页。

② 荣孟源：《史料和历史科学》，北京：人民出版社，1987 年，第 18～26 页。

2“史料研读”的认识，将史料分为以下六大类：

一是文献史料，指一切以文字形式记载的资料，包括：史书，档案与文书，文集、笔记、书信与日记，地方史志，报纸杂志，碑铭与简牍，族谱、契约、账簿等。

二是实物史料，即历史上人类活动遗留下来的各种物件，包括：器物（家具、衣物、饰品、钱币等），建筑物，遗迹、遗址等。在文献史料日益丰富的文明时代，实物史料不仅可以与文献史料相互参证，还可以弥补文献史料的不足。

三是口述史料，指人们口头讲述并被记录下来的资料，包括回忆录、对话录、采访记录，神话、传说、故事，俗谚、遗训等。

四是图像史料，指适用于历史教学与研究的视觉图像，如绘画、雕刻、壁画、照片、古地图等。

五是现代音像史料，指现代科技带来的录音、录像和纪实性影视作品等。

六是数字资源，指将计算机技术、通信技术及多媒体技术相互融合而形成的以数字形式发布、存取、利用的信息资源，包括电子书、电子期刊、网页、多媒体资料等。

根据史料的来源，又可将其分为第一手史料和第二手史料，傅斯年称之为“直接的史料”和“间接的史料”。[①] 这也是受关注较多的史料分类方式。第一手史料是指原始材料，即历史人物、事件、现象发生的那个时代留下来的材料，特别是当事人或目击者提供的史料，它直接反映了所研究对象的情况。第二手史料是指后人对第一手史料的记录、转述或研究成果，间接反映了研究对象的情况。但受条件变化的影响，第一手史料与第二手史料也会发生转变。如封建帝王的“实录”“起居注”应为第一手史料，但与所记载之事的原件相比较，它则降为第二手史料了，而其原件也可视为实物史料。

(2)史料的价值判断

不同的史料，史证价值有所不同。一般来说，实物史料强于文献史料，无意史料高于有意史料，官方记载优于民间记载，第一手史料要比第二手史料更可信。但要说明的是，第一手史料并不一定就比第二手史料更真实、更有价值。一是因为前者也有可能作伪，后者因为包含了后人对原始资料的甄别、整理和研究成果，或许能比前者更真实地反映历史的本来面貌；二是前者虽然是历史的遗存，但可能孤立、零散、庞杂、琐碎、粗糙或存世稀少，而后者因为经过了细

---

① 傅斯年：《史学方法导论》，北京：中国人民大学出版社，2011年，第5页。

致的整理则可能更加系统、全面，正如傅斯年所说："直接材料每每残缺，每每偏于小事，不靠较为普通、略具系统的间接材料先做说明，何从了解这一件直接材料？"[①]所以不能一概而论，而"在史学界占最要之位置者，实为间接的史料"。[②]

上海市松江一中苗颖老师对史籍、专著、文学作品等文字史料的价值做了详细论述。[③] 众所周知，历史典籍和历史著作具有较高的史料价值，但传说故事、文学作品在证史方面也有其独特价值。这里再补充说明两个问题：

一是当不同的史料对同一历史事物的记载出现矛盾时，该如何判断其价值？"论原则，自当以最先、最近者为最可信"。[④] 即距离历史事物发生时间最临近、地理位置最接近的史料最可信，记录者与历史事物关系最密切的史料最为可信。例如，历史事件发生时留下的文献与图像资料，事件亲历者或目击者当时的记载，亲历者或目击者在事后第一时间的记载，事件参与人中的掌握全局者或职务最高者的记载等。这些被梁启超称为"第一等史料"。当然这只是一般性原则，并非绝对。有时对历史事物的认识往往要经过一段时间的检验、沉淀之后才能做出客观评价；有时亲历者对历史事件的认识或由感情因素而致失真，或纠结于细枝末节而忽略了整体认识，正所谓"当局者迷"，所以要根据史料的特征做综合判断。

二是如何对待口述史料？一般来说，对待口述史料一定要慎重，应尽量与文献史料、实物史料结合起来使用。尽管口述史料的真实性不如实物史料和文献史料高，但它也是考证历史的有效证据之一，不可否认其价值的有效性。"路上行人口似碑""有口皆碑"，也证实口耳相传的作用与碑文记载具有同样的意义。利用口传资料进行历史研究，在我国也有悠久的历史。孔子编《春秋》，曾采用不少"所闻"的口传资料；司马迁编《史记》时，"网罗天下放矢旧闻，考之行事"，也大量采用了口传资料，如《淮阴侯列传》记载："吾如淮阴，淮阴人为余言……"就是例证。在现代史研究中，借由对尚在人世的当事人访问而获得口述资料的研究方式被大量采用，它能对历史有更直接深入的了解。韩国、朝鲜、中国等国在第二次世界大战期间被日本人强征为慰安妇的存世者，有不少回忆当年屈辱遭遇的口述资料。对于慰安妇的历史目前鲜有实物史料、文献史料可以

① 傅斯年：《史学方法导论》，第6～7页。
② 梁启超：《中国历史研究法》，第100页。
③ 苗颖：《"史料实证"素养的教学分解初探》，《历史教学(上半月刊)》2017年第2期，第47页。
④ 梁启超：《中国历史研究法》，第93页。

查证，因而，作为这段历史的亲历者，她们的口述就很有价值，尤其是当不同身份、不同经历的当事人有着同样的记忆，就能起到互证作用。

在判断史料价值时，还需注意史料撰述者的知识背景、主观立场、时代观念、社会环境等，这些都会对历史的记载产生重大影响。因而史料价值的比较并非一言可以说清，需要结合研究目的和史料本身的特征判断综合其价值。

2. 史料的甄选和运用

史料运用得好坏直接关系着历史课堂教学的有效性。英国著名历史教育学者唐纳德·汤普森认为："教师的重要活动之一就是筛选和精简资料，对资料进行专业的评判，以便适用于学生，使他们能对资料进行充分的考虑，并在提出他们的想法时有效地运用资料。"[①]甄选史料应坚持以下原则。

(1) 针对性原则

首先针对教学内容。史料的选择必须突出教学主题，有助于达成教学目标、理解教学内容。教师应根据课程标准的要求，围绕教学重点、难点来选取史料，要有所取舍，有所侧重，这样才有助于学生更好地理解核心概念，让学生在有限的时间和空间思考历史问题。

北宋司马光在《涑水纪闻》中记录了宋太祖和赵普的一段对话：太祖召普，问曰："天下自唐季以来数十年间，帝王凡易十姓，兵革不息，苍生涂地，其故何也……"普曰："其故非他，方镇太重，君弱臣强而已矣。今所以治天下，无他奇巧也，惟稍夺其权，制其钱谷，收其精兵，天下自安矣。"这段材料简明深刻地论述了北宋加强中央集权的背景和措施，文字简洁，论证准确，能帮助学生很好地理解教学内容，史料的针对性强、运用价值高。

其次针对具体问题。应注意史料在说明某个历史问题上的相关性和适用性，具体问题具体分析，不可牵强附会，也不可过度推论。"有一分证据说一分话"除了告诫我们历史论述要慎重外，还寓意着史料的价值是有范围限定的。

2014 年高考历史广东卷第 38 题提供了四段材料，其中材料一、二如下：

材料一：自道光年间，大开海禁，西人之工于牟利者，接踵而来，操贸易之权，逐锥刀之利，民间生计，皆为其所夺……自洋布洋纱入口，土布销场遂滞，纺绩稀少，机轴之声几欲断矣。

——《盛世危言》

① 于友西等：《历史学科教育学》，北京：首都师范大学出版社，1999 年，第 169～170 页。

材料二:(20世纪初)所食者率皆本地所树之粟,所衣者皆本地所出之棉,男耕女织,终岁勤劳,常见农民自顶至踵所用衣、袜、鞋、带皆由力织成也。

——民国河北《元氏县志》

要求考生回答:材料一和材料二对于探究中国近代农村经济结构的变迁,分别有何局限?综合两则材料可以推知中国近代经济发展的何种特点?

这道题选取了关于中国农村经济结构变动问题的不同史料,要求考生分析史料间不同记录的表现及其反映的相关史实,进而理解和认识史料在探究具体历史问题时的适用性和局限性。可以看出,材料一有夸大之处,材料二只反映局部;而从沿海通商口岸和内地农村情况的比较中,可以推知地区发展不平衡的特点。由于文献史料是经过人脑加工之后形成的,总是受到立场、教育、经历、思想观念和所处时代环境的影响,所以对同一史实,不同史料可能有不同反映。探究历史至关重要的就是努力发掘多方面的史料、善于使用各种史料、充分利用史料的价值,同时辩证认识史料与史实之间的关系,明确史料的适用价值和范围限定,在对同一史实不同史料的比较中,发现每种史料所代表的特殊性质。

再次针对学生实际。选择史料要从学生的实际水平出发,充分考虑学生的知识储备、生活阅历和阅读理解水平,文字量应适度。过多引用超越学生阅读能力的原始史料,不仅起不到启迪思维的作用,反而会成为学生的负担。对于晦涩难懂的文言文史料,教师应进行翻译和转述;对较长的文献史料,要用摘引、转述的方法进行编辑和删改。针对学生实际还体现在应针对不同年级、不同学习水平层次的学生群体上,高三的复习教学,应更多地选用新史料、新视角,提供新情境。

面对浩渺的史料,教师要从中选择恰到好处的素材是有一定难度的,课堂上史料堆砌、针对性不强、用史料印证教材观点等现象屡见不鲜。为使史料的甄选更加方便有效,历史教师可从"课程资源"的高度出发进行高质量的史学阅读,在阅读过程中收集整理有用的史料资源,了解史料的产生时间、史料语境、史料旨向,建立与历史课程标准、历史教学内容相对应的优质史料资源库,以备不时之需。没有优质史学资源,教学思路就难以打开,教学视野就受到局限,教学目标的实现就难以落实。

(2)典型性原则

所谓典型,是指能反映时代特征、揭示教学主题,或为人们所熟知的具有代表性的“大众化”史料；是能以小见大、见微知著，对历史进行细节补充，或与教材形成强烈对比感的新颖史料；是贴近学生、贴近生活、富有生活气息的史料；是能扩大学生视野、引发深度思考的史料；是反映学术前沿、展示最新研究成果的史料。典型性史料能在有限的时间和空间内让学生获得更多的有效信息，可以将一些抽象问题具体化，以便于学生走进情境去感悟、理解历史，提高思维能力。

《清明上河图》因生动形象地描绘了北宋东京的社会生活而备受人们的关注，是教师在讲述“宋代城市经济”和“宋元文化艺术”时经常使用的图像史料，它虽然“大众化”，却非常经典。高中历史教材对巴黎公社的叙述比较枯燥、抽象，无法激起学生的兴趣，但李景治的《巴黎公社委员怎样当“社会公仆”》一文从公社委员的用车、餐饮、住房、工资等方面提供了详细、具体且有证据力的素材，能很好地引导学生认识巴黎公社的性质。

在讲述“军机处的设立”这一历史事件时，最典型的史料莫过于赵翼在《檐曝杂记·军机处》中的记载：“雍正年间，用兵西北，以内阁在大和门外，保直者多虑漏泄事机，始设军需房于隆宗门内，选内阁中书之谨密者入直缮写。后名军机处，地近宫廷，便于宣召。为军机大臣者，皆亲臣、重臣，于是承旨、出政皆在于此矣。”这段史料文字量不大，却清楚地交代了军机处设置的时间、由来及其职能的变化。郑观应的一生与时代脉搏一起跳动，紧密相连，从这一鲜活的、具有代表性的个体身上可以折射出近代中国的社会变迁，许多教师在讲述中国近代政治、经济的变动时都聚焦在这一典型人物的史料上。“卡诺莎之辱”将欧洲社会政治与宗教力量的不平衡以及二者之间的矛盾性表现得淋漓尽致，是反映欧洲宗教改革社会背景的典型事件之一。具有本土特色的素材，因为学生很熟悉，富有现实感和亲切感，只要契合教学内容，也可以作为典型性史料来采用。

(3)多视角原则

多视角是指看待历史问题的角度和立场的多元化。同一历史事件，由于立场、视角、信息掌握等因素的不同，其理解、评价与结论也会迥异。史料来源的多元视角，可以起到互证或互补的作用。选择不同角度的史料来分析历史，能尽量还原历史真相，帮助学生客观、理性地分析问题，形成批判性思维和辩证思维。

北京十一学校历史教师魏勇执教“美国独立战争”时，首先播放了一段站在美国人立场拍的纪录片，内容是关于美国建国的历史和独立战争的起因，根据视频内容，让学生讨论美国人该不该抗税。等学生的观点基本明确之后，他又播放了一段反映同样内容的纪录片，不同的是，这段纪录片是站在英国立场拍的。于是有些学生开始动摇自己刚才的观点，思考随着信息量的不断增加而不断深入、推进。当我们扩大史料来源，让学生分析不同视角的史料时，他们才能学会辩证地看待历史问题，并对历史人物和历史事件抱以“同情之理解”。

在“双基目标”时代，可以说“教科书是学生的世界”；而在“核心素养”时代，应该说“世界是学生的教科书”。只要能扩大学生视野、有利于理解教学重难点的史料都可以进入课堂，即使是外国人对他国的记载。《时代》周刊曾八次将邓小平作为封面人物，其中两次将其评为“年度风云人物”。从 1976 年 1 月第一次登上《时代》周刊封面，到 1997 年 3 月，二十余年中，镜头面对的不仅仅是邓小平，更是国际局势波谲云诡下大变革时代的中国。从外媒角度看中国的人物和事件，能为我们打开另一扇观察历史的窗口。因为“外国的记载也有他的好处，他更无所用其讳”。

(4)多样性原则

高中生的心理特点决定了历史教学应注重引入多种形式的史料，从而激发学生的学习兴趣和探究历史的潜能。历史文献、历史地图、历史图片、统计资料、艺术作品、漫画插图、诗词楹联、照片、邮票、视频、音乐等，都是历史教学可选择的史料范围。将多种形式的史料结合起来使用，会使课堂教学活泼而充满生气，充分体现历史学的多姿多彩、博大精深，既让学生感受到历史是活生生的，又培养学生“论从史出，史由证来”的证据意识。

选择历史图片等史料时，要有求真求实的态度。近现代史的历史图片应尽可能选用真实的照片，并注明信息来源，以增强真实的历史感；对艺术作品、历史漫画等再造性图片要注明创作的作者、时间等详细信息；选用历史文物图片，要注明发掘地、出土时间、发掘单位、摄制者等；对历史纪录片等视频资料，需要从历史的角度来解读其所蕴含的信息，引导学生带着问题来审视其真实性和可靠性。

教师在力求呈现史料多元化的同时，也应该把握好一定的度，有区别地对待不同的史料。最值得引用的是史书、学术专著、档案等文献资料以及实物图片，其次才是回忆录或口述史。在教学实践中，许多历史教师拓宽了史料范围，大量采用影视资料、歌曲、漫画等作为史料，这是好事，但必须注意，文学、艺术作品有虚构和夸张成分，要谨慎使用。

3. 史料信息的提取

研读史料，就是让史料说话，从史料中最大限度地获取信息并进行合理解读。通过研读史料，历史教师要引领学生在史料情境中展开学习活动，培养学生依据史料重构历史情境、获取历史信息的能力。其基本策略有以下几点。

(1)帮助学生克服阅读障碍

读懂史料是理解历史、阐释历史的第一步。影响学生阅读理解的多为文言文,尤其是先秦的文言文难度较大。历史课与语文课不同,对于较难理解的文言文史料,个别地方可以稍加注释,或由教师翻译,但不能把史料阅读当成语文课的文言文阅读,除关键字词句外,只需了解概意。

笔者在教学实践中发现,学生对材料的语境领悟不透,往往会导致理解上的偏差。下面是笔者在教学中的两个实例:

例题一:第一次世界大战后孙中山说:“我们以为欧美的国家近来很进步,但是说到他们的新文化,还不如我们的政治哲学完全。中国有一套最系统的政治哲学……欧洲之所以驾于我们中国之上的,不是政治哲学,完全是物质文明。”据此可知孙中山认为应　(　　)

A. 发扬中国传统文化　　B. 借鉴西方精神文明

C. 注重中西文化融合　　D. 学习西方物质文明

试题分析:不少学生错选了D项,原因在于没有理解材料语境和材料所表达的重心。材料强调的是“中国有一套最系统的政治哲学”,而不是西方的物质文明优于中国,因此A项正确。

例题二:1928年中共六大通过的《政治议决案》指出,各省自发的农民游击战争,只有和“无产阶级的城市的新的革命高潮相联结”,才可能变成“全国胜利的民众暴动的出发点”。这反映了当时中共中央　(　　)

A. 主张走农村包围城市的革命道路

B. 坚持以城市为中心的革命模式

C. 重视农民战争与城市暴动的结合

D. 认为农民阶级是取得革命胜利的主导

试题分析:错选C项的学生是没有理解材料中“只有……才……”的句式。仔细体会语境,其实不难体会材料强调的是“无产阶级的城市的新的革命高潮相联结”,即坚持以城市为中心的革命模式,因此B符合题意。

要让学生克服理解偏差,除了加强阅读理解训练外,用情境代入法去理解材料的语境,体会意图,理解材料重心,是一个可行的途径。

(2)指导阅读方法,最大限度地提取信息

全国普通高校招生考试大纲对“获取和解读信息”提出了三个层次的要求,即“理解试题提供的图文材料”“整理材料,最大限度地获取有效信息”“对有效信息进行完整、准确、合理的解读”。获取和解读信息的过程，包含发现信息、判断价值、提取信息、整理信息等思维过程，因此能更明显地表现出个体的思维能力。在知识内容迅速更新、知识结构不断整合的当代，这种捕捉新的讯息，感受新变化、不断更新知识的能力就更凸显出其重要性。

理解图文材料需领会材料呈现的形式和所表达的含义，把握信息主旨，避免对材料进行支离破碎、断章取义的理解；能联系所学知识回应信息提供的情境，结合时代背景和历史条件，把材料放在特定的历史阶段加以分析。

“整理材料”，就是对材料进行去伪存真、去粗取精以及由此及彼、由表及里的综合加工过程。去伪存真，就是辨别史料的真伪；去粗取精，就是对史料进行归纳、概括等加工整理，判断其有效性和利用价值；由此及彼，是对史料进行联系比较、逻辑推理；由表及里，是透过现象看到历史本质。因此，“整理材料”的过程包含了辨识、判断、归纳、概括、比较、分析、推理等历史思维过程。

所谓“最大限度”，首先要全面。梁启超介绍了两种读史的方法：“一种是鸟瞰式；一种是解剖式。”“鸟瞰式……在知大概”，“解剖式……在知底细”。[①] 阅读材料也可以把这两种方式相结合。鸟瞰式阅读是了解材料大意，确定中心，注意各段材料之间的联系，从而对材料有整体感知。解剖式阅读是带着问题逐字逐句地读懂、读透，关注材料的正文、出处、作者等信息，防止孤立而非联系地、局部而非整体地分析。其次要准确，要排除无效信息、干扰信息，找出关键信息点；要结合特定的语言环境准确理解材料的真实含义。再次要透过现象看本质，运用唯物史观从阶级本质、经济基础等方面去分析判断，还原其本来面目，防止只看到表面而忽视深层问题。

不同类型的史料，解读方法亦不同。文字类史料，要从材料的关键词、主题句、中心内容、段落大意等方面去理解，借助标点符号和关键性连词划分层次，理解各层次的含义及其相互关系；数据表格、柱状图、饼状图、曲线图等图表类史料，要从宏观、微观两个角度进行纵横比较，整体联系地分析数据变化；对于历史地图、历史图片的解读，则需要抓住图片特征，挖掘其隐性信息。

例如，阅读1950—2008年我国部分节假日一览表（表2-5），它能够反映我国节假日变化的多种趋势，指出其中一种变化趋势并说明形成的历史原因。

---

① 梁启超：《中国历史研究法补编》，第14页。

表 2-5

年份	1950	1955	2000	2008
元旦	1	1	1	1
春节	3	3	3	3
劳动节	1	1	3	1
国庆节	2	2	3	3
星期日	1	1	1	1
星期六	—	1	1	1
清明节	—	—	—	1
端午节	—	—	—	1
中秋节	—	—	—	1

这道题可以从宏观、微观两个角度分析表格(标题、项目、数字等),从宏观角度看,1955 年以后,我国节假日天数总量增加;从具体节日来看,1955 年后增加星期六为法定假日(形成双休日),2000 年劳动节、国庆节法定假期增多,2008 年清明节、端午节、中秋节传统节日成为法定假日。在此基础上联系所学,多角度分析得出结论:这与 1978 年改革开放后,社会、经济发展迅速,人民生活水平不断提高,休闲娱乐需求增加等有关。

(3)注意编撰者的立场,辨识史料作者的意图

史料是重构历史的基础,但并不等于历史本身。它只是历史记载者对真实历史的一种主观反映。由于编著者的时代环境、政治立场、研究方法、个人阅历不同,对于历史的看法也不尽相同,褒贬不一。因而梁启超提出要察其“史德”“史识”“所处地位”,用怀疑之精神,做忠实之研究,才可能接近历史的真相。

以下两则史料是对甲午战争起因的分析:

让我们看看东亚地图。日本不过是一个稍离欧亚大陆,浮于海面上的一个岛国而已。朝鲜半岛像是一只胳膊,从欧亚大陆伸向日本。当时中国认为,只要把朝鲜半岛揽在自己的翅膀之下,朝鲜半岛随时可以成为攻击日本的绝好基地。同时,可以使没有腹地的岛国——日本的防卫变得困难起来。

——日本扶桑社《新编历史教科书》

日本虽然自称渴望和平,但它却一直谋划战争,它有野心,而中国则是它的世代仇敌。不久前，日本被国内的纷争所困扰，它希望国外的战争能带来国内的安宁。……如果朝鲜落入日本人的手中，鬼都不知道谁能救它！让我们为朝鲜祈祷。但愿它在走出战争的创伤之后，即便不能受到保护，在列强的共识下，能够崛起、独立。

——1894 年 9 月《北美评论》发表的时任美国驻朝鲜公使的文章

由于民族立场和意识形态因素的影响，日本右翼团体扶桑社编写的教科书将日本发动的甲午战争出发点归结为日本的自我防卫，美化侵略战争。而作为甲午战争的第三方，当时美国驻朝鲜的公使则相对客观地分析了此次战争的原因，他认为日本发动战争是想要通过对外侵略转移国内矛盾，揭露了日本作为侵略者的本质。

4. 基于史料的逻辑推演

历史不能假设，但我们在探究和解决问题过程中，可以从不同的角度提出各种假设，然后通过史料验证，合理解释，推导出某种结论。历史学家研究历史问题，通常是借助史料和逻辑方法，先推测再推理，层层推演，再现历史真相。中学历史教育不一定要培养历史学家，但要让学生学会像历史学家一样思考历史问题。

史料解读和推论是历年高考考查的重中之重，也是“史料实证”素养所蕴含的关键能力。以 2018 年高考历史全国Ⅰ卷为例，12 道历史选择题中，以“反映”设问引导学生推论的有 4 道，以“表明”或“意在说明”设问的有 5 道，以“目的”或“由此可知”设问的有 2 道，从史料反推因果关系的有 1 道，也就是说，几乎所有的选择题都考查了学生从史料中获取信息，并结合所学知识进行逻辑推演的能力。基于史料的逻辑推演包括以下两种能力的培养。

(1)充足史料下的逻辑推理

柯林武德认为，历史学的性质、功能和意义需要通过历史推理的方法来获知，历史学“完全是对暂时的、具体的事物的推理知识”。[①] 赵恒列先生把历史逻辑思维的模式分为“分析和综合”“比较和概括”“归纳和演绎”三类。[②]

分析是把一件事物拆分成若干组成部分，以反映历史的本质属性；综合是

---

① 柯林武德：《历史的观念》，何兆武等译，北京：北京大学出版社，2010 年，第 232 页。

② 赵恒烈：《历史思维能力研究》，北京：人民教育出版社，1998 年，第 87～98 页。

把分析过的事物的各部分合成一个整体，以反映历史发展的全貌。例如，对明清之际活跃的儒家思想这一历史问题，从分析的角度看，可以从思想产生的社会背景、代表人物及其主张等方面入手；而阐述明清之际活跃的儒家思想的影响，则是综合起来的评价了。对历史问题的分析，要尽可能细密深入、条分缕析，透过现象看到本质；综合则要居高临下，统括全局，注意历史的纵横联系。

比较是确定事物之间的异同点，概括是把抽象出来的事物的共同特征综合起来并推广到同类事物上去的思维过程。在教学中培养学生的比较和概括能力，应抓住历史现象的本质属性，要注意被比较的历史现象彼此间应有某些联系。

归纳是由事实到结论的推理方法，演绎则是由一般原理到个别结论的推理过程。在历史教学中最经常使用的是归纳，即通过具体的历史材料分析，得出一般性结论。呈现的历史材料越充足、真实、典型，归纳出的结论越可靠。

周谷城先生有谓："史料是历史之片段。从片段的史料中可以发现完整的历史；但完整的历史之自身，绝非等于片段的史料。"[①]要求学生从散落于各种文献的碎片化的史料中建立起逻辑关系，去发现完整的历史。这种从片段史料到完整历史的认识过程也是逻辑推理的过程，其培养途径有两种：

一是按照历史时序，在时间轴上串联起相关史实，从而推断它们之间的历史逻辑关系。这种方式具有直观性，能让推理变得简便易行。

二是用结构化的形式理清历史背后的逻辑关系。当历史现象相对比较复杂，不是按简单的线性时间呈现时，就要依据一定的原则和结构，将历史事物分类整理，构建成一个有系统的整体，让它反映历史的相互联系和历史运动的规律。

在片段式的史料中还原历史、得出结论，需要运用推理、判断、分析、综合、比较等一系列的思维手段。为保证科学性，推导过程必须有着清晰的内在推演路径。更重要的是，推演过程要遵循"有一分证据说一分话"的原则，避免过度推论。

(2)证据链条的建构

建构证据链条是"史料实证"素养的综合体现，也是该素养的最高要求。从史料信息的提取到结论的获得，应该形成一条清晰的证据链条。证据链条的构

---

① 汪建红：《史料型教学与测评的价值探析》，《历史教学（上半月刊）》2014 年第 6 期，第 26 页。

成至少包括以下三个要求：一是有适合的史料证据；二是史料证据能够指向证明对象；三是史料证据之间能够互相印证，对历史事件排除了合理怀疑。

2009年考古学界对高陵墓主身份的确认就运用多重证据构建封闭式的证据链条证明其为曹操墓。第一，这座墓葬规模巨大，砖券墓室的形制和结构与已知的汉魏王侯级墓葬类似，与曹操魏王的身份相称；该墓未发现封土，也与文献记载曹操寿陵"因高为基，不封不树"的情况相符合。第二，墓葬出土的器物、画像石等遗物具有汉魏特征，年代相符。第三，墓葬位置与文献记载、出土的鲁潜墓志等材料记载完全一致。第四，文献还明确记载，曹操主张薄葬，也在这座墓葬中得到了印证：墓葬虽规模不小，但墓内装饰简单，未见壁画，尽显朴实。兵器、石枕等有文字可证，皆为曹操平时"常所用"之器，看似精美的一些玉器等装饰品也应是曹操日常佩带之物。第五，最为确切的证据就是刻有"魏武王"铭文的石牌和石枕，正是曹操下葬时的称谓，证明墓主就是魏武王曹操。第六，墓室中发现的男性遗骨，专家鉴定年龄在60岁左右，与曹操终年66岁吻合，应为曹操遗骨。曹操高陵的发现与文献中对曹操高陵的位置、曹操的谥号、他所倡导的薄葬制度等互相印证，史实与结论之间存在符合因果的逻辑关系，因此国家文物局向世界宣布安阳高陵为曹操墓。

"古代中国的发明与发现"一课提及中国发明了印刷术，但韩国人认为是他们发明了印刷术。如何运用史料构建封闭式的证据链条对此予以驳斥，不仅是学术问题，更是涉及民族文化自信的问题。为此，中国专家根据佛国寺建立的时间、日本和朝鲜半岛诸国非常流行从中国进口佛经和书籍作为珍贵的文化礼物的事实、《无垢净光大陀罗尼经》印刷的时间和来源、主持佛经翻译者法藏与其同修行者义湘的关系、武则天的人生经历和其造字的历史、元代王祯的《造活字印书法》、沈括《梦溪笔谈》等文献记载再次向世人宣称印刷术最早源于中国。

再如，我国拥有钓鱼岛主权的历史证据链条的构建。

据中国官方史书记载，自明朝洪武五年(1372)起，中国明朝的册封使等就把钓鱼岛及其附属岛屿作为涉海东渡琉球国的海上航标，并派张赫、吴帧率领舟师维护海上通道，将这些岛屿纳入中国的海防范围。中国自清朝起将这些岛屿划归台湾府噶玛兰厅(今宜兰县)管辖。清政府首任巡视台湾的监察御史黄叔璥曾视察过钓鱼岛，并将其记载入述职报告《台海使槎录》。

——刘江永《驳日方在钓鱼岛问题上的欺人之谈》

1874 年由日本海军省水路寮绘制、1875 年由日本外务省校对完成的《清国沿海诸省》手绘彩图，便是十分重要的史料证据。该图在中国台湾东北海上疆域内明确画有钓鱼屿、黄尾屿、赤尾屿，证明当时日本官方已认定钓鱼岛列岛属于中国。

——刘江永《日本官方承认钓鱼岛属于中国之证据考》

当时的日本政府也知道中国早已经对该岛屿命过名，后来通过日清战争(中日甲午战争)将其与台湾一同抢夺过来，并于明治二十九年(1896)正式编入日本版图。日中两国之间应该建立良好的关系，此时日本提出要将其占为己有的无理主张是错误的。日本战败时曾承诺将台湾以及当时一并抢夺的岛屿归还中国，钓鱼岛及其附属岛屿理所当然地应该归还给它的故乡中国。

——[日]井泽真伎

“钓鱼群岛自明代以来就是中国的领土。”“清代的记录也证实钓鱼岛是中国领土。”“日本的先知者也明确记载了钓鱼群岛是中国领土。”

——[日]井上清

《坤舆全图》系法国耶稣会士蒋友仁(Michael Benoist)在康熙《皇舆全图》的基础上进行改制增订，成图时间约在 1767 年。该图根据最新的测图法增补了“好鱼须”“欢未须”“车未须”等岛屿信息。据考证，上述三个岛名正是“钓鱼屿”“黄尾屿”“赤尾屿”的闽南语读音。《坤舆全图》是经乾隆皇帝钦定的官方舆图，说明当时钓鱼岛列屿已经明确被标入清朝版图。

——吴天颖《甲午战前钓鱼列屿归属考》

我国官方记载的历史证据体现国家的意志，证明力最大，我国拥有钓鱼岛主权的历史证据处于证据链条的第一证据环；日本官方记载钓鱼岛属于中国的历史证据属于相对利益方做出的不利于己方的证据，可信度较高，处于证据链条的第二证据环；第三方因其保持中立的立场，与中日钓鱼岛争端的处理结果没有任何的利害关系，因此第三方记载钓鱼岛属于中国的历史证据处于证据链条的第三证据环；而私人行为的证明分量最小，处于证据链条的最后一环。通过对历史证据证明力大小的比较，构造有关我国拥有钓鱼岛主权的历史证据证据链条，通过环环相扣的历史证据来论证钓鱼岛是我国神圣不可侵犯的领土。

5. 历史证据意识的培养

高中生在学习历史的过程中养成证据意识，能更好地理解历史、评价历史，形成“论从史出，史由证来”的历史观。这对帮助学生改变学习方式，主动探究历史问题的真实性，形成实事求是的科学态度，理解“历史来自证据，证据来自史料”的史学基本思想，帮助学生构建对历史的认识和评价，都是十分有益的。

学生的身边并不缺乏证据，而是学生缺乏证据意识，所以要注意对学生进行方法的指导和习惯的养成。教学中可以采用以下策略。

(1)充分利用教材资源

“历史教材是学生学习的主要信息载体，是历史课程教学最主要的媒介和资源。”①现在的中学生虽然生活在信息时代，但因其学习科目多，时间有限，课本就成为他们的第一手学习资料。把教材作为培养证据意识的素材，引导学生在阅读教材时关注正文以外的小字史料、知识链接、图片表格等内容。这些补充性材料往往与正文相对照，起到印证、延伸的作用，对于培养学生史论推理、形成证据意识起着关键作用。以新课标必修教材《中外历史纲要》上册为例，除课文正文外，教材还配有地图、历史图片等，设置了“历史纵横”“史料阅读”“学思之窗”等栏目。如，为说明宋朝制瓷技术的进步和瓷器的风格各异，便配有一幅宋朝五大名窑出产的瓷器图；在“明清经济与文化”一课中，为说明经济发展情况，教材提供了一幅清朝前期玉米、甘薯推广种植图和《明神宗实录·卷三六一》描述17世纪初苏州丝织业自由雇佣劳动状况的史料。恰当地运用这些素材，能生动地再现历史，也有利于学生形成严谨治学的态度。

中学历史教材的特点是概括性叙述、结论性呈现，这容易导致中学历史课堂更多地侧重于结论的展示而忽视论证的过程。对此可以采取两种方式进行弥补：

一是借助教材结论引导学生为其提供材料依据。这既有助于学生理解课程内容，也可以培养学生“论从史出，史由证来”的证据意识。但需要注意的是，不能将教材对某一历史现象的叙述视作为权威结论，然后有针对性地去寻找对应史料作为“印证”，这种做法容易抹杀学生的质疑精神。

二是针对教材缺乏具体史实的抽象叙述，补充必要的史料。如关于“宋代城市商业经济的繁荣”，如果没有具体史料，学生很难体会到商业繁荣的景象。

① 于友西：《中学历史教学法(第3版)》，北京：高等教育出版社，2009年，第124页。

为此可以补充史料作为例证：

出朱雀门，直至龙津桥。自州桥南去，当街水饭、爊肉、干脯。王楼前獾儿、野狐、肉脯、鸡。梅家鹿家鹅鸭鸡兔肚肺鳝鱼包子、鸡皮、腰肾、鸡碎，每个不过十五文。曹家从食。至朱雀门，旋煎羊、白肠、鲊脯、冻鱼头、姜豉子、抹脏、红丝、批切羊头、辣脚子、姜辣萝卜。夏月麻腐鸡皮、麻饮细粉、素签沙糖、冰雪冷元子、水晶皂儿、生淹水木瓜、药木瓜、鸡头穰沙糖、绿豆、甘草冰雪凉水、荔枝膏、广芥瓜儿、咸菜、杏片、梅子姜、莴苣笋、芥辣瓜儿、细料馉饳儿、香糖果子、间道糖荔枝、越梅、刀紫苏膏、金丝党梅、香枨元，皆用梅红匣儿盛贮。冬月盘兔、旋炙猪皮肉、野鸭肉、滴酥水晶鲙、煎夹子、猪脏之类，直至龙津桥须脑子肉止，谓之杂嚼，直至三更。

——[宋]孟元老《东京梦华录·卷二·州桥夜市》

自宣德东去东角楼，乃皇城东南角也。十字街南去姜行，高头街北去，从纱行至东华门街、晨晖门、宝箓宫，直至旧酸枣门，最是铺席要闹……东去乃潘楼街，街南曰“鹰店”，只下贩鹰鹘客，余皆真珠疋帛香药铺席。南通一巷，谓之“界身”，并是金银彩帛交易之所，屋宇雄壮，门前广阔，望之森然，每一交易，动即千万，骇人闻见……街南桑家瓦子，近北则中瓦，次里瓦。其中大小勾栏五十余座。内中瓦子莲花棚、牡丹棚，里瓦子夜叉棚、象棚最大，可容数千人……

——[宋]孟元老《东京梦华录·卷二·东角楼街巷》

通过这两段史料可以看出，宋朝已经出现了专业化市场和夜市，街巷店铺林立，商品种类繁多，娱乐经济繁荣，能让学生从中了解和体验当时的生活情景。

也有教师利用《清明上河图》作为宋代城市经济繁荣的补充材料，引导学生观察思考：画卷中有哪些交通工具？有哪些行业和商业活动？城市布局有何特点？我们现在生活中是否有类似的场景？通过轿子、手推车、马车、牛车、船只等交通工具，酒店、杂耍、驼队、茶肆、当铺、戏台、说书铺，以及前店后宅的城市布局形式，说明当时城市商品经济的繁荣景象，出现了很多专门化的服务行业为市民提供各种相关的服务，让绘画中呈现的历史信息与教材内容相互印证。画卷呈现出北宋汴京高度繁荣的世俗生活，难怪英国史学家汤因比说：“如果让我选择，我愿意活在中国的宋朝。”中国学者余秋雨也说：“我最向往的朝代就是宋朝。”

(2)鼓励学生质疑,在学习过程中不断发现问题

历史的不可再现性决定了历史研究需要借助史料来完成,由于研究者的侧重点不同,获取的史料不同,对史料的认识不同,得到的观点也会有不同。胡適先生说:“做学问要在不疑处有疑。”问题是思维的产物,也是引发思考的动机。教师应鼓励学生在学习历史的过程中发现问题,大胆质疑,利用问题去探索和研究,运用有说服力的史料来证实自己提出的不同观点。这是培养学生证据意识的有效途径。

不少教师在讲授“探索生命起源”一课时会提及女娲抟土造人,并展示“人首蛇身”的女娲形象。易中天先生在《祖先》一书中认为,中国古代神话中的女娲的形象并非如大家所熟知的是“人首蛇身”,在母系氏族时期女娲应当是青蛙的形象。他的观点对笔者产生巨大冲击,并产生疑问:如果女娲的形象真如易中天先生所言,那为什么在古代女娲却是“人首蛇身”的形象呢?为此笔者也将该观点和自己的疑惑与学生分享,因为这与学生已有的认知产生巨大的冲突,他们当即表示出浓厚的兴趣,并展开小范围的讨论。但在分享观点的过程中,学生无法提出确切的史料佐证自己的观点。“论从史出”要求评说历史的任何一句话都要有史实依据,不能凭空想象。为此,笔者给学生提供了部分参考资料,如易中天的《祖先》、《山海经·大荒西经》、《楚辞·天问》、《史记》、汉代的画像砖、五代时期女娲伏羲像的木俑、莫言的小说《蛙》等,让学生带着疑问去阅读不同类型的材料,从材料中找到支撑自己观点的证据。

要培养学生的质疑精神,教师首先应该做到在日常的阅读与学习过程中,带着怀疑一切的思维习惯,并将这种习惯传给学生。教师应在教学中为学生创设一个个问题情境,以唤起学生思考与探究的欲望。质疑精神培养的最终期待是学生在学习过程中自主探寻,逐渐形成富有个性的开创性学习。使他们离开课堂走向社会之后,能将课堂习得的质疑精神用于日常的工作与生活,锐意创新。

(3)对比分析史料,引出推论

历史的认识过程是通过历史证据的发掘来做出历史解释,这一过程必然要求证据意识的存在和引导。教师可让学生对不同材料的证据进行内容和可信度的比较,对相互冲突的证据进行讨论,对同一事件的不同论点加以比较。在研读史料的过程中,让学生对史料产生疑问,尝试自己去找出史料中的问题,并做力所能及的处理。这是形成证据意识的重要方式。

关于马可·波罗是否到过中国,《马可·波罗游记》是否为其游历所见,一直都有争论。为此,笔者提供下列材料,让学生评析《马可·波罗游记》的史料价值,并针对上述疑问提出自己的看法。

波斯的君主阿鲁浑派遣三个精明强干的男爵兀鲁台碍、阿必失呵、火者为专使,带着大批的扈从来到忽必烈汗王廷,请求大汗为他选择一名淑女为配偶,大汗答应了这个请求,选择了一位十七岁的姑娘,叫阔阔真,并派遣已来到帝国多年的马可·波罗一家由海路护送他们而去。

——马可·波罗《马可·波罗游记》

(至元二十七年八月)十七日,尚书阿难答、都事别不花等奏:平章沙不丁上言,"今年三月奉旨,遣兀鲁台碍、阿必失呵、火者,取道马八儿(今印度东南岸一带),往阿鲁浑大王位下。同行一百六十人,内有九十人已支分例,余七十人不给分例口粮"。

——《永乐大典·经世大典》

《马可·波罗游记》的作者是否真的到过中国,人们一直持怀疑态度,怀疑者认为游记只是据传闻写成。20世纪40年代,有学者通过《永乐大典》记载1292年元朝遣使至波斯,使者的名字与游记中一段文字对应,证明马可·波罗确实到过中国。可是《永乐大典》那段文字根本没有提到马可·波罗一行或任何意大利人。虽然有人认为名字问题不大,因为公主的名字也没有被提及。然而我们不能不做这样的推论:虽然公主远航确有其事,但马可·波罗总是重述尽人皆知的故事,这不过是又一个例子罢了。我倾向于他可能从来没有到过中国,但这并不能否认其游记的资料来源——特别是有关中国和远东的资料来源,他把本来会散失的情况记录了下来,这与希罗多德(约公元前484—约公元前425年)所著的《历史》相似,希罗多德并没有去过他所记述的所有地方,可他的著作绝不可以轻率地摒弃。

——吴芳思《马可·波罗到过中国吗?》

在西班牙巴塞罗那市的档案里没有哥伦布胜利进入该城的记载,在马可·波罗书中没有提及中国的长城;在葡萄牙的档案里没有阿美利加奉皇命航行海外的记载,而这三者都是无可否认的事实。

——杨志玖《马可·波罗到过中国:对〈马可·波罗到过中国吗?〉的回答》

对马未都先生主持脱口秀《都嘟》的广告词——历史没有真相，只残存一个道理——笔者深以为然。有时故事的真假不重要，重要的是为什么会出现这样一个故事，以及故事想要传达的道理。关于马可·波罗是否到过中国毕竟是一个学术界都无法解决的问题，学生对该问题的分析与讨论并不是让他们得出终极结论，而是培养他们运用史料论证观点的能力。

第四节　历史解释

“历史”一词通常包含两层意思：一是指过去发生过的事件，也就是作为历史研究者或学习者认识对象的客观的历史；另一是指人们对过去事件的理解、叙述和解释，这是作为认识主体的人，对客观历史进行重构的历史。历史解释应属于“历史”的第二层意思，是人们对客观历史的主观认识。

一、内涵分析

新课标指出，“历史解释是指以史料为依据，以历史理解为基础，对历史事物进行理性分析和客观评判的态度、能力与方法”。杜维运认为：“所谓历史解释，从表面上看……是阐明历史发展的轨迹及其意义所在，究其实际，则是对历史事实之间的关系所做的疏通陈述。”①李剑鸣认为，历史解释就是使过去的人和事变成可以理解的知识的过程。史家的每一个判断或每一种陈述，都可以是一种解释。在建构历史解释时，史家需要借助一定的理论和概念，并运用各种思维方法，以确定史实，探明因果，阐释意义。② 邓京力认为，历史解释是运用一定的理论、概念、方法，以史实为依据、探求历史因果、阐释历史意义和客观评判的过程。③

以上对历史解释的理解虽有所不同，但对其基本要素的认识是相似的，包括：历史解释的方法，要以史料为依据，以理解为基础，需运用一定的理论和原理，离不开逻辑推理、分析判断等思维活动；历史解释的基本任务是：确定历史

---

① 杜维运：《史学方法论》，第 164 页。

② 李剑鸣：《历史学家的修养和技艺》，第 278 页。

③ 邓京力：《历史理解与历史解释辨析》，《历史教学（上半月刊）》2016 年第 6 期，第 6～7 页。

事实，揭示历史现象之间的关系，建构历史意义。

要较为全面地把握历史解释的内涵，还应有以下几点认识。

1. 历史学是关于历史解释的学问

何兆武把历史学分为两个层次：第一个层次是“对史实或史料的认知或认定”，称“历史学Ⅰ”；第二个层次是“对第一个层次的理解或诠释”，称“历史学Ⅱ”。在他看来，历史学Ⅱ显然更为重要，因为“历史学之所以成为历史学，其关键乃在于历史学Ⅱ，而不在于历史学Ⅰ”。[①]

“历史学本身天然具有诠释学的性质，因为历史事实是过去发生的事情，必须经过解释才能进入我们的视野。”[②]英国历史学家卡尔之所以说“历史学意味着解释”，是因为在他看来，并不是所有的事实都能成为历史事实，只有通过历史学家赋予其意义的事实，才能变成“历史事实”。因此，李剑鸣说：“建构历史解释乃是史学的核心任务。只有解释才能发现历史的意义，只有解释才能完成历史的重建。……史学在根本上是历史解释学。”[③]

2. 所有的历史叙述在本质上都是对历史的解释

历史叙述和历史解释是历史学的两大要素。历史叙述是对历史的客观记录，历史解释是对历史的主观认识。但学术界普遍认为，历史叙述和历史解释无法割裂，很多的历史叙述中包含着历史解释。因为历史叙事不是过去发生的历史本身，而是人们依据现存的史料，通过合理想象，建立史料之间的关系而建构起来的历史认识。史家从无数的事实中选取某些事实，或从真伪混淆的材料中辨明事实，都离不开个人的判断；他从接触史料的那一刻起，就在不停地与史料“对话”，力图发掘史料的意义。因此，从收集材料开始，就进入了建构解释的过程。

从史学的目的来看，叙述只是一种手段，而阐释潜藏在事件背后的深层关系及其意义，才是史学的追求。史家对原因的解说和对意义的阐述，都必须借助对事实的陈述来进行，而不是纯粹的理论分析。离开了事实和对事实的陈述，史家就无法展开论述，无法形成解释。杜维运说：“最高的叙事和解释的艺术，是冶两者于一炉。叙事时，不但叙述一件事，也叙述相关事；不但叙述一事

---

① 何兆武：《对历史学的若干反思》，《史学理论研究》1996年第2期，第39页。

② 韩震：《历史解释与话语霸权的消解》，《哲学动态》2002年第5期，22～25页。

③ 李剑鸣：《历史学家的修养和技艺》，第285页。

的外貌，也叙述一事的内涵；叙述历史事实的渊源、原因、发展、影响；也叙述历史整个的演进以及以往、现在、未来三者之间的关系。叙事的范围扩大了，种种解释自然融会于其中了。”[①]因此新课标指出：“所有历史叙述在本质上都是对历史的解释，即便是对基本事实的陈述也包含了陈述者的主观认识。”

3. 历史解释的核心旨趣在于建构意义

梁启超说：“甚么是历史的目的？简单一句话，历史的目的在将过去的真事实予以新意义或新价值，以供现代人活动之资鉴。”[②]就是说，叙述历史不是主要目的，构建历史意义才有现代价值。发现和梳理过去的事实，进而阐释它们的意义，是研究历史的基本任务，也是历史值得去研究的根本所在。赋予历史新意义，一是要“发潜阐幽”，发掘出前人没有觉察到的意义；二是要纠正前人的错误认识；三是要从本没有意义的历史活动中觉察出意义来。历史的意义是史家的认识能力和史实相互作用的产物，是史实投射在史家的知识和思想世界中的影像。

历史解释的终极目标在于揭示历史真理、历史精神、历史意义和历史智慧，其中最重要的是历史智慧。历史智慧是灵魂，它是指从浩瀚的历史知识中凝练出来的立人、立德、增智、治国等历史经验。[③] 孔子整理《春秋》，旨在阐发具体史事中包含的“大义”，司马迁作《史记》，立志要“究天人之际，通古今之变”，司马光等人编纂《资治通鉴》，意在总结历朝历代兴亡的教训。无论是史学研究还是历史教学，根本目的之一是培养具有历史意识、历史智慧、历史洞察力和历史使命感的人，增进社会文明程度。

4. 历史解释是多元而非统一的，是暂时而非永恒的

人文学科的认识特点决定了历史解释的多元性，对同一历史事物会有不同的解释。一个历史事件会有不同的史料记载，后人据此形成的对历史问题的看法也就“仁者见仁，智者见智”，只要观点有可信的证据，并经过严密的逻辑推理，就应当予以承认。因此我们对历史解释要有一定的包容性，在建构自己历史解释的过程中，要根据主题、材料和立论的具体情况，尽力使自己的解释合理可信。

---

① 杜维运：《史学方法论》，第166～167页。

② 梁启超：《中国历史研究法补编》，第6页。

③ 徐兆仁：《历史解释学的基本问题》，《中国社会科学院院报》2006年第9期，第21页。

历史是一系列尚待解答的问题，而非一系列确定的答案。首先，历史学家对历史的认识始终处在不断的变动之中，虽然许多历史事实得到了确认，但新的历史事实在不断出现，关于许多问题的解释也没有定论，每一代人对历史的认识都不一样。其次，不同时代、不同民族和不同个体的历史学家，对历史的认识存在差异，在题材、方法、解释框架和研究结论上会呈现纷繁多样的面貌。最后，随着新史料的发现、史料范围的扩大和研究方法的进步，都会大大加深人们对历史的认识，历史解释也往往推陈出新。[①] 所以，历史学是一个开放的、不断更新延展的领域，“没有一种解释是最后的解释”。[②]

5. 历史解释素养是历史学科核心素养的核心

历史解释是在唯物史观的指导下，以时空观念为前提，以史料实证为支撑，以历史理解为基础，有意识地对历史事物进行分析、评判和叙述。培养学生历史解释的素养，其重要意义在于使学生能够将对历史事物的记忆提升到历史认识的高度，以独特的历史思维去感悟、评判历史与现实问题，进而形成正确的价值观。因此，在历史学科五大核心素养中，历史解释素养处于核心地位。其相互关系可用图 2-3 表示。

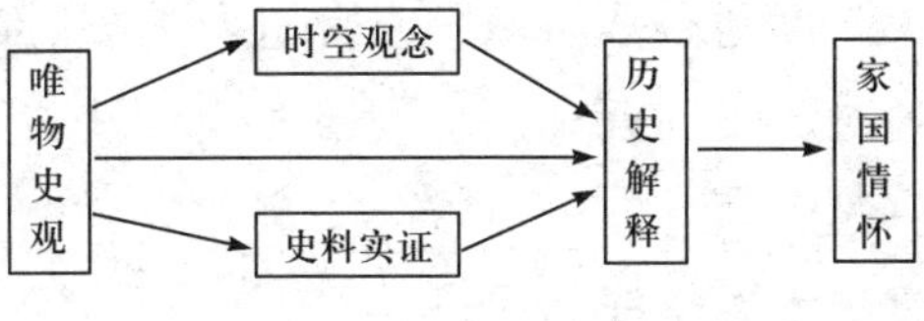

图 2-3

二、培养路径

根据对历史解释基本要素的理解，笔者认为，培养学生历史解释素养可采取以下策略。

1. 准确描述和阐释历史事物

“历史解释的第一项任务，就是确定历史事实。”[③]因而“准确描述和阐释历史事物”是历史解释的基础。

---

① 李剑鸣：《历史学家的修养和技艺》，第 52 页。

② 田汝康、金重远：《现代西方史学流派文选》，上海：上海人民出版社，1982 年，第 72 页。

③ 李剑鸣：《历史学家的修养和技艺》，第 279 页。

描述历史事物即表现历史事物的状态和过程，其能力主要表现为观察的细致、全面和表达的准确、简洁。阐释历史事物即对历史事物进行说明和解释，其能力则是在准确表达的同时，体现分析、综合、归纳、概括等理性思维的水平。其培养策略可在两个方面进行。

(1)述评结合地阐述历史

既然把历史叙述和历史解释融为一体是最高的艺术，那么我们在课堂教学中，就应要求学生运用学科语言述评结合地阐述历史。而学生往往在这方面普遍存在着问题。2007 年高考历史广东卷第 27 题第二问是“战国的‘思想自由’状况在秦汉、宋明时期发生了怎样的变化?”对题目中所说的“状况”，命题者做两方面的理解，一是史实，二是影响。如“秦始皇焚书坑儒”是史实，“思想高度专制”是影响；“汉武帝罢黜百家独尊儒术”是史实，“思想大一统”是影响；“宋明理学盛行”是史实，“进一步禁锢了思想”是影响。很多学生当年之所以失分，就是因为叙述不完整，只回答了史实而没有回答影响，其实质是没有述评结合地叙述历史的意识和习惯。近年来历史高考全国卷加强了对历史评述能力的考查，表现在 2016 年以前的第 41 题和 2017 年以后的第 42 题。这种题型要求学生根据背景材料，最大限度地获取有效信息并进行完整、准确、合理的解读，自拟论题或观点，独立地对历史问题和历史观点提出看法，运用判断、比较、归纳的历史思维方法论述问题。

(2)概括历史事物的本质特征

概括历史事物的特征，是在准确描述的基础上，通过分析、综合、比较、抽象，从许多个别事件中揭示出一般性结论(概念)的逻辑思维过程。因为个别事件与一般性存在着联系，从众多的个别事件中，可以看出某种一般性，所以历史学家都注重通过个别事件来揭示一般性。黄仁宇的《万历十五年》，表面上是娓娓道来地描述了一连串个别的人物和事件，但他的实际意图是想通过这些人和事，来揭示明朝乃至整个中国中古历史的症结。这也是史家常用的“因小见大”的手法。一本书、一篇论文，如果不能从个别事件中得出一般性结论，就有可能落入“就事论事”“只见木不见林”的窠臼。从个别到一般的概括能力训练有两种方式：一是对纷繁的历史事实进行归类处理，化繁为简；二是对复杂的现象进行条理化处理，使之形成某种体系和结构，以便于理解。

提高学生概括历史特征的能力，还必须加强历史概念教学。因为历史概念是人们对于历史事件、历史人物最本质的认识，反映历史事物之间合乎规律的联系，与事实性知识相比具有更高的概括性。形成历史概念的过程，是学生对所学的历史现象和历史事件进行不断分析和综合的过程，也是分辨历史现象不同特点、确定其本质特征的过程。

历史学的本质是对历史的认识，即在一定的历史观的指导下对人类历史的阐释。要在纷繁复杂的历史进程中认识历史事物、把握发展规律，还必须坚持以唯物史观为指导，掌握和运用唯物史观的基本原理。唯物史观是科学的历史观、认识论和方法论的统一，它从社会的物质生产与生产方式、经济基础和上层建筑、社会形态从低级向高级的发展、社会存在和社会意识、阶级对立与阶级斗争等方面，揭示了人类历史发展的客观基础；从历史发展的一般规律与特殊规律、历史发展的必然性与偶然性、历史发展的连续性和阶段性、历史发展的动力、人民群众和杰出人物在历史发展中的作用等方面，揭示了人类历史发展的辩证运动。迄今为止，还没有任何一种历史观和方法论，在研究和解释历史方面比唯物史观更周密、更全面。

许多教师把历史漫画的创作与表达作为教学方式之一，这其实就是培养学生抓住历史事物特征的做法。因为历史漫画往往以幽默夸张的笔法描绘历史现象或历史事件，并赋之以深刻的寓意，从而揭示了历史现象或历史事件的本质特征。

2. 增进历史理解

建构历史解释的关键环节是理解。“历史学家要从永远关上了大门的过去世界获取信息，并使之转化为今人所能领会的历史知识，首先需要使自己深入到过去的世界中，去了解前人的想法、信念、行为以及他们所生活的环境和所处的情势。”[①]如果不能神游到过去的世界去尽力理解历史事物、历史遗存和历史遗留问题，就很难发现真实的历史情形。“凡是理解不清楚的历史事件，也难以阐述清楚，因而解释是指按照理解层次进行结构性、实质性的说明。”[②]所以，理解是解释的前提，理解的过程是形成历史解释的关键。

(1)理解历史事物所处的历史环境

时空观念要求我们在特定的历史背景下去认识历史，即历史地分析问题。

---

① 李剑鸣：《历史解释建构中的理解问题》，《史学集刊》2005年第3期，第19页。

② 王雄：《中学历史教育心理学》，长春：长春出版社，2012年，第194页。

但是，把具体的人或事放在特定的时空框架当中，只是分析问题的方法论，而要做到对历史做出合乎情理的解释，还需要具有“与前人平等对话、为前人设身处地”的历史理解的习惯和能力。帮助学生在具体的历史情境和背景下思考历史事件、历史人物和历史现象，是培养学生历史解释能力的前提。

李剑鸣先生说，“理解过去世界的最大困难，在于今人没有在那个世界生活的直接经验，不免会根据自己的经验和见识来揣度，而揣度又很容易沦为臆测，造成误解乃至歪曲。”在历史教学过程中，无论是教师还是学生，都应该尽力避免这种情况：还没有对历史现象认识清楚，就站在自己所处的时代、以符合自己时代背景的价值观念和思维方式来分析历史现象。过去不仅遥远，而且和今天很不相同，不能用当代人的思维方式和生活经验去推测过去。要避免这种情况发生，一个有效的策略就是师生共同回到历史现场，尽量地接近历史真相，以获得更多的有价值的历史信息，然后以巨大的想象力、丰富的知识和人生体验，借助理性的历史思维，去充分理解历史时代的特点，知晓所探讨的人和事所处的情境。

文化人类学和历史学的研究发现，不同时代、不同处境的人，在知识、信仰、环境各个方面都存在差异，他们的思想感情和行为方式也与今人大不一样，不能用一种模式或标准来看待生活在不同文化中的人。因此，在理解前人的生活和当时的历史环境时，我们不仅要突破时空的制约，还要突破文化的隔阂，具备“跨文化的同情”才能向理解的方向迈进。人们应当认识到每一个历史阶段均有其自身的文化特性、产生根源和存在的合理性，要用历史的视角，在精神和意识层面跨越过去和现在的鸿沟。

1660—1688 年是英国资产阶级革命中的斯特亚特王朝复辟时期，查理二世上台后背弃了诺言，对革命者进行血腥报复。他的继任者詹姆士二世力图重建君主专制，竭力恢复天主教。于是，1688 年英国资产阶级和新贵族发动了“光荣革命”，赶跑了詹姆士二世，迎立詹姆士二世的女儿玛丽和女婿威廉共同统治英国。对于这段历史，人们的疑问是：既然斯图亚特王朝的专制统治损害了英国资产阶级和新贵族的利益，严重阻碍了英国资本主义经济的发展，那么，资产阶级和新贵族为什么在光荣革命后还保留了国王制度？为什么还要迎立詹姆士二世的女儿和女婿执政？

实际上，英国的正统观念根深蒂固，在发动宫廷政变前，辉格党和托利党为寻找政治力量的利益平衡点，最终达成君主立宪制的折中方案，就是从正统原则的角度去考虑新国王的人选。英国有议会至上和有限王权的传统，下议院多半是资产阶级和新贵族的代表，完全有能力对国王所决定的政策进行合法否决和修改。英国还是一个有着深厚妥协基因的传统国家，其社会转型和进步总是以温和、渐进的方式完成的，光荣革命以极小的代价实现了预期的政治目标，是资产阶级新贵族和部分大土地所有者之间所达成的政治妥协。英国民主宪政发展史说明，相互妥协并不意味着放弃原则，而往往是一种解决问题的务实与变通的政治智慧。同时，理解英国的宗教文化也有助于更好地理解光荣革命。议会在多年争斗中容忍了很多詹姆斯二世的行为，是因为希望等他去世后，可以在他女儿玛丽统治下回归新教徒的王权。但是当詹姆士二世和中年的王后出人意料地生了王子，因而剥夺了玛丽及安妮的继承权之后，为防止天主教徒承袭王位，资产阶级和新贵族才决定推翻詹姆斯二世的统治，以保护他们的宗教、自由和财产。所有这些，如果用"成王败寇""赢者通吃"的思维模式和"妥协就是投降"的观念去衡量是难以理解的。

(2)理解历史中的人——设身处地

法国学者雷蒙·阿隆说："历史工作不仅是理解事件，而是理解人，理解过去的人和我们是不一样的。"

"设身处地"，是要以"了解之同情"的态度去理解历史中的人。"了解之同情"是指与古人"处于同一境界"，即了解古人所思所想、所欲所求，还原历史本来面目。换言之，不是站在现在去了解古人，而是站在古代去了解古人。这就是常言所说的那种真正的深入了解。历史人物的思想、行为以及与之关联的动机和情境，都深深掩埋在不断累积的时间的烟尘之中。如果不对前人的思想和行为抱一种"了解之同情"，将过去的人和事置于具体的环境中看待，就根本谈不上理解，也就无法做出贴切的历史解释。当然，"同情"不是"同意"，"了解"也不是"认可"。但后人应以博大的襟怀、丰富的知识去了解前人及其所作所为，尽力突破时间与空间的障壁，避免用现在的标准衡量过去，并将自己所具备的现代生活经验与关于过去的知识有机结合起来，形成一种了解过去的人和事的有效能力。只有这样才有可能做出"公正而可信的"历史解释。理解前人，就意味着要将自己置于当事人的立场看问题，不能假定历史人物和今人具有同样的知识，掌握了同样的信息，而应意识到他们对事态的了解存在种种今人所不知晓的限制，至少他们不知道自己身处其中的事态的结果，这对他们的决定和行为有着至关重要的影响。

“设身处地”地考虑历史人物在当时环境下的反应，还应把自己置于历史人物的位置上感受其处境，把自己代入这一历史人物身上，体会他的喜怒哀乐和所思所想。英国历史学家赫伯特·巴特菲尔德说：“我们如果不从历史人物的内心来看他们，不像一个演员感受他所扮演的角色一样来感受他们——把他们的想法再想一遍，坐在行动者而不是观察者的位置上——就不可能正确地讲述故事。……历史学家必须把自己置于历史人物的位置上，必须感受其处境，必须像那个人一样思考。如果没有这种艺术，不仅不可能正确地讲述故事，而且也不可能解读那些重构历史所依靠的文件。”

在高中的历史教学中，我们虽然不需要把学生培养成历史学家，但我们需要培养能够站在历史的角度独立思考、解释历史的学习者。

3. 揭示历史事物的逻辑关系

揭示历史事物的逻辑关系源于两点：一是事物的因果关系要明确，二是彼此之间的联系要紧密。建构一种历史解释，就是要围绕一个具体的历史问题，按照各种事实之间的联系将它们组织成一个系统，形成对这个问题的解答。

教师揭示历史事物的逻辑关系可以从以下三个方面入手。

(1)教学中的知识串联

笔者参加“浙江深圳两地同课异构交流研讨活动”时，观摩了浙江名师徐峰老师执教的“棉花的近代世界之旅”一课。这是一堂在没有新教材的情况下，教师根据选择性必修课程模块 2“经济与社会生活”的专题“2.3 商业贸易与日常生活”的新课标内容，所上的一节研讨示范课。他通过“棉花的英国之旅”“棉花的美洲之旅”“棉花的中国之旅”三个环节，把英国工业革命、三角贸易、美国南北战争、中国自然经济解体、民族资本主义经济的发展等内容串联在一起。然后再通过两个问题的探究：“棉花的近代世界之旅需要具备哪些条件？”“棉花的近代世界之旅反映的实质问题是什么？给世界贸易带来哪些影响？”引出本课主题：棉花与工业文明的扩展。本课涉及的知识点非常丰富，但整节课衔接自然、非常流畅，其成功的关键就在于教学串联的逻辑性强。

(2)引导学生绘制并解释思维导图

思维导图的构思与绘制过程，就是学生建构历史事物逻辑关系的过程，而解说思维导图的过程，则是将这一逻辑关系进行历史解释的过程。这两个过程充分体现了学生历史解释的主体性。在绘制或讲解思维导图的过程中，往往会出现历史事件在关系网络上史实缺失或逻辑环节缺失的现象，当学生致力于弥补缺失时，其孜孜以求的，其实就是对已知历史事件之间的因果关系做出合乎情理的解释。

(3)问题的设置

应针对历史事件关系网或历史逻辑发展链条上的缺环，发现和提出问题，这些问题往往具有能打通关节的作用。对于复杂的历史事件，可以设置问题链，将一系列问题通过一定的内在逻辑，有顺序、有层次地展现给学生，引导学生思考，从而帮助学生深化对历史事件和历史概念的理解，结合已有知识结构自主地解释历史，进行价值判断。在课堂教学过程中，通过问题链的设置，可以让学生站在历史的角度，与历史人物感同身受，做到历史地解释历史。

孤立地看待过去的人和事是妨碍我们准确理解过去的一个障碍。过去的任何事件只有置于当时的情境中，并与同时期的其他事件相比较，才能确切了解其意义和影响。论述任何历史人物的作用，也必须将他和他同时代的其他人物放在一起考察，才能得出恰当的看法。寻找不同历史事实之间的实际关联，既需要根据时空联系探明它们之间的关联，也需要根据原理、常识和经验推导出不同历史事实之间的关联。

4. 辨析不同的历史解释

所谓不同的历史解释，可分为两种。一种是侧重点不同，即各个不同的历史解释之间不存在实质性的冲突，只是选取了不同的侧面、不同的视角罢了。另一种是观点的截然对立，即不同的解释之间互有出入，构成了实质性冲突。教师要引导学生，通过分析对同一历史事物的不同论述，明了各方解释、评判的差异，并从来源、依据、观念、目的等多方面解释彼此的矛盾冲突之本质所在。

在教学实践中，提高学生辨析不同历史解释能力的策略有以下几种。

(1)扩大史料来源

史料是历史解释的基础，离开了史料就无法客观公正地进行历史解释，建构历史解释的前提是掌握丰富的、多角度的、尽量可信的史料，史料越丰富就越容易接近事实真相。

我们对历史问题的认识和解释不应停留在单一的角度和直观的表象，而应以多视角去探究其发展过程中的动因和规律。历史思维的多元性是指学习者通过历史学习，能够跳出狭隘的、片面的思维框架，对历史现象进行全方位、多角度的思考。对历史学习者来说，制约其思维发展的主要绊脚石就是人云亦云，缺乏理性思考。为打破这一桎梏，教师在教学中可以针对某个历史事件向学生呈现更为丰富的材料。例如关于甲午战争中国失败的原因，仅仅归结于李鸿章避战求和政策，战前准备不足，清军舰队互不统属、力量分散，部分将领贪生怕死，乃至中国的政治体制、军事体制落后等因素，都是浮于表面的分析。如果扩大史料来源，广泛收集日本、朝鲜、韩国、美国、德国等国家关于甲午战争的材料，把清王朝与日本进行对比分析，就能把教学引向深入，得出更为合理的结论：清王朝注重守势防御，缺乏制海权的意识；海军没有整体规划，缺乏首脑部门；对日本的侵略野心，清廷一直未给予应有警惕；战争动员相差悬殊，日本运用公关手段让许多欧美舆论倒向日方，在国际舆论上击败了清王朝，等等。再进一步比较中国洋务运动和日本明治维新还会发现，两者在改革的深度、广度、力度和影响上相去甚远，因而梁启超在《变法通议》中记述了俾斯麦所说的一段话："三十年后，日本其兴，中国其弱乎？日人游欧洲者讨论学业，讲究官制，归而行之；中人之游欧洲者，询某厂船炮之利，某厂价值之廉，购而用之，强弱之源，其在此乎？"当更多的历史信息呈现在学生面前的时候，他们就能获得更完整的历史面貌和更深入的分析视角。

(2)多角度地看待历史

占有史料的全面与否对历史解释会产生较大影响，但即使拥有相同的史料，从不同的角度和立场也可能得出不同的历史解释。历史是内容极其丰富且相互联系的多面体，从不同的角度，可以观察到历史发展的多个侧面及其线索，这就需要我们开阔眼界和思路，也为历史教学提供了更多的方式。多角度地看待历史才能更深地理解历史，发现历史带给我们的各种启示。"这里讲的'角度'其实就是看问题的切入点或侧重点，各门人文学科或社会科学其实就是看社会问题的各种切入点，对同一种历史现象，不同的学科会有不同的解释。每一种解释都有其理由，有其合理之处，或者说这些解释看起来似乎互相龃龉，其实主要还是互相补充的。"[①]

① 王加丰：《历史解释问题》，《中学历史教学参考》2016年第23期，第11页。

中国的两位国学大师陈寅恪和钱穆对宋朝的看法大相径庭。陈寅恪说，“华夏民族之文化，历数千载之演进，造极于赵宋之世”，不带任何迟疑地表达着对宋朝的赞赏。而钱穆在《国史大纲》里却说“宋代对外之积弱不振”“宋室内部之积贫难疗”，把“积贫积弱”的帽子硬生生扣在宋朝头上。前者的观察角度是宋代的文化，而后者的观察角度是宋代的政治和民族关系，角度不同结论也就不同。公元前202年，项羽兵败，自刎于乌江。时过一千多年，杜牧诗云：“胜败兵家事不期，包羞忍辱是男儿。江东子弟多才俊，卷土重来未可知。”惜之。又过了数百年，王安石说：“百战疲劳壮士哀。中原一败势难回。江东子弟今虽在，肯与君王卷土来？”贬之。又过了几十年，李清照说：“生当作人杰，死亦为鬼雄。至今思项羽，不肯过江东。”颂之。为什么同样一事件会有如此不同的三种评价呢？杜牧一生仕途坎坷，“卷土重来”带有几分自勉。王安石则站在一个政治家的角度视之为历史朝代的必然更替，又不无劝谏君王勿使“百战疲劳壮士哀”之意。李清照则目睹了金兵长驱直入，宋室南渡苟安，而感叹“生当作人杰，死亦为鬼雄”的项羽“不肯过江东”，讽刺可谓入木三分。评论历史事件是这样，生活中的其他事情也是如此，只要你的角度不同，答案就会是丰富多彩的。

以西安事变为例，提供四份关于西安事变的报纸影像，引导学生对不同的史料进行研读，让学生分析它们之间的区别。①

学生比较分析四份报纸的标题得出结论：《中央日报》和《大公报》态度好像一致，都认为西安事变是“叛变”，对张学良要“严办”；《西北文化日报》说是“兵谏”，是为了“争取中华民族生存才进行的兵谏”；《解放日报》也说是“兵谏”，但跟《西北文化日报》不同，认为蒋介石不是“被扣留”，而是“被保护”。

为什么媒体报道会不一样？教师可简述四份报纸的基本情况，使学生了解新闻隐藏的阶级倾向性。四份报纸的情况分别是：《中央日报》是中国国民党的机关报，报社位于南京；《大公报》创刊于天津，由新记公司接办后提出“不党、不私、不卖、不盲”的办报方针；《西北文化日报》创刊于西安，为杨虎城西安绥靖公署的机关报；《解放日报》（原《西京日报》）于西安事变期间由东北军派人接管，为抗日联军临时西北军事委员会机关报。通过对报纸基本情况的讲述和新闻报道的对比，既让学生形成多元认识，同时使学生在阅读史料时应关注史料的

① 钟小敏：《以〈西安事变〉一课为例谈历史细节的运用》，《历史教学》，2014年第3期，第7～8页。

政治倾向和编辑态度，从而对史料进行客观的判断。

需要说明的是，多角度地看待历史不等于用多元史观解释历史。实际上，所谓文明史观、全球史观、现代化史观、社会史观、革命史观等，都是唯物史观的下位概念，不应和唯物史观并列。李剑鸣认为“盛行于美国的多元文化史观，也存在‘放大历史’的倾向。多元文化史观的出现，反映了少数族裔在美国社会的地位有所提高，但如果以此反观整个美国史，片面关注以往对少数族裔的排斥和歧视，刻意拔高少数族裔在美国历史中扮演的角色，就无异于对历史的歪曲”。①

(3)设置冲突性问题

通过冲突性问题的设置，让学生对比不同观点，分析其原因并做出评价。笔者在执教“罗斯福新政”时，让学生阅读下面的两则材料，并回答问题：

材料一　1945 年 4 月 12 日罗斯福去世后，中共党报《新华日报》发表了题为《民主巨星的陨落——悼罗斯福总统之丧》的社论称：“罗斯福总统……用大无畏的精神推行新政，他用提高人民生活水平、扩大人民购买力的政策代替了帝国主义式的对外经济掠夺，他度过了危机，安定了国民生活。”

材料二　20 世纪五六十年代，中国许多学者称罗斯福新政是“彻头彻尾为垄断资产阶级服务的东西”，“具有很大的法西斯性质”；新政的改良措施，对工人阶级的让步“有很大的欺骗性，不利于革命”。

问题：两则材料为什么对罗斯福新政看法不同？怎样评价才恰如其分？

当两种截然相反的观点出现在学生面前时，他们的思维就活起来了。在平时必修课程教学中，教师还可以有意识地引用不同历史解释的最新学术成果，以逐步开启学生的智慧之门。

(4)分析影响历史解释的主要因素

在帮助学生辨析不同历史解释时，应分析影响历史解释的主要因素。王加丰教授认为影响历史解释既有主观因素，也有客观因素，而在史料比较丰富的情况下，主观因素起更大作用。主观因素既与一定的经济利益、政治立场或价值观有关，也与认识能力、认识手段或认识方法有关。同一历史事件出现多种

① 李剑鸣：《历史解释建构中的理解问题》，《史学集刊》2005 年第 3 期，第 23 页。

多样解释的原因有几大类型：[1]

一是运用不同的历史观来解释历史发展，会形成极不相同的历史解释。

二是不同的利益考量及与之密切相关的政治立场，或者不同的阶级、民族、利益集团的立场、价值观，是造成历史解释多样化的基本原因。

三是方法论意义上的视角差异造成不同的历史解释。这与利益关系或意识形态无关或关系不大，仅仅是看问题的角度不同。

四是史料缺失，对史实过程不清楚，造成对历史事件的错误解释。

此外，研究者的个人经历和认知水平，也是形成不同解释的原因之一。

5. 建构历史意义

建构历史意义是历史解释的最重要任务。约翰·托什指出："对意义的解释处于历史学家研究的中心地位。"[2]因此，教师要努力让历史教学成为历史解释的过程，让历史解释彰显历史教学的价值。

(1)建构历史意义的途径

历史意义的建构有两种途径：一是揭示历史本质，即拨开云雾，让学生透过现象看到本质；二是通过学习获得历史认识，包括历史感悟和历史智慧（借鉴启示）。

案例一：戊戌变法

在介绍了戊戌变法内容之后，为呈现当时维新派与顽固派、帝党与后党之间的斗争，教师出示四道光绪皇帝的诏令。

1898 年 6 月 11 日，上谕："定国是诏。"

1898 年 6 月 15 日，上谕：革除翁同龢的一切职务，开缺回籍。

1898 年 6 月 15 日，上谕：授任新职的二品以上大臣，须到皇太后面前谢恩。

1898 年 6 月 15 日，上谕：任命荣禄署理直隶总督，统率北洋三军。

设置如下问题链：

设问 1：看了这四道诏令，你会有怎样的疑问？是皇帝的真心所为吗？

设问 2：慈禧太后为什么要罢免翁同龢？

设问 3："授任新职的二品以上大臣，须到皇太后面前谢恩"意味着什么？

---

① 王加丰：《历史解释问题》，《中学历史教学参考》2016 年第 12 期，第 11～13 页。

② 约翰·托什：《史学导论》，吴英译，北京：北京大学出版社，2007 年，第 284 页。

设问4:“任命荣禄署理直隶总督,统率北洋三军”意味着什么?

设问5:以上四道诏令表明慈禧的意图是什么?

追问:慈禧太后对维新变法到底持什么态度?其态度变化的关键因素是什么?

通过追问、讨论,让学生弄清慈禧对变法的本质立场:在不触动自己统治利益的前提下,她能有限度地同意改革;当变法触动自己统治权力的时候,就断然镇压,哪怕是牺牲国家和民族的利益,也在所不惜。

案例二:美国内战

……直到现在,一些美国南方人仍然把那场战争看作北方侵略南方。其中的争议就在于南方是否有权通过投票的方式脱离联邦而不受制裁。

生1:南方是美国领土的一部分,分裂祖国的行为应该受到制裁。

师:大家同意这个看法吗?

生(齐答):同意。

师:既然如此,那么当初美国从英国统治下分离出去为什么又是正义的呢?对英国来说,北美十三州也是英国领土的一部分。

生2:情况不同,因为美国当时受到了英国的殖民压迫,所以反抗是正义的。

师:南方也认为林肯当选总统会压制奴隶制的发展,对南方来说不也是一种压迫吗?

生3:老师,你是狡辩,奴隶制是反动的,当然应该压制,这和英国当初压制北美的性质完全不同。(掌声)

师:这个回合同学们赢了。但是,既然废除奴隶制天经地义,那么为什么林肯把维护统一而不是废除奴隶制看作最高目标?

生4:因为国家统一高于一切。

师:如果真像林肯在就职演说中所说的,为维护国家统一可以牺牲奴隶的自由,你们觉得正义吗?

生5:我觉得不正义,至少对黑人来说是如此。

生6:我觉得正义,因为国家分裂了,南方黑人被解放的可能性更小。如果同意在一起,逐渐解放黑人奴隶的可能性还大一些。

生7:我也觉得为了维护国家统一,可以牺牲奴隶的自由,毕竟白人是多数，黑人是少数，少数人应该服从多数人。

生5(非常激动)：如果多数人欺负少数人，那你们还觉得是正义的吗？

生8：黑人被欺负当然不正义，但是如果国家分裂，就更不正义，所以退而求其次，我赞成林肯的主张——为了国家的统一，可以暂时不解放黑人奴隶。

师：对不起，打断一下你们的争论。你们的争论涉及了一个深刻的话题：主权和人权是怎样的关系？对这个问题的不同回答，导致了我们对林肯做法的不同评价。我们可以进一步提一个问题：既然林肯对奴隶制已经做出妥协，那为什么南方还是选择了分裂？

……

在教学中，教师不仅是主持人，更是这场辩论的二传手、参与者。他没有复制教材，而是引进新材料，提出新问题，激活学生的思维，让学生在本色状态下思考，不仅完成了对教材的解读，而且升华了学生的认识。教师没有就概念做机械的定义和解释，而是将人权、主权、三权分立等概念融入历史情境出现在学生的视野中，通过对话、质疑、辩论、交锋不断将思考推向深入，从而获得历史认识。

历史解释的最终指向是“从真实历史中提取现代价值”。如果说所有历史都是当代史，那么，以史为鉴就是要通过对已有历史的解读，孕育出历史智慧，以形成、提供一种特殊的视角，来涵养“全面、客观、辩证、发展”的眼光，以更有效地审视现实生活、解决现实问题。历史之所以会被当今的人所提起、让当今的人感到亲切有味，是因为它在今人看来，是与现在有某种或直接或微妙的关系的，是有价值的，可以与今人当前的兴趣产生共鸣。实际上，也只有现实社会生活中的问题，才能真正激发起学生们对历史学习的兴趣。学生们带着切身的问题、困惑去历史中寻找启发、寻找借鉴，才是有价值的历史学习。历史解释的实质在于“成一家之言”。历史解释必然要有时代性，要观照现实，唯其如此，方显活力。回顾历史方可观照现实，这体现了历史学科的人文关怀。

(2)获得历史智慧的两种方式

一是历史问题的现实思考。这是运用鲜活素材，让学生感同身受，从历史发展的进程中总结出对现实的借鉴作用，这也是“读史使人明智”的内涵之一。

在讲述“工业革命”这一主题内容时，某教师设计了一个有趣的学生活动：举行一次“近代中国从国外引进的哪些内容对当时的人们产生了重大影响”的评选，结果电灯、电话以及名著《玩偶之家》名列前三。在此基础上，教师因势利导：这三项成果的发明者（作者）分别是谁？你为什么会选他们？除以上三项外，如果让你再推荐一项“近代中国从国外引进的对当时的人们产生重大影响的内容”，你会推举什么？请说说你的理由。这样的设计能让学生直观地感悟历史，对历史会有更亲切的感受。

笔者在执教“罗斯福新政”后提出问题：罗斯福新政给我们当前的经济发展提供了哪些有益的借鉴与启示？让学生思考历史学习所获得的借鉴、启示和感悟。学生结合本课学习内容，经过讨论，得出结论：发挥政府宏观调节作用，建立有效政府；拉动内需、刺激消费；政府加大投资，扩大就业机会；加强金融监管——证券业；放慢货币升值幅度，扩大出口；建立社会保障机制，防止贫富差距过大。教师进一步引导：对于罗斯福新政，人们更多的是看到政府干预经济的一面，但实际上，对美国发展影响更为深远的是第二阶段的社会改革，通过社会救济、调整劳资关系，实现了社会利益结构的调整。因此，罗斯福新政带给我们的深层思考是：发展经济的目的是什么？是为了制造一个富人阶层，还是为了共同富裕？中国改革开放 40 年，最大成就是建立了社会主义市场经济体制。但接下来怎么走？要让社会主义市场经济体制更健康、更有活力，就必须建立一套利益调整机制，让最广大的人民群众分享改革开放的成果。

再如，从隋亡唐兴的历史更替中总结历史经验教训。隋亡的主要原因是错误治国理念，即：为富国强兵而与民争利，造成国富民穷。始于隋文帝，炀帝时达到极致，急于成“圣王之业”，而忽视民本。唐的兴旺则在很大程度上源于对隋亡教训的吸取。在此基础上，引导学生从更深层次总结历史教训：民众是国家根本，人民丰衣足食，生活富裕，国家才能强大，社会才能和谐。藏富于国，虽富亦穷，必败；藏富于民，是真富，必兴。

二是现实问题的历史反思。这是从现实问题中找出历史的规律性认识，从中得到深刻的历史认同感。

在学习“世界经济的全球化趋势”时，结合近期爆发的中美贸易战，笔者列举下列材料：

材料一　1929 年的美国经济危机之后，大家一直在找经济学上的原因，但怎么找也找不到，好像一切都毫无征兆，唯一一个能算上原因的就是臭名昭著的斯穆特霍利法案当时正在被通过，这就是关税保护法。后来有人就指责，就是因为这种贸易保护预期，让股市崩盘美国经济从此陷入危机。虽然没有直接的证据，但这肯定也是一个很重要的因素。

——齐俊杰《贸易保护是向消费者征税》

材料二　2018年3月8日，美国总统特朗普签署公告，认定进口钢铁和铝产品威胁美国国家安全，决定于3月23日起，对进口钢铁和铝产品加征关税（即232措施）……为维护我国利益，平衡因美国232措施给我国造成的损失，我自2018年4月2日起对原产于美国的7类128项进口商品中止关税减让义务，在现行适用关税税率基础上加征关税，对水果及制品等120项进口商品加征关税税率为15%，对猪肉及制品等8项进口商品加征关税税率为25%。

——财政部《2018年4月2日起我国对原产于美国的部分进口商品中止关税减让义务》

材料三　美国当地时间2018年4月3日下午，美国贸易代表办公室在其网站上发布了根据所谓301调查，建议加征关税的自中国进口产品清单，该清单包含大约1300个独立关税项目，价值约500亿美元，涉及航空航天、信息和通信技术、机器人和机械等行业。美国贸易代表办公室建议对清单上中国产品征收额外25%的关税。

——《美公布对华征税建议清单！商务部回应：对等还击！》

思考：根据材料并结合所学知识，分析中美贸易战的本质及其影响，你从中美贸易战中得到什么启示？

学生通过分析上述几段材料可知，贸易战归根到底是一场讨价还价的国家利益之争。学生通过分析1929—1933年的经济大萧条，能够知晓贸易战百害而无一利，只能给中美双方带来严重的经济灾难。因此，推进更高水平贸易便利化、进一步降低进出口企业成本、鼓励和支持企业开拓多元化市场、扩大国内企业需要的原材料进口，以进一步扩大开放、保持进出口稳定增长，以及在核心高科技领域依靠自力更生的研发创新，将是我们应对中美贸易战的主要方式。学生一旦能对现实问题进行历史的反思，就能打开思路，形成感悟，这应该是我们学习历史的目的所在。

第五节　家国情怀

立德树人是历史教育的根本任务。学习和探究历史应具有价值观念,使学生能够从历史的角度关心国家的命运,关注世界的发展,成为德智体美劳全面发展的社会主义建设者和接班人。新课标将“家国情怀”作为历史学科核心素养的重要内容,体现出对高中课程所承载的培育和涵养正确的历史价值观的高度重视和深切期望。

一、内涵分析

新课标认为,家国情怀是学习和探究历史应具有的人文追求,体现了对国家富强、人民的幸福感,以及对国家的高度认同感、归属感、责任感和使命感。其课程目标是:在树立正确历史观的基础上,从历史的角度认识中国的国情,形成对祖国的认同感和正确的国家观;能够认识中华民族多元一体的历史发展趋势,形成对中华民族的认同感和正确的民族观,具有民族自信心和自豪感;了解并认同中华优秀传统文化、革命文化、社会主义先进文化,认识中华文明的历史价值和现实意义;了解世界历史发展的多样性,理解和尊重世界各国、各民族的文化传统,具有广阔的国际视野,树立正确的文化观;认同社会主义核心价值观,认同走中国特色社会主义道路是历史的必然,树立中国特色社会主义道路自信、理论自信、制度自信和文化自信;能够确立积极进取的人生态度,塑造健全的人格,树立正确的世界观、人生观和价值观。

基于此,家国情怀素养的内涵应该包含以下几个方面。

1. 认同国家、民族及中华优秀传统文化

《大学》中说:“古之欲明明德于天下者,先治其国;欲治其国者,先齐其家;欲齐其家者,先修其身。”这段经典论述将国家、家庭和个人串连成一个密不可分的整体,形成了由个人及家庭,由家庭到社会,由社会进而到国家的社会价值逻辑,也衍生出了以“家国一体”“家国同构”等观念为思维方式的家国情怀。

从这个层面来讲,家国情怀素养首先包含对自己国家的认同感,它蕴含了一种共同体意识,使个人利益与国家利益融合在一起。家乡的山川河流、衣食住行、风土人情,都可以引起人们的共鸣,加深了人们的文化认同、国家认同和

民族认同，进而有利于形成以爱国主义为核心的民族精神。

而在认同国家、民族的基础上，家国情怀更是构成了中华优秀传统文化的价值源流，它在不同的时代表现为不同的话语形式。从“修身齐家治国平天下”，到岳飞刺字“精忠报国”，从“安得广厦千万间，大庇天下寒士俱欢颜”，到“天下兴亡，匹夫有责”，从“为中华之崛起而读书”，再到“为实现中华民族伟大复兴”的中国梦而奋斗终生。

2. 认同社会主义核心价值观

家国情怀是以家国为依托，学生对于家庭幸福、国家富强的理想追求，认识国荣家荣，国败家衰，具有对家庭和国家高度的责任感与自豪感。而社会主义核心价值观的内容是从“爱国、敬业、诚信、友善”到“富强、民主、文明、和谐”，其实质是在社会个体的成长基础上，推动国家的富强与繁荣。所以，从内容分类上来看，家国情怀素养是社会主义核心价值的情感引导，而社会主义核心价值观是实践引导，二者相辅相成，具有高度的统一性。

家国情怀与社会主义核心价值体系在实现路径上也具有统一性。社会主义核心价值的实施，要求从小抓起，从学校抓起。坚持“立德树人”的基本导向，做好学校教育工作是重点。而高中阶段的教育是人形成良好素质与基本道德的关键时期，家国情怀教育是高中阶段重要的德育教育内容，两者在实践上具有统一性。家国情怀教育的实践重在强调培养学生对家庭与国家的责任感与自豪感，落实在高中历史教学中，就是落实在学校，发挥历史教育的育人功能。

所以，无论从内容上看，还是从实践上看，家国情怀素养应该包含对社会主义核心价值观的认同。

3. 尊重世界各国、各民族的文化传统及文明的多样性

人类社会是一个由不同类型文明所构成的共同体。在漫长的历史发展过程中，每个民族、每个国家，都在创造着自己的文明。由于地域、历史、传统的不同，不同区域、不同时期、不同传统的人类社会共同体，总是在社会的生产方式、生活方式和思想方式，以及相应的语言、哲学、法律、技术等文化体系方面，表现出不同程度的独特性。往更高层次发展，还构成一些不同的文明类型。百花齐放、百花盛开，人类文明表现出鲜明的多样性和差异性。

数千年来中国文化遵循“和而不同”的法则，在各种文明的交流中，中国人坚信，人类文化的存在与发展，不是一种文化如何去吞并另一种文化，而是一种文化如何正确面对另一种文化。在相互的交融之中，各自取长补短，发展自己

而且从另一种文化的存在中确定自己存在的理由。人类文化的产生和发展，同样遵循着这一自然法则。所以我们尊重文化的多样性，尊重各国人民在历史进程中创造的多彩文明和生活方式。使不同的文明相互借鉴、和平共处、共同发展，以促进世界多样文明和谐并存，实现各种文明共同进步和人类社会全面进步。

尊重世界文明的多样性，也是当今世界发展的大趋势。现在的世界，由于经济、政治、文化的发展，经济的全球化、文化的多元化和政治的多极化，已经成为不可改变的历史趋势。所以，世界各国、各个地区，必须从自己的实际出发，按照自己的意愿，独立自主地发展自己的经济、政治、文化。这就是说，在国际政治中，大家应当相互尊重，建立起平等互利的伙伴关系，求得共同繁荣。所以，各国人民努力地维护世界的多样性发展，尊重不同国家、不同地区的人民从实际出发走自己的道路，这是一条应当共同遵守的国际政治生活的文明原则。

从这个层面来讲，中学历史教育应该承担培养适合未来国际生活文明原则的现代公民。中学历史学科教学中有着丰富的课程资源，从内容来看不仅包括浩如烟海的中国史，也包括世界各国的历史。世界历史的学习帮助学生认识和了解除中国之外世界各国的经济、政治、文化等，是学生探究和学习各个国家与民族当今文化魅力的窗口。世界史知识的学习有利于学生了解和尊重各国的历史文化、社会制度和发展模式，承认世界多样性的现实，认识和平与发展是当今时代的主题，逐步形成面向世界的视野和意识。认识人类社会发展的统一性和多样性，理解和尊重世界各国、各民族、各地区的文化传统，汲取人类创造的优秀文明成果，进一步形成开放的世界意识。

4. 反思历史、吸取教训，客观地认识历史和现实

历史教育最重要的目的就是鉴往知来。学史使人明智，这里的智，既包括“鉴往知来、察人观事”的认识智慧，也包括“开拓进取、推陈出新”的创新智慧。治国安邦的道理、军事外交的谋略、科技发明的创见、思想深刻的观点、文学艺术的魅力以及个人成就的历程，无不给后人以智慧的启迪。历史的借鉴、历史的智慧，不是无意识可以得到的，需要对历史的感悟、理解和反思。

在高中历史教学中培养学生的家国情怀，从学生对祖国、民族及中华优秀传统文化的认同中去反思历史，有助于培养学生适应现实社会的生存能力，如：思考事物发展的成败得失，培养理性判断力和合理精神；体会人与自然、人与人、人与社会如何和谐共处，培养人文精神；“见贤思齐，见不贤而内自省也”，爱善憎恶、追

求真理，形成正确的态度和价值观，等等。家国情怀的涵养过程，也应是反思历史寻求借鉴的过程。历史的经验只有与学生的情感认识产生共鸣，通过主观感悟，才能内化为学生的智慧，用科学的理论和方法认识历史和现实问题。

5. 把握历史发展趋势，形成正确的价值观

随着改革开放的深入发展，中国社会与国际社会的交往与交流大大增加，我们接触到了越来越多的外来文化。随着国内社会经济的发展，社会家庭结构和乡土观念的变化，人们的思想观念和行为模式也深受影响，特别是在价值观方面，出现了多元化发展的倾向。这本是一种社会现象，也反映了社会的发展和进步。但是，随之产生的道德滑坡、拜金主义、信仰危机、过分注重物质利益等现象，着实令人担忧。

高中历史教育面对的是正值花季、雨季的青少年，正是他们世界观、人生观和价值观形成的关键时期，而他们的人生观、价值观与人文素养所达到的高度，也会影响国家和社会未来的发展，所以，中学历史教学帮助学生树立正确的世界观、人生观、价值观是非常必要和重要的。

在这样的时代背景下，我们就需要挖掘历史与现实的联系。教师可以把与高中历史课程内容有关的时政新闻、生活案例等引用到高中历史教学中来，实现高中历史课程与现实的联系，从而激发学生的学习兴趣，引导学生认识到我国有着悠久的文明历史、有着优秀的民族传统文化；引导学生树立长远的发展理念与高度的责任意识，让学生认识到自身肩负的重要使命，逐渐养成对国家、对民族的责任意识；引导学生通过历史知识的学习，认识到人类社会发展的大趋势、大方向，运用历史发展的观念，寻找历史发展的基本规律与基本趋势，以便能够更好地提升学生的历史认知。比如，我们要引导学生认识到创新、改革对于人类发展的重要转折性意义，让学生认识到从专制到民主、由人治到法治是历史发展的必然趋势，以此来提升学生对于未来历史发展趋势以及发展前景的前瞻性认知。这是对学生进行家国情怀教育的重要环节，有利于学生的家国情怀素养的形成。

英国史学家柯林武德指出："人能做什么的唯一线索就是人已经做过什么，因而历史学的价值在于，它告诉我们人已经做过什么，以此告诉我们人是什么。"①进行历史人文教育，其实质意义在于认知自我，了解社会。历史教育的目

① 柯林武德：《历史的观念》，第11页。

的是借助历史思考，分析社会问题，并学会准确表达个人观点，形成正确的世界观、人生观和价值观，为培养学生的民族精神、时代精神奠定良好的价值基础，这对中学生家国情怀的培养有着先决性的优势。

二、培养路径

我们认为在历史教学实践中，培育学生的家国情怀可采取以下策略。

1. 理解高中历史课程，把握家国情怀教育的内容

(1)高中历史课程内容承载着家国情怀内涵

以《中外历史纲要》为例，我们整理了富含家国情怀教育的中国历史部分，具体见表 2-6。

表 2-6

历史阶段	高中历史课程标准(2017 版)	家国情怀
中国古代史阶段	1.1 夏商周时期中华文明； 1.2 春秋战国时期的政治、社会及思想变动； 1.3 秦汉大一统国家的建立与巩固； 1.4 三国两晋南北朝的民族交融与隋唐大一统的发展； 1.5 辽宋夏金多民族政权并立与元朝的统一； 1.6 明至清中叶中国版图的奠定、封建专制的发展与社会变动	家国认同；认同中华早期文明与优秀传统文化；反思历史，吸取教训；爱国主义；中华民族多元一体
中国近代史阶段	1.7 晚清时期的内忧外患与救亡图存； 1.8 辛亥革命与中华民国的建立； 1.9 中国共产党的成立与新民主主义革命兴起； 1.10 中华民族的抗日战争； 1.11 人民解放战争	反思历史，吸取教训；历史地认识西方侵略与中国救亡道路的探索；爱国主义与历史责任感
中国现代史阶段	1.12 中华人民共和国的成立及向社会主义过渡； 1.13 社会主义建设道路的探索； 1.14 改革开放新时期与中国特色社会主义进入新时代	共产党带领人民对社会主义道路的不懈探索；爱国主义；家国认同

通过上表，可以了解历史发展的历史人物、重大事件，运用唯物史观分析理解历史，加深对中华民族多元一体趋势的认识，尤其关注中国古代大一统的历史、中国近代救亡与革命的历史和现代中国特色社会主义建设的探索历史。

(2)新时代要求高中历史课程要关注家国情怀教育

从传统高中历史课程教学情况来看，在我国高中历史教学中存在重知识传授，轻能力培养；重知识讲授，轻情感体验的问题。随着改革开放的深入发展，中国社会与国际社会交往与交流日益增多，我们接触到越来越多的外来文化。

同时，随之产生了道德滑坡、拜金主义、信仰危机、过分注重物质利益等现象，这些现象或多或少地引起了思想领域中价值观的混乱，而这些因素也会影响高中学生，对青少年的健康成长构成危害。[①] 所以，用符合时代与国情的正确的历史价值观来教育学生，用富有家国情怀的历史素材来润育学生，这不仅是学生发展的需要，而且是时代发展的要求。

在这样的时代背景下，我们需要挖掘历史与现实的联系，加强高中历史课程内容与现实的联系。但由于历史与学生的经历和思想认识水平有一定的距离，教师需要把与高中历史课程内容有关的时政新闻、生活案例等引入高中历史教学中来，贴近现实，贴近学生，增强高中历史课程与现实的联系，从而激发学生学习兴趣，引领学生对历史与现实的感悟，促进学生的家国情怀素养的形成。

高中历史课程，蕴含着极其丰富的家国情怀教育资源。夏辉辉老师说："要把历史从冷冰冰的时间黑洞里解救出来，我们就得从寻找历史与现实的契合点着手，给沉重的历史插上'会飞的现实'这对翅膀，这样，历史将不再仅仅是过往，不再是遥不可及的记忆，而是与活生生的现实紧密相连，学生因此就自然而然地把目光由对关注现实的需要转向历史课堂。"[②]

2. 明确教学立意，指引家国情怀教育方向

历史课堂呈现给学生的往往是历史知识点，比如历史事件、历史人物、历史现象等，常规课堂教学基本以教材思路来进行，课堂上看似有条不紊地进行，最终完成教材的课堂教学，实际上却是简单的知识灌输，历史的鲜活性、感受性大大降低，这导致历史价值观不能有效地体现。因此，历史教学必然要遵循一定

---

① 王苏玄：《高中历史课程价值观教育研究》，河北师范大学，2012年，第1页。

② 夏辉辉：《历史教育：寻找历史与现实的契合点》，《中学历史教学参考》，2007年第7期，第23页。

的准则，明确教学立意和家国情怀取向，就成了关键一环。

我们抛开课堂外在的形式与结构，可以发现整堂课都围绕着一个核心的因素，它就是教学立意，它“是一节课的中心思想，是一节课的‘灵魂’所在”。[①] 李惠军老师说：“富有价值的历史感必然是深沉的，深沉的历史感是一种深刻的感知和厚重的理念。好的历史课一定要有灵魂。灵魂是历史课堂智慧的精髓，只有在这个灵魂的驱使下，历史才有深度力量，才有神韵风采。”[②]我们经常说用一条主线贯穿整堂课，教学立意即是贯穿课堂主线的灵魂，影响着教学素材的整合与挖掘的思路，决定了家国情怀的取向，进而影响课堂的高度。

高中生的自主意识与思维的批判性明显加强，但价值观方向不明确也是存在的。因此，历史教师需要深入挖掘历史价值观的教育素材，明确历史价值观取向，选取一些典型事例，在学习的过程中，动之以情，晓之以理。教学立意是贯穿课堂主线过程中的灵魂，即“课魂”，它影响着教学素材的整合，决定了课堂的高度。只有确立起教学立意，才能够明确家国情怀的取向。

3. 展现历史细节，挖掘史料中的家国情怀内涵

历史学家布罗代尔说，所有“现在的事态”，都是具有不同起源和节奏的运动复合体，今天的世界既始于昨天、前天，也始于遥远的过去。由于受到自身历史知识容量、历史思维能力、社会实践经验等因素的影响，高中学生要想全面客观地认识和评价过去的事物，还存在一定的难度。

传统的历史教学较多关注宏观的历史史实，往往选取解读重大的政治、经济、文化方面的史实，较多关注对历史大背景的解释，学生对历史的感受不够真切，无法“设身处地”地深入历史场景和理解历史发展脉络。家国情怀素养是在感悟历史过程中自然形成的，“没有细节，学生不会有深刻的情感体验。离开历史的细节，单纯的说教起不到价值观教育的效果”。[③]

历史课发展学生的家国情怀素养，在很大程度上取决于对史料的选取和掌握程度，即取决于对历史细节的把握。传统教学中只用教材教学，教师和学生对历史的认识都很可能是片面的，甚至是曲解的。通过挖掘史料，展示历史细节，使学生更好地理解历史，为最终培养学生的家国情怀提供依托。历史教师

---

① 刘道梁：《中学历史教育探新》，北京：中国出版集团，2016 年，第 1 页。

② 李惠军：《灵魂的追问(1)——历史教师的视界、心界与历史教学的境界》，《历史教学(上半月刊)》2015 年第 2 期，第 15 页。

③ 胡军哲：《做一名有专业情怀的教师》，长沙：湖南师范大学出版社，2017，第 5 页。

需要研读历史学科课程标准和高考真题，明确学科指导文件对高中学生培养的要求，收集历史史料，捕捉关键历史细节，培养学生的家国情怀素养。

比如，在 2017 年 7 月召开的“学科素养与历史教学”全国学术研讨会高中专场上，陈昂老师执教的“商鞅变法：强国之道的再省思”一课，在导入环节，展示了迄今我国发现的最早的家信实物——1975 年出土云梦睡虎地秦简《黑夫木牍》，秦士兵黑夫与惊的家书：“母毋恙也？黑夫、惊毋恙也。”“新地人盗，衷唯毋方行新地，急急急。”“遗黑夫钱，母操夏衣来。”“用垣柏钱矣，室弗遣，即死矣。急急急。”“报必言相家爵来未来。”

陈昂老师聚焦于黑夫与惊这样的小人物，通过挖掘两千年前的家书中关于亲情爱情、秦兵生活状况、高利贷、军功爵制等一系列历史信息，还原了秦国士兵的真实面貌，拉近了学生与历史的距离，引导学生思考黑夫与惊所生活的那个大变革时代。[①]

而在接下来讲秦国变法需求时，教师又与学生分享了《史记》的一处细节：

秦孝公：求“奇技强秦”者。

商鞅：年虽少，有“奇才”。

可见孝公所求与商鞅其人的吻合。然后教师又继续与学生分享商鞅四见秦孝公的历史细节：

第一次：帝道，其志不开悟。——神话

第二次：王道而未入。——童话

第三次：霸道，其意欲用之。——真话

第四次：公与语，不自知卸之前于席也。语数日不厌。——对话[②]

通过对商鞅四见秦孝公的历史细节的介绍与分析，尤其是“当时二十一岁的秦孝公”一句，还原了历史的情境，引发学生纷纷发言，得出对人物的更鲜活、深入的认识：智慧、目光长远的商鞅；年轻任重、无畏变革、迫切、坚决、雄才、容忍的秦孝公。可见，主择谋臣，臣亦择主。商鞅在秦国“成为商鞅”，是与秦国现实要求、秦孝公远大抱负、商鞅流落处境、用世立功心情紧密相关的。

教师通过对史料的挖掘，展现历史细节，使学生真正进入了历史，在整个教

---

① 陈昂：《历史的回响——“商鞅变法：强国之道的再省思”一课的再省思》，《中学历史教学参考》2017 年第 17 期，第 47～48 页。

② 陈昂：《历史的回响——“商鞅变法：强国之道的再省思”一课的再省思》，《中学历史教学参考》2017 年第 17 期，第 48 页。

学过程中让学生对中国传统政治文化中的改革有了深入的认识，培养了学生的世界观、人生观、价值观。

在进行教学前，我们可以让学生提前收集相关的历史素材，如文字、图片、故事、视频、音频、实物模型等，并标注这些材料的来源。在课堂教学中，我们可以请学生展示这些历史材料，并对关联的历史知识进行解释，这时教师要引导学生去辨识这些历史材料，一起去分析这些材料在论证历史时候的有效性。在课后，我们还可以让学生收集地方史料与学生身边的历史史料。

在学习晚清重大历史事件时，教师经常会使用《时局图》（图 2-4），并且对这幅图的解读通常包括以下信息：图中熊代表俄国，犬代表英国，青蛙代表法国，鹰代表美国，太阳代表日本，香肠代表德国；漫画深刻揭示了 19 世纪末中国面临的被列强瓜分的局面，起到了警醒国人的作用。但是，这种介绍很容易浮于表面，不能激发学生思考。

杭州学军中学的钱玉亭老师在课堂上则采用了一种更加民主、平等的方式，和学生一起对此图进行了更深入的剖析。

图 2-4

教师首先提问：你能推断出这幅漫画的创作背景吗？学生基本能判断出是在 1897 年瓜分狂潮之后。确实，此幅漫画创作于 1898 年。接着教师提出第二个问题：这幅漫画的作者是谁？大多数同学猜测是一位有着强烈爱国情怀的画家。看到学生兴趣被调动起来，教师就对漫画作者生平进行了简单介绍：此图出自兴中会会员谢缵泰之手。谢缵泰出生于澳大利亚华侨家庭，16 岁随家人迁至香港，后加入革命团体兴中会。除参与反清起义，他还在报纸上频频发声，并以漫画为武器宣传革命，代表作就是《时局图》。他认为，空有一腔热情，不算真爱国，只有苦研科学才是尽心爱国的必由之路。正是基于这样的认识，这个热情的革命宣传者，也是中国飞艇设计第一人。在学生的惊叹声中，教师提出第三个问题：作为一位革命者，他看到的会不会只有列强瓜分中国的时局？学生仔细观察图片，纷纷注意到了此前没有在意的细节：图中一个清朝官员手举铜钱，他是搜刮民财的贪官；一人不顾民族安危正寻欢作乐；还有一昏昏欲睡者，手中拉着网绳，网中一人正念着“之乎者也”，不问世事；另一人在马旁练武，揭示清政府用科举考试等升官之途愚弄人。这幅漫画在揭示列强瓜分中国野心的同时，也揭露了晚清政府的衰败腐朽。[①]

教师通过对漫画作者和漫画全貌的深入解读，一位不计个人名利、为国为民的革命者形象生动而立体地出现在学生面前。这幅漫画呈现的国家乱象，也使学生对革命者产生强烈的情感共鸣，更能理解当时大量革命者何以不惜抛头颅洒热血，积极投身于推翻清政府和反对帝国主义的革命洪流中。因此，教师如果能够做到充分挖掘各种史料，关注历史细节，就能引导学生深刻地思考历史、关注社会，更好地培养学生的家国情怀素养，以及历史思维能力和水平。

4. 聚焦历史人物，充分体验历史情感

人是社会历史活动的主体，历史研究很大程度上就是研究社会历史活动中的人及其历史地位和作用。历史课堂教育是德育实施的重要途径之一，历史人物是历史基础知识的重要组成部分。利用历史人物丰富多彩的个性，抓住历史人物与历史事件的关系，并通过对历史事件的过程与历史人物的评价，能够在反思中汲取历史经验教训，将学生培养成明辨是非、遵纪守法、坚韧豁达、奋发向上，知荣辱、守诚信、敢创新的符合社会主义核心价值观的社会主义接班人。

在中外历史上，优秀的历史人物灿若繁星。他们以鲜明的个性、生动的事迹，表现出高尚的情操与品质，闪耀着心灵美的光辉。通过对历史人物生平事迹的学习，提高学生认识历史人物、历史事件的能力，提高学生辨别对错、美丑的能力，帮助学生树立正确的人生观、价值观。一位杰出的历史人物就是一面公开树立起的旗帜，具有号召力、凝聚力、向心力和亲和力。如迪亚士、哥伦布敢于冒险、不怕吃苦、勇于开拓创新的精神品质；商鞅、谭嗣同勇于担当，敢于奉献的精神；康有为、梁启超等探索救国道路的爱国主义情怀等，为学生提供积极的、充满正能量的精神向导。学生通过学习历史人物，发扬其优秀精神品质、人格魅力，批判其过失与不足，提高自身明辨是非能力，树立正确的历史价值观。

历史人物评价是历史人物学习中的重要内容，评价历史人物不仅能培养学生的历史思维，更重要的是让学生在评价中认识相应历史人物在其历史环境下的行为，学会判断历史人物对社会历史发展的影响和个人功过，从而树立正确

---

① 钱玉亭：《最陌生的熟悉图——透过图片细节研读历史》，《中学历史教学》2017年第11期，第14～15页。

的家国情怀。对于历史人物的评价应该遵循以下几个原则：

首先，要以客观性原则为指导，论从史出，实事求是地评价历史人物。通过讲述历史人物的生平事迹，让学生在史实基础上对历史人物进行客观评价，要看其贡献与不足，引导学生尊重史实，客观、实事求是地对历史人物进行评价，体会历史人物身上的优秀精神品质，同时看到其存在的不足，以此警醒自己，弃恶扬善，明确自己的是非观、价值观。

秦始皇是中学历史学习要着重评价的历史人物。山东青岛杨永青老师在“走上历史法庭的千古第一帝——有得有失的历史人物”中这样设计：

历史法庭答辩活动：秦始皇被秦朝人民告上法庭，结合所学知识为被告秦始皇写一份辩词或为原告秦朝人民写一份诉状。

原告：秦朝人民

被告：秦始皇

原告陈辞：你不体恤人民，是一个暴君。

被告辩护：朕德高三皇，功过五帝。

随后，学生展开了激烈的辩论。辩护者认为，秦始皇统一了中国，建立了中国历史上第一个中央集权的封建国家；统一了文字、货币、度量衡，促进了文化和经济的交流与发展；北击匈奴，修筑长城，抵御了匈奴的进攻；统一南疆，兴修了灵渠，为南北经济交流与发展做出了贡献。原告学生则认为，秦始皇修长城、建阿房宫、骊山陵墓，徭役繁重；百姓收获物的三分之二都要上交，赋税沉重；刑法残酷，一人犯法株连家族和邻里；焚书坑儒，禁锢了思想，摧残了文化，秦始皇是一个暴君。①

双方学生唇枪舌剑，很多问题在辩论中得到了深化，例如“焚书坑儒”问题，有的学生认为这是加强集权的需要，而且焚书不是烧了所有书，非常有见地。最后杨永青老师向学生指出秦始皇统一中国、建立封建专制主义集权制度、实行“书同文”“车同轨”、统一度量衡与货币、攻打匈奴、修筑灵渠等措施是符合历史发展潮流的，而实行焚书坑儒、横征暴敛以及严刑苛法等则是不符合历史发展要求和人民意愿的，这是其过的一面。

在辩论过程中，学生能够丰富自身的历史知识，增强口语表达能力，而观看辩论的学生也能通过两种不同观点的冲击和对撞，来深入理解历史人物，提升

---

① 杨永青：《历史人物评价教学的实践与思考》，《中学历史教学参考》，2015年第20期，第23页。

学习效果，深刻感受历史人物在历史长河中的地位与作用。

其次，要坚持历史性原则。严格来说，历史性就是在评价历史人物时需要把历史人物放在其所处的历史背景和条件下来进行，不可脱离当时的历史现实。历史性原则就是在看待历史人物时要用他们所处时代的眼光，对历史人物的评价当然也要把他们放在他们所处时代背景下进行。还是以评价秦始皇为例，我们如果把秦始皇放在当时的历史背景来看，就会发现秦灭六国后建立了君主专制中央集权制度，这种政治制度下，皇权不受限制和约束，个人专断独裁，从决策到行使军事、政治、财政大权都具有独断性和随意性，容易产生暴政。如果我们不在当时的历史背景下来看待秦始皇，就会认为秦始皇残暴就是其人品的问题。这样的认识是非常肤浅的并且容易让人们模糊了历史问题的真正原因。人们会把由于根本制度出现问题所带来的后果误认为是历史人物个人品质的问题，这样不利于揭开历史真相。我们在分析历史背景条件时也要考虑历史人物生活的国家、时代特点以及历史大环境等，这样才能保证其历史性。

再次，要坚持启发性原则，引导学生多维度评价历史人物。在评价历史人物时坚持历史唯物主义的观点，把握好历史必然性与偶然性之间的关系，在坚持把历史人物放置在特定的历史背景下的同时不能忽视历史人物的个人功绩。恩格斯说："假如不曾有拿破仑这个人，那么他的角色是会有另一个人来扮演的。"这是历史发展的必然趋势，历史人物都是在特定的社会环境下去影响历史发展进程的，任何历史人物的出现都离不开特定的历史背景。"在历史上，一个伟大人物的能力、个性和行为模式直接影响事件的外在特征，有力地推动事件发展进程的事屡见不鲜"。

例如，广东陈幸桃老师在执教"鸦片战争"时，采取了探究式学习的方法启发学生去评价李鸿章。李鸿章是历史上颇有争议的人物。在清末历史上的中法战争、中日甲午战争与《马关条约》等一系列历史事件中，都提到了李鸿章。当时学生认为他是个卖国贼，但在学习了洋务运动的相关内容后，学生又认为他为中国的近代化做了一定的贡献，似乎又不能全盘否定他。应该如何正确评价李鸿章，面对当今社会对历史人物争议的多面性，学生必然会产生疑惑，在这种情况下教师有必要以此为契机，通过灵活多变的方法引导学生进行探究式的学习。①

---

① 陈幸桃：《把握历史人物　培养学生历史意识》，《课程教育研究》，2012 年第 19 期，第 94 页。

首先进行思想动员，其次进行分组探究，可以分成三个小组，再进行小组分工。第一组：问卷调查组，负责调查学生的历史意识状况，人物评价、看法。第二组：资料收集组，收集历史人物的资料。第三组：讨论组，负责对一二组的资料进行讨论，并提出问题。各小组充分利用小组每个成员提供的信息，完成以下的报告：第一，问卷调查报告；第二，资料收集报告；第三，讨论结果报告。然后根据以上报告，展开对历史人物的评价和对历史思维的培养。在这个过程中学生要学会合作学习。最后是成果展示，各小组收集整理资料，并请各小组代表面对全班同学进行答辩。并把各小组答辩结果进行整合并形成有关论文。

这种探究性学习方式，提高了同学们对历史人物整体形象的认知能力，提高了同学们的历史意识，使同学们在求真求实的基础上总结经验、汲取智慧，进而提高他们在现实生活中的判断能力和思维能力。

最后，要坚持思想性原则。教师要把思想教育渗透在历史人物教学中，培养学生正确的世界观、人生观和价值观，落实立德树人的根本任务。在讲授历史人物时如果教师仅仅简单地罗列史实，以平铺直叙的方式讲述历史人物的史实，学生一般不容易被打动，而如果从历史人物的生平事迹中总结出其精神品质、爱国情怀，就能收获较好的效果。例如，在学习“三民主义的形成和发展”时，通过梳理孙中山的大事年表，不但能够总结出他的几次伟大转变，更能让学生体会伟人毕生追求民族独立、国家富强、民主自由、人民幸福的坚定信念和进取精神，以及他勇于实践、不怕失败、不屈不挠、屡仆屡起的顽强意志，从而发挥学科育人的功效。

在坚持历史唯物主义观点的同时引导学生运用辩证唯物主义的方法，用全面、客观的方法评价历史人物，避免思维定式，用发展的眼光看待和评价历史人物，形成正确历史认知。而教师在正确引导学生评价历史人物的过程中，可以更多地关注学生对于家庭幸福、国家富强的理想追求，激发学生去理解家与国的互动联系，重点认识国荣家荣、国败家衰，培养爱国情感，树立人对家庭和国家高度的责任感与自豪感。

第三章　课堂教学策略探析

要实现基于学科核心素养的课堂教学，教师须确立新的课程观、教学观和评价观，从知识本位、学科本位转向素养本位，努力将学生对知识的学习过程转化为发展核心素养的过程。教师要采取可操作的教学策略，将教学目标、教学内容、教学过程及教学评价等聚焦于发展学生的历史学科核心素养。

第一节　目标聚焦

教学目标是教学的起点和教学的终点。当我们能够预期一项教学任务的结果时，一定是先有一个明确的教学目标存在。要在课堂教学中落实学科素养，就需要教师根据自己对课程标准、教学内容、学生实际、教学环境的理解，科学设计体现核心素养的课堂教学目标。

讨论基于学科素养的教学目标需面对以下问题：它与“三维目标”导向的教学设计有何区别？基于学科素养的历史教学目标应该如何制订和表述？

一、教学目标的演变

我国基础教育改革中的教学目标经历了“双基目标”“三维目标”“核心素养”三个发展阶段。它们的出现都有特定的历史需求。

1. 从“双基目标”到“三维目标”

1952 年，我国的基础教育正处于起步时期，教育工作的重点是做好基础知识、基本技能的普及工作，扫除青壮年文盲，因此教学目标强调“双基”。到了 2000 年，我国基础教育发展良好，如期实现了“基本扫除青壮年文盲和基本普及九年义务教育”的战略目标，教育质量普遍提高，高等教育也逐渐大众化，此时教育教学的重点工作已经不是抓好基础知识与基本技能，而是在培养好学生的“双基”的同时，丰富学生的知识、发展他们的能力，注重学习过程与学习方法，引导学生的情感态度与价值观的发展。因此“三维目标”是对“双基目标”的发展。

自 2001 年 6 月教育部颁布《基础教育课程改革纲要（试行）》，规定了各学科教学目标的统一性后，由知识与能力、过程与方法、情感态度与价值观构成的“三维目标”便成为指导我国第八次基础教育改革的重要教育理念。因此中学历史教学目标从内容到形式都发生了很大变化。首先，“三维目标”指导下的历史课堂教学加强了学生的课堂活动，增强了学生的主体性，出现了“自主探究”“合作探究”等新的教学形式，教学的开放性日益增强。其次，教学内容由注重“双基”转变为注重知识与能力、过程与方法、情感态度和价值观等多维度，促进学生全面发展。

“三维目标”的提出和实施，无疑是教学目标的一种超越。因为它是从学生学习意义形成的过程来建构的，突破了偏重知识传授与知识理解的传统教学规范，体现了以学生发展为本的教育理念。但“三维目标”依然有不足之处。一是“缺乏对教育内在性、人本性、整体性和终极性的关注”，“缺乏对人的发展内涵，特别是关键的素质要求缺乏清晰的描述和科学的界定”。[①] 二是教学目标的设计趋于模式化，任何一个学科都按照“知识与能力”“过程与方法”“情感态度与价值观”的文本格式来表达，没有把学科最鲜明的特点表现出来，削弱了课堂教学的灵活性和学科特性。三是由于教学目标的模式化，既造成目标限制过多，束缚了课堂的生成性，又造成目标任务过重，影响了教学的有效性。此外，诸如由“三维目标”的并列而出现各自的独立性问题，“知识与能力”的偏倚过重、“过程与方法”的形式主义、“情感态度与价值观”的标签化问题，以及如何在教学实践中融合“三维目标”并用以评价课堂教学等，都成为基础教育改革广泛讨论的问题。

2. 从“三维目标”到“核心素养”

面对新时代对人才培养的新要求，从“三维目标”走向“核心素养”目标已成为必然。“核心素养”之于“三维目标”并不是简单的取代，更不是否定，而是继

---

① 余文森：《核心素养导向的课堂教学》，上海：上海教育出版社，2017 年，第 51 页。

承中发展，传承中创新，整合中突破。“从形成机制来讲，核心素养来自三维目标，是三维目标的进一步提炼与整合，是通过系统的学科学习之后而获得的；从表现形态来讲，学科核心素养又高于三维目标，是个体在知识经济和信息化时代，面对复杂的、不确定的情境时，综合应用学科的知识、观念与方法解决现实问题所表现出来的关键能力与必备品格。”[①]“三维目标”侧重于学科知识的教学，而“核心素养”则重视对人本性与人的发展内涵的界定，体现出“以人为本”的教育思想。从“三维目标”走向“核心素养”，是学科教育高度、深度和内涵的提升，是学科教育对人的真正的回归。

“三维目标”与“核心素养”具有一些共同点，体现在以下几个方面：

第一，在内容上二者都强调学生对于基础知识和基本技能的掌握，注重对人类文化的学习与继承。二者都注重培养学生的审美素养，倡导探究精神、合作精神，要求学生掌握学习的方法，形成良好的学习习惯。这些都是“核心素养”与“三维目标”相同的部分，只是二者对于这些内容的要求在深度和广度上有所不同，“核心素养”比“三维目标”的要求更细致、具体与深刻。

第二，在实现方式上，相对于“双基目标”教育理念，“核心素养”与“三维目标”都注重实践的重要性，强调学生学习与社会生活和时代发展的联系，提倡学生在生活实践中做到学以致用。但是，“三维目标”在实践过程中由于各方面的原因并没有落实好，希望在“核心素养”教育理念的影像下，能够充分发挥社会的育人作用，加强教育教学与社会生活的联系，在社会实践中促进学生的成长。

第三，在评价理念上，“三维目标”与“核心素养”有相似之处，都突出教学评价对于学生的发展作用，强调教育评价的激励作用，弱化其选拔与筛选功能。这些都是值得借鉴与发展的，但是在实践过中由于升学等压力并没有落实好，最终还是走向了分数至上的歧路。希望“核心素养”教育理念能够让我国的教育教学评价避免以往的弊端，发挥好其应有的教育价值。

第四，在学生观上，“核心素养”与“三维目标”都注重学生的主动性与主体性的发挥。在“三维目标”的指导下，这一点在课堂教学中得到较为充分的体现，许多教师能够意识到学生是学习的主体，要充分调动学生的主动性。

基础教育课程改革是一个“破”与“立”的过程，但也存在着继承关系，“核心

---

① 余文森：《核心素养导向的课堂教学》，第52～53页。

素养”在许多方面都继承了“三维目标”的优秀成分，因此二者在内容上具有继承关系。这些共有的教育理念，既是对上一次教育改革的肯定，又是此次教育改革的基础，相关教育工作者应给予充分的重视，积极落实。

从“双基目标”到“三维目标”再到“核心素养”，其变迁实质上体现了从学科本位到以人为本的转变，从教书走向育人的转变，落实了“立德树人”的根本要求，适应了教育改革的时代和国际潮流。这不仅预示着基础教育改革正在迈向“深水区”，同时也给历史教学目标的设计打开了新天地。

二、学科核心素养下教学目标的制订方法

根据以上认识，学科核心素养导向的历史课堂教学目标需要重新构建和表达，设计思路可从以下几个方面入手。

1. 研读新课标，将其分解为具体的教学目标

依据课程标准设计教学目标是教学的首要环节。新课标指出，中学历史课程承载着历史学的教育功能，要引导学生通过学习，认清历史发展规律，形成具有历史学科特征的正确价值观念、必备品格和关键能力，增强历史使命感。因此，教师要深刻领会和准确把握历史课程的功能、本质和价值，在充分了解历史课程结构和内容的基础上，整体设计不同学段、模块、专题和课时的教学目标，以使高中教学的全过程始终聚焦在发展学生的历史学科核心素养上，从而实现学业质量的要求和立德树人的根本任务。

崔允漷教授认为，“教师必须在深刻理解课程标准的基础上，对课程标准进行解构，再在具体的教学情境中，结合教科书的内容，对课程标准进行重构，形成单元/课时目标”。[①] 这一方面要求教师在课程总目标的框架下，对课标内容进行深入具体的分析，将抽象的课标内容进行分解；另一方面，制订教学目标需要选择最有历史学科价值的教学内容，追问历史的教育价值。没有对历史内容的深刻理解，就不可能制订出有价值的教学目标。

以必修课程“秦汉大一统国家的建立与巩固”为例。新课标的要求是：“通过秦朝的统一业绩和汉朝削藩、开疆拓土、尊崇儒术等举措，认识大一统国家的建立及巩固在中国历史上的意义；通过了解秦汉时期的社会矛盾，认识秦朝崩

① 崔允漷：《课程实施的新取向：基于课程标准的教学》，《教育研究》2009年第1期，第77页。

溃和两汉衰亡的原因。”本专题有两大关键内容：一是专题的主题词“统一”，包括完成统一、巩固统一的措施和从统一走向解体的原因；二是从该专题得到的历史认识是“大一统国家的建立及巩固在中国历史上的意义”。有了这两者，教学目标就有了预设的意义和衍生的价值。在此基础上，再进一步完成以下工作：进行主题分析，提炼历史认识；确立教学重点，建立历史联系；抓住关键问题，设计探究活动。

因此，制订该专题的教学目标时就可具体化为以下问题：

该专题包括哪些学习主题？应如何提炼历史认识？学习主题有：统一多民族国家的建立，秦汉时期巩固大一统的措施，秦汉时期的社会矛盾等。历史认识可确立为建立统一的多民族国家的历史意义。

该专题的教学重点是什么？可联系哪些历史问题？教学重点有：巩固大一统国家的措施，秦汉时期疆域的演进，秦汉王朝败亡的因素及历史教训等。学习该专题可联系商周时期的疆域和政治制度，春秋战国时期的思想文化等。

该专题有哪些关键问题值得探究？如秦汉时期中央与地方的关系，秦汉时期的思想文化政策，秦汉时期的民族关系，秦汉政制对后世的影响等。

教师可以根据学情确立学习主题、教学重点，设计好探究问题。内容选择不同，教学目标的指向也就不同。但本专题的课程总目标不会改变，即通过本专题学习，让学生认识中华民族多元一体的历史发展趋势，形成对中华民族的认同感和正确的民族观、国家观。

2. 建构意义，重在帮助学生获得历史认识

新课标对教学内容的叙述，其指向并不是具体的知识点，而是要求通过对知识的掌握进而形成对历史的认识，其句式表达多为：“通过……，认识……”“通过了解……，理解……”等。这就说明，新课标理念不再强调知识的掌握，而是强调通过知识的学习，形成历史理解，产生历史认识。但在以往的日常教学中，一些教师所关注的往往是具体的知识内容，而较少考虑通过课堂学习能够让学生获得什么。因此，基于学科素养的教学目标就不应在学科知识的容量和难度上做文章，而要关注究竟要让学生形成哪些核心素养以及怎样形成这些核心素养。正如余文森教授所说：“教学决不能止于知识，人的发展更不限于掌握知识，教学的根本目的和人的发展的核心内涵是人的素养的提升，也即，教学是通过知识的学习来提升人的素养的一种教育活动。……要把为了知识的教育转化成为通过知识获得教育。”[①]赵亚夫教授也认为，教师在制订教学目标时应把握三点：第一是意义化，即整体把握教学内容、提炼教学内容的核心价值；第二是内化，是将外在的知识通过习得而转化为内在的认识；第三是简化，即明确教学的中心和灵魂。[②]

仍以必修课程“秦汉大一统国家的建立与巩固”为例：完成统一、建立和巩固大一统国家采取的措施、秦汉时期的社会矛盾等，这些基础知识固然应该让学生了解，但怎样让这些学科知识内化为学生的认知和学科素养？只有当学生通过分析、比较、归纳等学科思维活动，认识到它们奠定了古代中国版图的基本轮廓和大一统国家治理的基本模式，推动了中国多民族国家政治、经济、社会的发展，才可以说向发展历史学科素养方面迈进了一步。因此本专题的教学目标可确立为：

第一，在概括秦朝巩固统一的措施、西汉解决王国问题及开疆拓土、尊崇儒术等重要史事的基础上，能够运用历史地图概述秦汉疆域的四至，说明秦汉时期中国疆域的演进。(时空观念、家国情怀)

第二，能够运用有关史料，从当时的情境和历史的角度论述秦汉时期大一统国家的建立和巩固的重要意义。(史料实证、历史解释)

第三，探讨秦汉王朝解体的多方面原因，尝试总结历史的经验教训。(历史解释、唯物史观)

教学目标应凸显历史学科价值，教学目标的拟定过程就是学科价值的提炼过程。聂幼犁指出：“从根本上说，中学历史学科的课程目标是要让学生通过历史学习认识生存现状，不是为了学习历史专业知识而是为了提高生存智慧，不是为了了解过去而是为了开拓未来。”[③]鉴往知来是学习历史的重要价值取向。成功的历史教育是为学生提供理解人类文明的多种视角，历史教学的真谛是引导学生从历史中汲取经验、获得智慧，增强历史洞察力和历史使命感，因而建构意义、获得历史认识是制订教学目标的应有之义。

---

① 余文森：《核心素养导向的课堂教学》，第 53 页。

② 赵亚夫：《历史教学目标刍议三：怎样确定课堂教学目标》，《历史教学(中学版)》2007 年第 7 期，第 22～24 页。

③ 聂幼犁：《历史课程与教学论》，杭州：浙江教育出版社，2003 年，第 73 页。

3. 目标分层，瞄准学科素养的水平层次

因材施教是教学的基本要求，学情不同，教学目标的设定也要有所不同。因此制订教学目标要以学科素养的水平层次和学业质量标准为依据，根据学生现有的认知水平来确定经过学习可达到的程度。

纵观历史学科核心素养的水平层次，不难发现其划分的依据：第一层次是了解，侧重辨识和初步理解；第二层次是迁移，侧重进一步理解和初步运用；第三层次是认识，侧重形成自己的观点和看法；第四层次是创新，侧重在对历史和现实问题的独立探究中，运用学科思维和学科思想去分析问题、解决问题。这四个不同层次的素养目标因受到合格性考试和等级性考试的不同要求而出现部分交叉。

关于核心素养的内涵和结构，李艺等提出了一个三层架构。第一层是“双基”，这是知识理解层级，因为基础知识的理解和基本技能的形成是学科核心素养生成的前提和条件；第二层是“问题解决”，以解决问题过程中所获得的基本方法为核心，形成在新情境下的问题解决能力；第三层是“学科思维”，指在学科学习中通过体验、认识及内化等过程逐步形成的相对稳定的思考问题、解决问题的思维方法和价值观，实质上是初步得到学科特定的认识世界和改造世界的世界观和方法论。[①] 借鉴这一观点，笔者认为在设计教学目标时，可将学科核心素养的水平目标按照知识理解、迁移运用、探究创新三个层级来制订。这是一个渐次递进的水平目标，即通过掌握历史知识，提高运用能力，形成历史思维，生成历史观念。

4. 在文本表达上体现学生的主体性

指向学科核心素养的教学目标，行为主体应是学生而不是教师，行为动词要描述学生的学习结果而不是教学内容，在文本表达方式上，一般采用“通过……，能够……”的句式，而不使用“培养学生……”“使学生认识到……”等“行为动词＋知识内容”的描述格式。例如，“通过对郡县制与分封制的实施背景、职能、权力及影响方面的比较，能够对这两种政治制度进行正确的评价”。

有怎样的教学观念就有怎样的教学目标设计；有怎样的教学目标设计和陈述方式，就有怎样的教学效果。上述文本表述方式体现了学生的主体性，有利

---

① 李艺、钟柏昌：《谈“核心素养”》，《教育研究》2015年第9期，第21页。

于教师清楚把握教学所要达到的目标,即留在学生大脑中的是什么。落实到具体的操作层面,就是以时空观念和史料实证为切入点,以唯物史观为统领,着力提升学生的历史解释能力和家国情怀品质,从而实现历史学科五大核心素养的有机融合。

以新课标必修课程《中外历史纲要》"1.8 辛亥革命与中华民国的建立"为例,笔者根据新课标要求的第一部分,设计了如下教学目标:

1.通过收集、展示辛亥革命前中国社会各方面的材料,理解辛亥革命是中国社会各种矛盾不断激化的产物,增强对历史必然性与偶然性的认识。(时空观念、史料实证、历史解释、唯物史观)

2.能够运用图文材料归纳孙中山三民主义和《临时约法》的基本内容和核心思想,在宪政案例创设的历史情境中感悟约法所蕴含的制约与平衡的政治智慧,体会民主宪政的历史进步性。(史料实证、历史解释、唯物史观)

3.通过史料研习,分析辛亥革命给中国社会带来的变化和影响,认识辛亥革命的历史意义及其局限性。(史料实证、历史解释、唯物史观)

这种文本表达方式直接指向学习结果和学生的发展。学科核心素养自然地隐含在史事叙述、史料运用和问题分析的历史学习过程中,学生的收获不是知识点,而是通过思维建构,将历史叙述提升为历史认识,把核心问题的解决与唯物史观、时空观念、史料实证、历史解释、家国情怀等学科素养的达成有效地联系起来。

三、学科核心素养下教学目标的制订原则

1.以学生发展为本

教育的终极任务就是提升人的素养。由此出发,基础教育的核心要义不是培养学生成为单纯的拥有知识和技能的人,而是使之成为有修养、有智慧的人。学科核心素养是学科本质观和学科教育价值观的反映,是一门学科留给学生最有价值、最有意义的东西,对促进人的发展具有独特的贡献和作用。"核心素养"理念是以"人"为出发点,以学生发展为根本目的,体现以人为本的教育思想。因此,基于学科素养的教学目标就不能再以学科知识为中心,而要以学生现在及未来生活所需要的素养为中心,从而实现教育对人的全面回归。

学情分析是制订教学目标的重要依据。以人为本的教学目标要从学生实

际出发，摸清学生的学习状况，体谅学生的个体差异，教学目标的难度设计应体现层次性和渐进性；要尊重学生的主体性，教学内容与方式的设计应体现开放性和灵活性，从而激发学生的学习兴趣与探究热情，引导学生学会学习。

2. 教学目标要有可检测性

核心素养的可检测性是教学目标成功实施的保障。要让教学目标中的核心素养达成方式能够操作，需要把教学目标适当分成清晰的教学步骤，参照历史学科核心素养的内涵分解，把宏观教学目标化为具体易操作的微观学习目标。要让教学目标中的核心素养达成效果能够检测，需要教师理解历史学科核心素养的水平划分和质量描述，从不同角度采用不同方式对学生进行评价。[①]

为使教学目标可检测，可根据格伦兰的内部过程与外显行为相结合的目标陈述原理，教师在陈述教学目标时描述学生内在的心理变化，如记忆、理解、体会、认识、创造、欣赏、尊重等，并用可观察和可测量的学生行为和学习达成度列举出反映这些内在变化的行为样品和进步程度，如知识水平的变化、问题解决的方法与能力的变化、学科思维方式和价值观的变化等。这些变化的发生，可以用书面考查、口头陈述等方式检验，也可以通过课堂观察得到。教学目标的表述不能笼统、含糊，也不能用课程总目标作为课时目标，像“培养学生的时空观念、家国情怀”“提高学生的历史解释素养”“掌握唯物史观原理”等，诸如此类的表述方式是难以对教学活动发挥应有指导作用的。

3. 五大素养有机融合，避免机械分离

新课标提出：“唯物史观是诸素养得以达成的理论保证；时空观念是诸素养中学科本质的体现；史料实证是诸素养得以达成的必要途径；历史解释是诸素养中对历史思维与表达能力的要求；家国情怀是诸素养中价值追求的目标。通过诸素养的培育，达到立德树人的要求。”从中可看出，尽管五个核心素养的地位有所不同，但却是紧密联系在一起的。因此，教学目标的设定要将五个核心素养目标进行有机融合，并将其渗透到具体的问题和内容情境中，避免将其机械分离。

在有限的空间和时间里，要想全面培养学生的学科素养是很难的，所以课

---

① 徐继宽：《核心素养时代：叙写历史教学目标要坚守常识》，《中小学教师培训》2017 年第 11 期，第 64 页。

时教学目标不必涵盖全部学科素养，而要根据教学内容和教学需求，结合学生的实际有所侧重，恰当地聚焦于一个或几个核心素养的发展。当每节课的教学目标都能推动学生某一核心素养的发展，那么课程目标规定的核心素养发展终将实现。

第二节　内容统整

内容统整指的是教师依据课程标准的要求，结合教学实际，利用各种有效教学资源，对教学内容进行调整与重组，使其成为一个有序、严密的整体。它可以起到突出教学主题、优化教学设计、发展学科素养的作用。

一、统整的必要性

新课标在课程目标、课程结构、课程内容等方面都做了系统设计和制度性安排，为课程教学提供了依据。但在教学实践中，历史教师根据具体学情和教学实际，打破教材束缚，灵活选择教学资源，科学整合教学内容，是很有必要的，这主要体现在以下几个方面。

1.知识与素养的关系

新课标理念不再强调对知识的掌握，而是强调通过知识的学习形成正确的历史认识和情感倾向。但教学活动离不开知识，没有了知识作为依托，教学活动便成为无源之水、无本之木。历史认识的获得、历史价值观的形成必须建立在历史知识掌握的基础上。尽管新课标侧重于历史认识的形成，但在教学过程中仍然要铺垫知识内容。例如，《中外历史纲要》的“1.4 三国至唐前期的民族交融与文化创新”专题，新课标的要求是：“通过把握三国至唐前期分合更迭的历史脉络，认识这一时期民族交融、区域开发、制度创新及中外交流的历史意义，以及思想文化领域中的新成就。”要认识“民族交融、区域开发、制度创新及中外交流的历史意义”，就必须掌握三国至唐前期相关的知识内容；要认识这一时期“思想文化领域中的新成就”，就需要了解相关人物的主张、贡献及其影响。因而，对于教师来说，选择哪些知识、如何整合教学内容就很重要了。

高中历史教学建立在初中历史学习的基础之上，初中的历史学习为高中历史教学打下了基础。但是也应该看到，初中历史课程对学生学习的要求大大降低，基础知识大量减少，知识体系弱化。学生进入高中后，面对的将是新课标中跨度大、综合性强的教学专题，必须具备相应的知识储备，这些知识一旦严重缺失，将给高中教学带来困扰。因而，高中历史教师还要对初高中的课程标准和教材进行研究比较，在教学过程中及时与学生沟通，了解他们的知识储备，补充高中课程学习必需的背景知识。这一过程就是教学内容的整合过程。

2. 内容与课时的矛盾

现行高中历史必修课程(实验版)是 6 学分，分为历史(Ⅰ)、历史(Ⅱ)、历史(Ⅲ)三个模块，每个模块为 36 学时，共 108 学时，25 个学习专题。通常情况下，普通高中都是在高一完成历史(Ⅰ)、历史(Ⅱ)的课程，高二上学期再完成历史(Ⅲ)的内容。这样，高一用 72 学时完成政治文明、经济文明的教学是比较从容的。

新课标规定，历史必修课程《中外历史纲要》是共同基础课，全体高中学生必须修习，安排在高一年级。本课程共有 24 个专题，4 学分(每 18 学时为 1 学分)，即《中外历史纲要》要用 72 学时学完。尽管在专题数量上，新课程与现行高中历史课程(实验版)相差无几，但在学习内容上，新课程的《中外历史纲要》分为中国古代史、中国近现代史和世界史三个部分，通过中外历史上重要的事件、人物和现象，展现人类社会从古至今、从分散到整体、从低级到高级的发展历程，内容非常丰富。笔者查阅新教材《中外历史纲要》发现，它分为上、下两册，上册 10 个单元 29 课，下册 9 个单元 23 课，共计 19 个单元 52 课。因为新教材的内容高度凝练，学习要点多，一课的内容大多数需要用 1.5～2 个学时来完成。这就是说，我们要用现行必修课程三分之二的学时来完成古今中外的通史内容，可想而知学时是比较紧张的。因而对高中历史教学内容进行必要的整合，其重要性就不言而喻了。

再加上，新课程要求体现新的教学理念，要引导学生进行探究式学习，开展主题教学活动。新课标必修课程列举了四个活动主题的教学示例，如“世界视野下的中国航海活动与海上贸易”“‘老兵’的故事”等。这些教学活动固然对拓展学生历史认识的深度和广度、涵养学生的历史学科素养具有重要意义，但也使得本已紧迫的教学时间更加紧张，加剧学时与教学内容的矛盾。

3. 必修与选修的处理

新的高中历史课程采用通史与专题史相结合的方式编写。必修课采取通史方式，旨在让学生掌握中外历史发展大势；选修课采取专题史方式，旨在让学生从多角度进一步了解人类历史的发展。这样的结构既有利于学生历史学科核心素养的培养，也使高中历史课程与义务教育历史课程有所区别。

其中选择性必修课程分为三个模块："国家制度与社会治理""经济与社会生活""文化交流与传播"，分别是从政治、经济、文化三个方面对必修课程的内容进行递进与拓展。它以必修课程为基础，拓宽了高中生的视角。这部分内容的教学，应恰当地融入、补充必修的相关内容，使学生对专题内容所产生的社会背景、历史渊源及其影响有深入的理解，构建起完整的学习体系。另一方面，选择性必修课程与《中外历史纲要》的必修课程仍然有部分内容交叉，例如："国家制度与社会治理"模块中"1.4 民族关系与国家关系"与必修课程"1.5 辽宋夏金多民族政权并立与元朝的统一"等，需要教师做到有效衔接、融为一体。同时，这三个模块的教学内容具有明显的跨学科特征，单凭历史学知识是很难驾驭的，需要教师整合政治学、管理学、法学、外交学、经济学、财政学、商学等方面的知识来实现教学。

现行高中历史教材的编写是专题史形式，某些历史事件之间的联系被割裂开来，导致政治、经济、思想文化知识结构分离，影响了学生历史认知的完整性。这种体例造成了三个问题："一是专题模块只选择历史现象的某个方面，知识系统较零散，专业化和学术化较强，加大了历史学习的难度；二是各专题之间跳跃性大，知识缺失多，新知识的学习缺少必要的铺垫；三是必修模块之间，必修与选修模块之间知识多次重复。"[①]新的高中历史必修课程采用通史方式叙写，能很好地解决这一弊端。但与此同时又会带来课程内容多、教学时间紧张的问题。面对这种情况，教师可以依据课标，依托教材，大胆合理地对教材内容在宏观上进行整合设计，微观上进行适当的取舍增减，在内在逻辑上形成总体思路，引领学生实现对课本的超越，这既有必要也很重要。

4. 改变教学方式的需要

要实现基于历史学科素养的教学，需要教师确立新的教学观、教材观、学生

---

① 赵克礼、徐赐成：《中学历史教材研究与教学设计》，西安：陕西师范大学出版总社，2011年，第22页。

观和评价观，从知识本位转变为素养本位，努力将学生对知识学习的过程转化为发展核心素养的过程。为此，需要教师改变传统的教学方式，开展自主、合作、探究式的教学活动和主题教学活动，让学生主动参与、自主学习，培养学生收集和处理信息的能力、获得新知识的能力、分析和解决问题的能力以及交流与合作的能力。

教师要相信学生自主学习的潜能，不断地把学习的主动权和责任权还给学生，要把教学建立在学生自主学习的基础上，使教学成为推进学生自主学习的活动和巩固、深化学习效果的活动。而这些教学方式的实施就需要教师以学生的学习和发展为中心，对教材的顺序、结构进行适当的调整，对教学内容进行有跨度、有深度的整合，甚至进行跨学科整合。

二、统整的方式

合理选择和统整教学内容，必须渗透学科素养的涵养，围绕教学目标有效达成；必须深谙课程内容的真谛，围绕中心主旨有机筛选；必须领悟历史现象的关系，围绕内在逻辑进行有序整合。

1. 把握课程内容

课程标准体现了国家对学科教学的统一要求，是编写教科书和教师开展教学活动的直接依据。教师应认真研读新课标，深刻领会其基本理念、课程目标、课程内容，对高中历史课程进行整体教学规划，在分析课程结构的基础上，把握好必修课与选修课、课程各模块之间、模块内各专题之间、专题内课与课之间的关系，对教学内容进行更为有效的整合，必要时还应与相关学科联系起来，进行跨学科整合。新课标只是针对历史教学的宏观指导文件，这就为教师依据课标、结合教学实际和学生认知水平对教材进行整合提供了空间。

以新课标必修课程《中外历史纲要》“1.2 春秋战国时期的政治、社会及思想变动”为例，新课标的要求是：通过春秋战国时期的政治变动和经济发展，理解战国时期变法运动的必然性；了解老子、孔子学说；通过孟子、荀子、庄子等了解“百家争鸣”的局面及其意义。本专题有两个学习要点，一是理解战国时期变法运动的必然性，二是理解诸子百家学说和“百家争鸣”的局面及其意义。两个要点涵盖的内容很多，包括诸侯争霸、改革变法、经济发展、思想繁荣等多方面的问题。新教材在本课以“列国纷争与华夏认同”“经济发展与变法运动”“孔子和老子”“社会变革与百家争鸣”四个子目录进行呈现。很显然，如果没有教学内容的整合意识，面面俱到地介绍春秋战国时期的历史状况，即使用2个学时也难以完成教学任务，甚至还会使之复杂化。其实这些内容初中阶段基本都有涉及，因而高中学习的关键之处就不在于掌握更多的史实，而是要在基本史实的基础上，理清上述问题的内在逻辑关系，根据课标要求和学生实际对教学内容重新整合。具体而言，从春秋到战国，政治变动剧烈，经济迅速发展，促使西周以来的社会秩序逐渐解体，迫使统治者对传统治国方式进行调整；兼并战争的日益激化，推动各国实现富国强兵。这就是战国时期变法运动的必然性。学习老子、孔子的思想，重在掌握其中与时代变革有关的内容，理解他们的思想是如何针对社会现实问题“有的放矢”的。对于“百家争鸣”的局面，应当在初中学习的基础上提炼各派学说的思想要旨，以及“百家争鸣”的历史意义。

历史是一个整体，政治活动与经济、文化活动密切相关、相互作用。现行高中历史必修实验教材是按专题体例编写的，打破必修与选修、模块与模块的限制，把割裂的历史重新整合成一个整体，就非常有必要。新课标的必修内容是按通史体例编写，选修按专题体例编写。选修的专题史教学，需要有通史的意识和基础，因而将通史内容作为背景适当融入专题史，能帮助学生形成完整的历史认识，有利于学生思维的扩展。特别是在高三复习中的整合，可以使复习变得有序、完整而系统，加深对具体历史现象、历史概念的深刻理解。

学科知识是学科核心素养形成的主要载体。历史学科素养的培育，是通过教师合理选择教学内容和有机整合学习素材循序渐进的一个过程，需要教师寻找“最有价值的知识”来涵养学生。因此，教师在教学设计时就要考虑选择哪些学科知识，才有利于学科核心素养的形成？这也是对英国教育家斯宾塞在19世纪提出的“什么知识最有价值”命题的时代回应。夏辉辉老师以高三明清史复习课为例，列举了三个层次的教学设计：一是立足于“感受明清时期的时代特征”，这是典型的知识立意的教学；二是立足于“从纵向和横向的角度把握明清时期所处的位置，以此梳理中国古代历史的发展脉络，并比较同时期中西方历史发展的不同走向”，这是突显能力立意的教学设计；三是立足于“学生从纵向和横向角度自主地对明清时期的‘近代因素’做出评价”，引导学生在史学界关于明清阶段特征“封建社会末期说”“近代说”“帝制农商社会说”基础上，自己评判明清的历史地位并进行论证。这是让学生建立自己的时空观念并对之进行历史解释,形成自己的历史价值观,是一个明确的素养立意的教学设计。[①] 在教学中到底是知识立意、能力立意还是素养立意,这个目标观决定了教师把哪些内容看成是“最有价值的知识”,并以此为教学的支点。余文森指出,学科最本质、最有价值也是最能促进学科核心素养形成的知识包括:核心概念与命题、本质与规律、思想与方法、产生与来源、关系与结构、价值与精神。[②]

2. 围绕教学主题

教学主题是历史教学中特定问题的轴心,是一节课的灵魂。教学内容的选择和整合,要围绕主旨、凸显灵魂。主旨或灵魂源于历史感知的理性升华和历史体验的内心感动,它是高屋建瓴眺望历史、洞察秋毫沉思历史、另辟蹊径叩问历史的一种境界。抓住了主旨和灵魂,教学内容的选择就有了核心,教学资源的整合就有了焦点。所以,教师要善于在主旨或灵魂的统摄下,变多种资源为诠释核心的素材,使历史演绎、教学流程、学习体验在这个轴心下形散神聚、顺畅流淌。

例如,以“西周的政治制度”一课为例,这节课的灵魂可以确定为“周公吐哺,天下归心”——国家形态从“多元一体”的松散状态到“天下共主”的家国同构。在这个灵魂的统摄之下,确立本课的主线:殷鉴不远——武王初封;封邦建国——天下归周;宗法制度——天下归宗;制礼作乐——天下归心。[③] 有了这个灵魂和主线,教学内容的整合、史料的取舍便有了参照和原则。

教材是教师与学生双边活动的桥梁。紧扣课程标准并不意味着要将历史教材的所有知识全都传授给学生。教师在准确把握课标之后,要全面深入分析教材,根据自己的理解,在教学目标统摄之下对教材进行合理取舍和有机整合,将个体的人生经验与社会阅历融入教学活动,大胆对教材内容进行取舍删减,把握每一课的重要史实和核心问题,突出教学重点内容,明晰教学主题和主线。

例如,必修课程《中外历史纲要》“1.13 社会主义建设道路的探索”专题,涉及的教学内容非常丰富,教师如何围绕主题、突出重点地开展教学活动,就显得很有必要。研究新课标可以发现,本专题的学习要点有四个:一是 1956 年前后

---

① 夏辉辉:《历史学科核心素养的内涵与教学落点——以“时空观念”为例》,《中国教师》2017 年第 8 期,第 52 页。

② 余文森:《核心素养导向的课堂教学》,第 71~72 页。

③ 何成刚、张汉林、沈为慧:《史料教学案例设计解析》,北京:北京师范大学出版社,2012 年,第 14 页。

中国社会主义道路探索的良好开端；二是1957年后在探索中发生的严重曲折，包括反右派斗争扩大化、“大跃进”、人民公社化运动、“文化大革命”，要认识这些错误的性质及其严重后果；三是尽管这一时期发生了严重曲折，但我国社会主义建设仍然取得了很大成就，对中国社会主义道路的探索取得了重要成果；四是认识毛泽东思想对现代中国的深远影响。只有确立并围绕这些主题，让学生从时空变化和历史沿革的视角认识社会主义建设道路的探索，课堂教学才能纲举目张。

3. 瞄准关键问题

所谓“关键问题”，是学习专题中教学重点之重点，即教学内容中的核心问题。只有抓住和准确把握了关键问题，才能对学习专题的教学内容进行深入的历史理解和历史解释。教师在教学设计时，就要结合教科书对学习专题的内容进行梳理，明确该专题所涉及的范围和重要史事。在此基础上，概括和确定该专题中的关键问题，并将这些关键问题的解决与历史学科核心素养的发展建立起联系，围绕关键问题对教学内容进行整合，注重问题探究的过程和思维方式、创新意识的培养。

例如，必修课程的“中华民族的抗日战争”这一专题，关键问题有三个：一是日本军国主义的侵略罪行有哪些，二是中国共产党为什么是全民族团结抗战的中流砥柱，三是中国战场在世界反法西斯战争中的地位如何。在教学中，教师围绕这三个关键问题进行教学设计，使学生得到全面、正确的认识，并在此过程中提升学生在唯物史观、历史解释、家国情怀等方面的素养。

高中历史课程的内容涉及面广，包含的历史事件多，在教学中不可能面面俱到，所以还需要突出重点，对有代表性的重点内容进行重点分析，引导学生得出一些具有规律性或共通性的认识，通过重点内容的突破，带动整体内容的教学，从而促进学生对整体内容的有效理解与准确把握。

4. 探寻历史联系

以历史的联系性进行教学整合，主要有两种方式。

(1)历史横向联系的整合

横向联系有两层含义，其一是将某一时期一个国家的政治、经济、思想文化等相关历史知识进行横向整合，让学生对该时期的历史全貌有整体认识，从而揭示它们之间的内在联系，帮助学生提高分析问题和解决问题的能力；其二是中国史与世界史的横向联系，将中国史置于世界史的背景之下，了解世界历史的发展进程对中国历史的影响以及中国历史的发展对世界的影响，让学生在全球视野下认识历史、理解历史。例如，在完成必修课程的中国抗日战争与第二次世界大战内容之后，可以将二者整合为一个新的专题，使世界反法西斯战争的教学内容更具整体性，也有利于学生认识中国抗战作为世界反法西斯战争的东方主战场的地位和作用。

(2)凸显历史纵向联系的整合

凸显历史纵向联系的整合即对历史发展有前后关联的内容加以梳理，将分散在各专题中的相关内容整合在一起，形成新的学习主题，或设计出更有意义的教学活动，组织学生运用所学知识，在解决问题中提升历史学科核心素养。例如，新课标以必修课程中国史为例，设计了综合探究活动"中国历代疆域的变迁"教学主题，教师还可以设计"中国古代都城的变迁""中国古代地方行政区划的演变""新疆、西藏、台湾等边疆地区管理的变迁"等。

探寻历史联系，能让学生从不同角度认识历史发展中整体与局部的关系，辩证地认识历史与现实、中国与世界的内在联系，学会从不同视角发现问题、分析问题和解决问题。

三、统整的原则

1. 系统性

统整是围绕事物的中心，依据一定的逻辑将事物各要素或相关部分进行概括、归纳与综合，使事物成为一个严密的整体。就是说，整合出来的内容必须成为一个有机整体。因此，系统性原则是要凸显历史的整体感，帮助学生对历史形成更全面、更客观的认识。无论是新课阶段的微观整合，还是复习阶段的宏观整合，都是要找到知识间的内在联系，使其逻辑结构更加严密，知识更加系统。

例如，面对列强的侵略，近代中国人民进行了各种形式的抗争，若以"近代中国人民反侵略的抗争"为主题进行教学，分官方、民众、资产阶级、学生、国共两党几个层面进行介绍，就可以将分散在教科书不同模块、不同专题、不同课时中的相关内容合成一个整体，可以让学生更清晰地了解近代时期具体有哪些阶层进行了怎样的抗争，结局如何，影响如何，进而反思历史，深化认知。

2. 选择性

历史实况是过去一切时代一切人的经历，其时间之久远，地域之广阔，人员之众多，事件之纷繁，远远超出了任何人的认识能力，因此没有人能够了解整个历史。历史学家也只能选取有限的领域和具体的课题来进行研究，他们选择历史素材的标准只有一个，那就是各自所理解的事实的意义。

同样地，历史教师围绕主题整合教学内容，就要在浩瀚的史料中选择那些能够突出主题的历史事件、历史人物和历史现象。选择性能够带来特殊的效果，正如绘画和摄影的区别在于绘画具有很强的选择性一样，它只表现那些具有美感而又可以入画的东西。在这一点上，历史学和绘画有一定的相似性。

3. 阶段性

高中教学内容统整是在新授课和复习课两种不同课型中进行的，不同课型中的整合具有不同的特点。

新授课阶段的主要任务是传授新知识并提升学生的能力，这一阶段的教学进度、教学安排要与学校和地区总的教学进度、教学安排保持一致。因此，新授课阶段的教学内容统整最大范围是专题与专题间的整合，一般多是一课内容的整合，整合的知识相对比较单一，整合范围和整合力度都比较小。

复习课阶段的教学内容统整是在新课学习基础上进行的，知识范围大，线索多，整合更加灵活多变，这一阶段的整合强调从宏观上把握知识，是粗线条整合。

4. 生本性

生本性即以学生发展为本。

首先，要遵循学生的接受能力、心理特点和认知水平，选择教学内容整合时难易度要适宜。以世界历史为例，世界史对高中生来说内容比较难懂，与自身的文化背景差异较大，时空距离颇远，概念多且抽象，不易理解，面对这样的情况教师可以选择在历史复习课上进行课程整合。

其次，要唤醒学生的主体意识，倡导自主学习、合作学习，充分发挥学生的主动性、积极性和创造性，培养学生探究历史问题的能力，提高创新意识和实践能力。针对不同的学生，教师倾听学生的想法，尊重学生身心发展的特点，调动学生的积极性，通过自身的实践去建构知识；要多视角、多层次、多形式为学生学习历史提供更多的选择空间，促进学生个性的健康发展。

第三节　情境创设

随着高中新课改的不断深入，情境教学作为常见的教学方式之一，已经被广泛应用到高中历史教学之中，并取得不错的成效。基于学科素养的历史课堂教学，情境化教学策略显得更为必要。

一、历史情境教学的必要性

历史情境教学是教师在教学过程中综合各种手段和方法，创设历史情境、再现"历史"的一种教学方法。冯卫东在其主编的《情境教学操作全手册》一书中将"情境教学法"定义为"在教学过程中，教师通过有目的地创设具有一定情绪色彩的、具体生动的场景，以促进学生对知识的体验和感知，帮助学生更好地理解教学内容，促进学生心智发展的一种教学方法"。[①] 它注重学生对历史学习过程的体验和感受，它基于历史教学实际的需要，创设符合学生认知的具体教学情境，让学生去探究和体验知识，提高历史学科核心素养，最终促进学生认知和身心的发展。

德国学者有一个比喻：将 15 克盐放在你的面前，无论如何你难以下咽，但将 15 克盐放入一碗美味可口的汤中，你就会在享用佳肴时，不知不觉地将 15 克盐全部吸收了。[②] 情境是"汤"，知识是"盐"，盐只有溶于汤才好入口，知识只有融入情境才好理解和消化。可以说，情境是学生认识的桥梁，是知识转化为素养的桥梁，对于历史学科素养的培养有重要意义。

1. 历史情境教学能够使学生"神入历史"

历史是什么——落定的尘埃，千年的叹息，抑或思古之幽情，不管对历史如何定义，历史关乎人类的过去，人类的历史就是过去的人生，是我们先人经历的喜怒哀乐，离合聚散，成败兴亡。[③] 历史不仅是指过去的客观事实本身，也是指

---

① 冯卫东：《情境教学操作全手册》，南京：江苏教育出版社，2010 年，第 3 页。

② 余文森：《有效教学十讲》，上海：华东师范大学出版社，2009 年，第 85 页。

③ 许倬云：《许倬云观世变》，桂林：广西师范大学出版社，2008 年，第 14 页。

人们对过去的事情有意识、有选择的记录。[①] 历史本身是客观存在过的事实。历史学科是对人类以往的发展进程进行考察和解释的一门学科，历史认识是人们对存在于他们之前的人类社会发展过程的认识。历史研究的对象是已经过去了甚至消失了的人类活动，这决定了学习历史知识的间接性。对这些研究的对象已经不能进行直接的观察和接触，只能依据遗存的材料进行研究。

历史的不可逆转性，是历史学科知识最根本的特性，“理解过去世界的最大困难，在于今人没有在那个世界生活的直接经验”，[②]这就有必要“重返历史现场”。通过创设各种情境来重现一个立体的历史场景，缩小学生与历史的时代距离，而这些情境有利于将复杂的历史清晰化、抽象的历史具体化、枯燥的历史有趣化，帮助学生重返历史现场，“从情境化的角度去理解历史上曾经存在的人和事”，[③]在直观的情境中不断地感知和理解历史，在此基础上产生“理解之同情”。

历史学家陈寅恪先生说：“所谓真了解者，必神游冥想，与立说之古人，处于同一境界，而对于其持论所以不得不如是之苦心孤诣，表一种之同情，始能批评其学说之是非得失，而无隔阂肤廓之论。”[④]所以，进行历史解释的关键环节是理解，而情境能帮助学生了解前人及其生活，尽力突破时空和文化的阻隔，像一个历史学家那样去理解历史，构建自己对历史的解释。

2. 有利于学生产生探究的欲望

情境教学的展开是以创设情境为开端的，再继以探索研究为过程。“以矛盾冲突为基础的问题情境的产生和解决，可以成为历史教学与学生发展的驱动力”，[⑤]只有当学生在固有知识与所面临的问题情境之间存在落差或者冲突时，学生自主学习探究的内在动力才是最强大的。学科素养要求历史教育发挥立德树人的教育功能，引导学生树立正确的历史价值观念。而思想观念若以“灌输”的方式传递给学生，其效率是极低的，只有在理解和尊重学生对历史问题从不同角度思考的基础上，才能引导其慢慢理解和接受。

---

① 葛剑雄、周筱赟：《历史学是什么》，北京：北京大学出版社，2005 年，第 6 页。

② 李剑鸣：《历史解释建构中的理解问题》，《史学集刊》2005 年第 3 期，第 20 页。

③ 黄牧航：《论历史情境命题》，《历史教学(上半月刊)》2012 年第 7 期，第 4 页。

④ 陈寅恪：《今明馆丛稿二编》，北京：生活·读书·新知三联书店，2009 年，第 279 页。

⑤ 梁励：《论历史教学中问题情境的创设》，《课程·教材·教法》2005 年第 5 期，第 57 页。

另外，情境教学的全过程就是一个在具体历史情境下“探究——获取”的过程，有了一个能够身临其境的条件，学生只要思考，必定会产生问题。爱因斯坦曾表明，提出一个问题比解决一个问题更重要。提出的问题可以有很多种，有些简单低级，有些则值得推敲。提出怎样的问题，与学生思考的深入程度挂钩。当一个学生能够提出一个高质量的问题时，就证明他已融入课堂，深入思考，那么此次教学已经成功一大半了。

3. 有利于帮助学生解决现实问题

中学里学习的知识都源自人类的社会生活实践，都是在具体的生活生产情境中产生的，但由于知识的传授日趋专业化、规模化和程式化，最终不但是学生，连部分教师都弄不清楚所教的知识究竟源于什么样的社会生活实践了。[①]因此，在教学中我们倡导情境化，不仅仅是为了改变教学思路，也是为了我们的教学更加紧密地结合生活现实，帮助学生解决现实问题。

较之传统方法，创设历史情境进行教学，让学生主动去学习探究，更能照顾到学生的个性差异，发展学生的多元能力和社会能力，从而为他们将来适应社会的发展奠定基础。而如果有幸还能给他们留下一些相应的“思维品质、能力、情感、态度、价值观，能够使他们终生受用，并能够带给他们成功的人生”，那这一教学实践就更值得骄傲了。[②]

二、历史情境的分类和创设

1. 历史情境的分类

(1)真实情境

真实情境指历史上真真切切出现过的人和事，教师通过语言、文字、图片、视频等形式将其再现出来的情境。

笔者在执教“民国时期民族工业的曲折发展”时选取了这样一段材料：

范旭东先后在塘沽创办了久大盐业公司和永利制碱公司。1917 年永利兴办之后，英国卜内门洋碱公司的经理当着范旭东的面说：“碱对贵国确实重要，

---

① 黄牧航：《论历史情境命题》，《历史教学(上半月刊)》2012 年第 7 期，第 4 页。

② 徐蓝：《谈谈研制高中历史课程标准的一些体会》，《历史教学(上半月刊)》2016 年第 12 期，第 15 页。

只可惜办早了一点，就条件来说，再候30年不晚。”面对这种奚落，范旭东的回答是：“恨不早办30年，好在事在人为，今日奋起直追，还不算晚。”后来，当永利建成并成功出碱之时，卜内门公司又跑来要求“合作”，范旭东则坚持公司章程，“股东以享有中国国籍为限”，将卜内门拒于永利大门之外，打破了卜内门独霸中国碱业市场的企图。

选用范旭东创业案例的材料，构建的就是真实情境，其人其事都在历史上曾经出现过，再现了一个有血有肉、可读性较强的历史故事。意图非常明显，就是引导学生思考：中国近现代史上，民族工业在非常恶劣的环境下艰难发展，其原因何在？相信学生认真阅读思考后能够对这个抽象、复杂的问题做出具体的解释。

(2)生活情境

生活情境指教师在生活中创设一种学习情境，如把学生模拟成为记者、编辑、导游、导演等，与现实结合起来，学生能获得生活体验，同时更好地理解历史。

下面是美国某中学教师创设的生活情境：上课开始，一位美国历史老师宣布考试分数后，发现学生垂头丧气。他说，如果想要加分，就给我10美元，但是只能是白种人的学生。学生们都愤怒喊叫，拼命跺脚，把课本、书包扔向教师表示抗议。教师用早已准备好的盾牌来抵挡，并用水枪向学生扫射。学生坐下歇一歇的时候，教师严肃地说，刚才就是当年黑人领袖马丁·路德·金反对种族歧视，组织示威游行的情境。他倒在了统治者的真枪实弹下，献出了自己宝贵的生命，但给我们留下了《我有一个梦想》。[①]

在这个案例中，学生在教师精心设置的情境中演出了一场动人的历史话剧：教师高明地创设、引导，学生自然地参与，师生在情境中共同真诚地感悟、探讨历史。

广东的李月霞老师在情境教学中也有许多可贵的实践(见表3-1)，其设置的都是生活情境：[②]

---

① 王继平、张汉林：《有效实施情境教学的若干问题》，《历史教学(上半月刊)》2012年第10期，第44页。

② 夏辉辉：《历史学科核心素养的内涵与教学落点——以“时空观念”为例》，《中国教师》2017年第8期，第52页。

表 3-1

类别	内容	情境设置
必修一 政治史	五四运动	假设你是五四运动时期的一名生活在北京的大学生，那么你可能会在当时的报纸上看到哪些能说明那天发生事件特征的词语呢？
必修二 经济史	夏商周经济	任选以下一个角色：夏、商、周的国王、贵族、奴隶、庶民、手工业者、商人、城市居民、旅舍店主、邮驿主人等，用简短生动的文字，结合历事史实，描述你在那个时代生活的情景。
	新航路开辟	你是哥伦布船队的一名水手，即将跟随船队出发前去探险，你的母亲并不同意你的决定，你只能瞒着母亲偷偷出发，临行前，你给亲爱的母亲写了一封信，信中说明此行的原因、目的和你的期望。
选修三 战争与和平	第二次世界大战	以战地记者的身份对斯大林格勒保卫战进行现场播报。

教育在本质上是生活的，是人的生活，因此教育也应该在生活的层面上展开。李老师通过设置生活情境，让学生分别扮演大学生、国王、水手、战地记者等角色，完成相关的任务，非常贴近学生生活，将教学活动置于现实的生活背景之下，把抽象陌生的历史转换成人的生活世界，从而激发学生作为生活主体参与活动的强烈愿望，并且使学生在浓重的生活氛围中得到陶冶，体验和理解历史的价值与意义。

(3)问题情境

问题情境是指通过设置问题激发学生自主探究精神的情境。以问题情境的真实性为标准来划分，我们可将其划分为真实问题情境与虚拟问题情境。

真实问题情境是历史上确实出现过的情境。例如关于西安事变，教师通过创设良好的问题情境，调动学生思维：蒋介石是杀还是放？国内外各种政治势力各持什么观点？杀有什么后果，放又有什么结局？让学生展开思维，尽情去探索、去想象，提出独到创新的观点。

虚拟问题情境则是历史教师为了说明某个问题而设计出来的情境，历史上不一定出现过。不少教师在执教“夏、商、西周的政治制度”时，创设过如下的虚拟问题情境：在讲述宗法制之前，先请同学们当一回青天大人，判决一件遗产案件，周代的一个官员娶了一位妻子，妻子为他生了一个女儿，后来他又纳了一个妾，为他生了大儿子，此后妻子又为他生了一个小儿子。结果这官员不幸殉职，于是他的两个儿子和一个女儿都想取得他的爵位和家业，请问应该判给谁？如果是现在，这个遗产案又怎样判？这个虚拟的问题情境出示后，学生们立刻饶有兴趣地激烈争论，然后通过阅读课文，分析判断，得出结论：爵位应该归妻子生的儿子，家业主要也留给妻子生的儿子，大儿子也能有一定的家业，从而让学生理解嫡长子继承法则。在当今社会应该是大小儿子和女儿平均分配，体现平等原则，通过这个情境找到历史和现实的结合点，贴近学生的生活，联系社会实际，达到了学以致用的目的。

(4)研究情境

研究情境是指为帮助学生理解研究者的研究思路、研究方式而创设的情境。

例如，在欣赏《清明上河图》等名作时创设问题情境：除了感受作者的细腻画工与其艺术价值以外，从画面的具体内容中可以反映宋代的哪些情况，它又说明了哪些问题？这是在鉴赏历史文化艺术作品时，从多元化的视角来创设问题情境。又如，在学习“新文化运动与马克思主义的传播”时提出问题：新文化运动在反对旧文化时提出“打倒孔家店”的口号，这与我们现在提倡批判地继承儒家传统文化是否矛盾？这是利用当今社会的现实问题，有目的地将历史与现实联系起来，创设问题情境，引导学生发出疑问，等等。

2. 历史情境的创设

在情境教学的实际运用过程中，最大的难点就在于如何创设历史情境，如何让学生融入情境中并学会自主探究和感悟。情境创设的多样化是情境教学有效进行的重要前提。教师只有多方位地调动学生感官，才能将情境教学的作用最大化地发挥出来。

(1)以生动语言描绘情境

语言是最普遍、最直接、最常用的教学手段，在历史课堂教学过程中，教师用恰当的语言描绘情境，通过语言来描述动人的历史故事、慷慨悲壮的人物的命运，通过语言再现当时刀光剑影、炮火连天的战争场面，可以使学生对历史有更清晰、更深刻的认识。因此，利用生动形象的语言描绘情境，对历史教学的重要性不言而喻。例如，上海特级教师李惠军在讲冷战时，向学生描绘了克里姆林宫上空苏联国旗降落的情景，渲染出冷战结束的一个历史情境，把学生的思绪带入当时的历史当中，体验苏联的无奈与悲伤、遗憾与伤感。用生动的语言创造出精致博大的历史情境,能使学生产生情感共鸣、学习灵感和历史感悟。

(2)用多媒体展示情境

夸美纽斯指出:“一切知识都是从感官的感知开始的,我们由此可以为教师们定下一则金科玉律,在可能的范围内,一切事物都应尽量地放在感官的跟前。”感知具有协同律,在接受知识时,看到的比听到的印象更深,单纯靠听觉,一般只能够记住15%,如果靠视觉,从图形获得的知识一般能够记住25%,如果视听相结合,边听边看,获得的知识能记住65%。

历史是鲜活的,是由有血有肉的人及其所创造的事件所组成的,课本中枯燥的文字掩盖了“活”的历史,教师应该借助多媒体,以影片或图像的形式将“活”的历史呈现给学生,为学生创造生动形象的历史画面。例如,在讲述中日甲午战争时可以播放《甲午风云》中的相关片段,在讲述五四运动时,播放相关片段,再现五四运动的情境,渲染当时社会的爱国激情,激起学生的情感。这样不仅有利于激发学生的学习兴趣,加深学生对知识的切实掌握程度,更能够顺利完成教学目标,提高教学质量。

(3)以问题为本创设情境

心理学研究表明,在思维主体——人的内部条件中,“问题情境”占有极其重要的地位。根据建构主义学习理论,学习是在一定的“情境”下进行的。当情境具有思考性的时候,就有了强大的吸引力,对学习有强烈的激发作用。通过创设问题情境,动摇学生已有认知结构的平衡状态,学生产生不平衡状态心理困境,从而激发学生探索问题,进行学习活动。当问题得到解决后,认知不平衡的紧张感消失,就带来轻松、愉快、满足的情绪体验,对认识动机起到强化作用。

案例:“英国君主立宪制的建立”中“责任内阁制的形成”

选取材料及问题设置如下:

材料一　1714年安妮女王去世后,无嗣继承,德国远亲乔治一世入主英国,但他不熟悉英语,对英国事务也不关心。掌控行政大权的内阁会议逐渐由国王主持转向由财政大臣主持。1721—1742年,政府工作由罗伯特·沃尔波尔主持,实际上成为英国的第一任首相。

——阎照祥《英国政治制度史》

问题一:不懂英语的国王逐渐丧失了什么权力?(行政大权)

材料二　1746年,乔治二世否决了时任首相亨利·配兰的提案,导致配兰率领全体阁员集体辞职。乔治二世恼羞成怒，任命巴思伯爵为新的财政大臣，但是巴思伯爵受到了上届阁员的抵制，只当了两天首相就被迫辞职，时称“48小时首相”。乔治二世被迫请配兰复职并接受了其苛刻条件，由此开创了新的先例。

——阎照祥《英国政治制度史》

问题二：当国王和内阁出现矛盾时，内阁如何应对？（内阁成员集体负责，在大政方针上保持一致，与首相共进退。）

材料三 1782年秋，诺思—福克斯内阁因议会通过不信任案，被迫集体辞职。24岁的小皮特上台组阁，再遭议会不信任。

但他寻求国王的支持，解散了议会下院，重新选举，最终取胜，反对派议员被驱逐出议会下院。

——阎照祥《英国政治制度史》

问题三：这个材料中，我们看到当议会与内阁出现矛盾时，有几种解决方案？（如果议会通过对政府的不信任案，内阁就要垮台；首相也可不辞职，提请国王解散议会，重新选举。）

这个问题情境由表及里、层层铺陈台阶式问题，台阶式问题情境就是了解决一个比较难的问题而创设，根据学生认知特点，把较难的问题分解成几个连续的问题。几个连续问题按照由易到难的次序呈现，前一个问题是后一个问题的基础，后一个问题是前一个问题的深化，引导学生由浅入深，从现象到本质，从具体到抽象，一步一步地思考和探究，最终得出正确的推理与判断，找到事物的本质特征。

(4)以角色扮演体验情境

角色扮演也就是角色模仿，角色扮演情境教学是应用角色扮演的技巧，借助一定的情境并采用讨论的方式来探讨知识的一种教学策略。表3-1中生活情境创设所用到的方法都是角色扮演。在课堂中，学生进行角色的扮演，可以使学生有身临其境的感受，可以透过他人的眼光来解读历史事件，比较容易体会他人的想法，进而建构新的知识，“当学习者在尝试这些新建构时，若能得到正面的结果，证实这些新建构为有效时，就可以造成个人建构的改变”。[①]

(5)以史料为基建立情境

“历史不是教条，而是探究；不是人为地把历史分解成几个要素（时间、地

① 冯卫东：《情境教学操作全手册》，第129页。

点、人物、事件等），然后要求学生把这些要素清晰记牢，而是要求学生形成基本的历史学习和探究的方法，去还原真实的历史；历史不是记忆，而是思维；历史不是结论，而是过程。”[①]史料是历史的载体，是历史的呈现形式，在历史教学中，还原真实的历史，培养学生的探究能力，提高学生的思维水平，需要充分发挥史料的作用。以史料为基础创设历史情境，将教材中的历史结论变得鲜活起来，让学生在鲜活的史料情境中走近历史、感悟历史。

(6)从研究视角创设情境

同一事件，不同的人由于看待问题的立场不一样就会有不一样的结论和评价。历史学更是如此，对同一历史事件，史学家们由于所处的时代背景、阶级及文化价值观念的不同，难免有不一样的立场和方式，对历史事件做出不同的解释，仁者见仁，智者见智。如何引导学生看待不同的历史解释、历史评价，拨开云雾形成自己对历史的解释和看法，培养独特的个性，在现代学生的发展中显得尤为重要，运用史学争鸣，引导思考分析，凸显问题，剖析问题，解释问题。如对于太平天国运动的评价，史学界观点不一：

历史学家胡绳：太平天国颁布《天朝田亩制度》，坚持战斗 14 年，势力发展到 18 省，先后攻取 600 多座城市，加速了清王朝和整个封建制度的衰落和崩溃；不予承认侵略者夺取的侵略权，使西方列强把中国迅速殖民地化的阴谋大大推迟了。

哲学家冯友兰：“洪秀全和太平天国如果统一了中国，那就要使中国倒退几个世纪！”

通过史学争鸣，给学生创设了史学研究的情境，提供了思考的空间。学生可以从不同的角度解读，但无论如何评价，都要有一定的依据。这可以促使学生去发现问题，寻找依据论证假设，教师可做适当的修正和补充，使学生对历史的认识由感性认识上升为理性认识。

三、历史情境教学的原则

---

① 丁贤勇、陶水木：《传承与创新：历史教学的有效性研究》，北京：中国社会科学出版社，2010 年，第 78 页。

1. 科学性

在创设历史情境时，应该注意所创设的历史情境必须符合历史事实和当前主流意识形态。“教学情境的真实性可以分为两个层面：首先，教学情境引用的事例应该是真实的，或者在历史上是有可能存在和发生的；其次，教学情境中对历史人物及事例的分析应该符合历史人物自身的性格和观念，不要将后人的想法强加给古人。”[①]在应用情境教学时，教师应该向学生传达真实的历史信息，无论是使用文字史料、图片还是影视资源，都需要仔细考证，教学资源的选择和使用要确保真实性和科学性；教师还应该让学生明白，这些丰富的历史资料都是真实存在的，在真实地揭示历史原本的面貌，历史是真实存在的，不容戏说，应该以严谨的态度对待历史学习。“人在历史面前应该拥有想象的权利，但这一权利决不能滥用，对于一些通过想象再现历史的教学方法，尤其需要谨慎。”[②]

2. 主体性

学生是学习的主体，一切知识只有通过学生自己的大脑和双手才能够内化为自己的东西。认知派心理学的代表人物布鲁纳强调，知识是通过学习者的主动接收获得的，学习者应该是获取知识过程中的主动参与者，而不应该成为知识的被动接受者。主体性原则是强调在教学中以学生为主体，充分体现学生的主体地位，依据学生的认识来进行情境的创设。对于高中生而言，自我意识高度发展，往往要求自己独立解决问题以满足其自尊心的需要。因此，在教学中教师要侧重创设有助于学生自主学习、合作探究的历史情境，充分发挥学生已具备的独立思考的能力和初步的抽象逻辑思维能力，给予学生自由发挥的空间；使学生在历史情境中能够独立思考并积极进行合作探究，尽量让他们在体验中得到情感上的满足，进而推动下一步的历史学习。教师在备课时要充分考虑学生这一重要因素，在执教过程中要始终把学生放在主体地位，把树立学生主体意识和教学生学会学习作为教师执教的重要任务之一。

3. 实效性

情境教学法在高中历史教学中的运用应该依据具体的教学内容而定，教师在进行情境创设时既要符合教学目标，又要有针对性，尤其要注意对教学重点、

---

① 何成刚：《历史课堂教学技能训练》，上海：华东师范大学出版社，2008 年，第 124 页。

② 钟红军：《追问历史教学之道》，重庆：西南师范大学出版社，2015 年，第 115 页。

难点的处理。创设历史情境是为了更好地服务于历史教学，必须要有实质性的教学内容，必须符合教学的实际情况，充分把握好情境的数量、所需的时间。如果教师为了展示活跃的课堂气氛而在每个教学环节上都设置情境，所创设的情境毫无针对性，那么对于学生来说仅仅是上了一堂“生动”的历史课而已，情境的创设也就变得没有太大的意义，我们的历史课程也就失去了教育的意义。

总之，通过历史情境的设计，让它与历史教学紧密地结合在一起，以“美”入境，以“情”相连，以“神”贯穿，以“境”拓宽，从而将创新的教学理念和灵感转化为生动具体的课堂细节，创造出蕴含生命活力、闪耀教育智慧和学生乐于接受的最佳情境课堂。

第四节 问题探究

探究式教学是在教学过程中，以问题为起点，教师引导、帮助学生通过查找史料、整理分析等方式，在合作探讨、交流体验的过程中进一步了解和掌握历史学习方法，切实提高学生发现问题、分析问题和解决问题的能力，并以积极思考、解决问题为方向来组织教学的一种教学方式。它突出学生学习的自主性和主体地位，提供学生更多的学习方法和途径，通过对历史问题的分析、综合、比较、归纳、概括，培养学生的历史思维和解决问题的能力，发展学生的创新精神和实践能力。

一、探究的必要性

1. 新课标理念的需要

新课标在“基本理念”中指出：在课程实施上，进一步改进教学方式、学习方式和评价机制，将教、学、评有机结合，促进学生的自主学习、合作学习和探究学习，提高实践能力，培养创新精神。

新课程理念倡导学生主动学习，在多样化、开放式的学习环境中，充分发挥学生的主体性、积极性和参与性，培养探究问题的能力和实事求是的科学态度，提高创新意识和实践能力。高中历史教师作为高中历史课程改革的执行者和实践者，采用探究式教学，引导学生由被动接受知识变为主动摄取知识，通过自学、探究，参与解决问题的全过程，使学生在主动参与获得知识的过程中，培养研究自然所需的探究能力，形成探究未知世界的科学精神和科学态度，充分发挥学生的主体作用，培养学生的创新精神和实践能力。

建构主义认为，学习不是由教师把知识简单地传授给学生，而是由学生自己建构知识的过程；不是简单被动地接收信息，而是主动地建构知识的意义，是根据自己的经验背景，对外部信息进行主动地选择、加工和处理，从而获得自己的意义。这种建构是无法由他人来代替的。探究式学习就是以建构主义为理论基础的一种学习方式。

2. 培育学科素养的需要

核心素养在本质上是应对和解决复杂的、不确定的现实生活情境的综合品质。这一过程离不开个体能否综合运用相关知识技能、思维模式或探究技能以及态度和价值观等在内的动力系统。学科核心素养是个体在与具体、特定情境的持续互动中通过活动，创生知识，形成思维观念和探究技能，发展素养。因此，它要求教师能够创设与现实生活紧密关联的、真实的问题情境，开展探究式学习活动。

落实核心素养，学校的课程规划要完成两种设计：一是学科课程，二是跨学科课程。学科课程是基于学科的逻辑体系开发的，目的是要让学生掌握学科知识的间接经验。跨学科课程是学生获得直接经验的过程，它关注的是学生面对真实世界时的真实体验和直接经验，是以社会生活统合和调动已学的书本知识，有利于学生获得对世界的完整的认识，培养学生的创新精神和解决实际问题的能力。跨学科课程就是以探究式学习为主要方式开展的。

3. 发挥学生的主体作用

历史学科素养培养的对象是学生，所以学生在教学活动中的主体性能否有效发挥是关键。课堂教学要以调动和发挥学生历史学习的积极性、主动性和创造性为核心，改变过去以知识立意为导向的讲授式教学，以养成学生的核心素养为目标，以学生的自主探究活动为中心展开。这就要求教师在充分理解教材基础知识及其内涵的基础上，明确所要达成的核心素养目标，将教科书中已成“定论”的内容借助典型材料转化为探究性话题。

探究式教学策略实施的基本特征就是“以学生为中心”的自主学习，在活动中充分调动学生的主动性、积极性，确立学生在教学过程中的主体地位。探究式教学策略把“合作学习,促进交流”作为其中的一个重要策略,在师生之间、生生之间相互作用,相互影响,创设民主氛围,确立学生在教学过程中的主体地位。在整个教学过程中,师生之间是一种平等、协助、讨论的关系,每个学生都有机会表现自己,有机会发言,有机会参与,有机会成功。历史教师不再是历史结论的传授者和教导者,而是学习过程的指导者、促进者和帮助者。

二、探究的形式

1. 课堂自主探究学习

从“三维目标”走向“核心素养”,是学科教育高度、深度和内涵的提升,意味着学科教育模式和学习方式的根本变革。“学科知识只是形成学科素养的载体,学科活动才是形成学科素养的渠道。学科知识是不能直接转化为素养的,简单的复制、记忆、理解和掌握是不能形成素养的。学科活动意味着对学科知识的加工、消化、吸收,以及在此基础上的内化、转化、升华。”①在课堂教学中,探究式学习就是教师普遍运用的一种学科活动。

历史学科的自主探究式学习是在教师引导下,学生围绕一定的材料及相关问题,用类似于学术研究的方法,运用历史资料去分析和解决问题的过程。“理想的历史教学都应该是探究式学习。”②与接受式学习相比,探究式学习更强调学生自己发现和解决问题,具有更强的问题性、参与性和开放性。学生在自主探究过程中,“不仅是收集和整理材料、观察和描述事实,更是引入假说来解释材料,尽可能地对假说做出证明的逻辑认知”,③借此来认识历史的本来面貌,寻找历史的规律。这是培养学生史料实证、历史解释等素养的重要途径之一。

探究式学习贵在从历史的角度提出和发现问题。教师在备课环节应设计明确的、可操作的探究主题,提出带有某些研究倾向的问题,问题的设计既要新奇,也要有一定的难度,需要学生经过一番真正的探究才能解决。

笔者在讲授“中国近代经济结构的变动”时,结合学生课前“导学”发现的问题,对教学内容进行了大胆的取舍和新的设计:

- 传统经济结构与近代化的含义各指什么?

---

① 余文森:《核心素养导向的课堂教学》,第53页。

② 赵亚夫:《历史课堂的有效教学》,北京:北京师范大学出版社,2007年,第133页。

③ 仲尧明:《历史探究式学习的实质及实施策略》,《历史教学》2015年第7期,第37页。

• 与传统经济结构相比，近代经济结构发生了哪些突出的变动？

• 如何理解近代民族工业是“欧风美雨”的产物？

• 买办商人在民族工业初创中有贡献吗？表现在哪些方面？

• 结合民族工业初创情况概括近代民族工业的特点。

通过分层次的探究设计，引导学生展开自主学习探究，获取相关历史知识，培养学生运用知识的能力，从学生层面看，也是一种激励和挑战。

教师在设计探究问题时，要高度重视学生存在的困惑和所提出的问题，要帮助学生理解关键内容。“明清之际活跃的儒家思想”一课涉及黄宗羲的“天下为主，君为客”的主张，以及“民本”与“民主”的区别，学生不易理解，往往把黄宗羲的思想等同于孟子的“民贵君轻”思想。为此，笔者在展示《明夷待访录·原君》和孟子的《孟子·尽心下》之后，提出以下问题引导学生探究和思考：

• 黄宗羲对天下的乱因是如何认识的？

• 在黄宗羲看来，“为天下之大害者”是“今”之君而非“古”之君，为什么？

• 孟子“民贵君轻”思想的出发点是什么？它与黄宗羲“天下为主，君为客”的出发点有何不同？

• 与一般遗民停留在“反清复明”效忠明朝君主的想法不同，黄宗羲是怎样超越一朝一代地思考、总结历史经验教训的？

• 你是如何理解课题“活跃的儒家思想”的？

以上问题设计由浅入深，层层递进，直至问题的核心。通过史料研读和问题探究，让学生切实弄懂黄宗羲的思想真意，使之明白黄宗羲的认识突破了民本思想原有的窠臼，从“重民”发展到“为天下民”，其思想价值已经是早期民主思想的萌芽，这样学生才能理解“活跃的儒家思想”的含义。

从上述两例可以看出，历史问题可否转化为探究活动，需要两个基本条件。其一，历史问题必须由学生通过分析、创新等复杂思维才能完成。如果历史问题只需学生从认知结构中直接提取基础知识即可回答，而没有分析、概括等复杂思维活动，那便不是探究。其二，历史问题存在比较明确的解决策略或方法。只有具备明确解决策略或学习技能的问题，当学生探究出现困难时，教师才能通过提供这些策略或方法，引导学生沿着正确的方向思考，才能确保学生有效地解决问题，并获得历史学科知识。

自主探究学习将课堂主体放在学生身上，但它并非将课堂直接抛给学生，教师所尽职责会在自主探究式的课堂上显得更为重大。教师需要将传统意义上的讲授式内容精心安排,设计切实有效的活动让学生参与其中,以学生更容易接受的方式进行整合,并以轻松的方式呈现出来,让学生既经历自主知识获取的过程,也经历探究过程。教师的主导作用表现在"创设一种类似史学研究的情景,引导学生参照和运用史学研究的方式去收集和整理历史信息,发现和提出疑难问题,制订和形成研究方案,反思和总结研究过程"。[①] 教师遵循此原则,才能引领学生学会运用史料生成问题,进而运用史料解决问题的能力。而学生在此活动中主动地思考问题、分析历史,成为历史活动的参与者,一旦能够独立使用证据解释历史,就获得了分析历史的能力。学生经过这种探究学习,就可以学会用历史的视野来认识和理解社会的问题,掌握分析和解决问题的方法,提升历史学科素养。

2. 综合探究性活动

探究式学习从 20 世纪 80 年代在我国开展以来,在教学实践方面形成了多种教学模式,确立了基本的教学步骤,但它们本质上仍然是以"发现学习"为核心的启发式、问题式教学。其特征是通过教师设置问题情境,引发学生探究的兴趣,发展学生思维,进而建构知识体系和价值认同。教学过程虽然体现了学生的自主性,但教师"主导"角色仍起着决定性作用。在目前学生功课较多、历史教学课时有限的情况下,推行完全由学生独立自主进行的探究学习还有诸多困难,因而当前历史探究式学习主要是教师指导下的探究,即以课堂定向探究为主,探究活动是在教师提供大量的指导和帮助下完成的。

真正体现学生自主性的探究活动则需要向课外延伸。例如,为纪念抗日战争胜利 70 周年,中共广州市委宣传部、广州市教育局联合主办,孙中山大元帅府纪念馆承办的"中学生'广州抗战史迹寻踪'"活动,组织学生考察广州市的 28 个抗战史迹,撰写调研报告。同学们收集的历史证据种类多样,有实地考察见闻,有亲历者的口述,有相关书籍《东史郎日记》和《拉贝日记》,也有当时留下的日本报纸。面对这些历史证据,师生一起对史料进行证据分类、分析和甄别,在实践中形成历史证据意识。[②] 在广东省实施新高考的背景下,笔者利用寒假

---

① 聂幼犁:《历史课程与教学论》,第 208 页。

② 戴世锋:《基于史料的历史证据意识培养》,《中学历史教学》2016 年第 1 期,第 7 页。

组织高一年级学生开展历史探究性学习活动，设计了以下两个主题让学生选择：一是“家乡·家族·家庭40年的变迁——纪念改革开放四十周年”主题，让学生聚焦某个物件（如建筑、住房、家具、家电、交通工具、通信工具、生活用品、照片、票据、家书等），通过访谈、调研、查阅资料等方式收集整理资料，以调研报告的方式讲述它的演变故事及其所反映的社会历史背景；另一个是以“春节·年俗”为主题，从年货、年夜饭、守岁、祭祀、拜年、春联、压岁钱等习俗中选择一个切入点，分析不同地域、不同民族的差异及其原因、影响等。新课标围绕历史学科素养也设计了一些探究性教学活动示例，如“世界视野下的中国航海活动与海上贸易”“‘老兵’的故事”“20世纪80年代以来社区居民生活变迁”“考察中国历史上的外来农作物”等。这些综合性探究活动的开展，需要学生掌握收集、运用史料分析和解决问题的诸多方法，对历史学科核心素养的培育起到至关重要的作用。

一是能培养学生“史料实证”的观念和方法。无论哪种探究主题，学生首先要做的就是收集和整理史料，其间，涉及如何收集史料、如何辨析史料、如何判断史料的价值、如何从史料中获取有效信息，以及如何运用史料进行推理、作为证据等问题。学生亲身经历获取史料的过程，对于增强“史料实证”观念十分有利。

二是能提高学生“历史解释”的能力。在这些探究活动中，学生会遇到如何选取史料、发掘史料的意义、运用史料说明和论证历史问题等，这在事实上就是在构建历史解释。如果学生在运用史料的过程中，发现并揭示了历史事件之间及其背后的深层关系，并获得了新的认识，那么其历史解释的能力就能达到了一定的境界。

三是可以培育学生的“家国情怀”。学生在探究活动过程中，能体会到中华文明对世界的贡献，感悟到“老兵”的爱国情怀，感受到家乡、社区居民生活的日新月异，其民族自豪感、热爱祖国、热爱家乡的情怀便会油然而生。

历史学家研究一个历史问题，在史料方面要做四步工作：第一步收集史料，要求是“全”；第二步审查史料，要求是“真”；第三步了解史料，要求是“透”；第四步选择史料，要求是“精”。[①] 虽然中学生的历史探究不可能每一步都如此严谨、

① 冯友兰：《中国哲学史史料学》，南京：江苏教育出版社，2006年，第295～296页。

科学，但其基本操作步骤是相同的：

第一步，确定要解决的问题。探究式教学的载体与核心是问题，学习活动是围绕问题展开的，问题是探究的起点。学生在教师的指导下能提出适度、合理的问题。

第二步，收集史料。学生能借助书籍、网络、博物馆等途径收集所需材料，能注意收集反映不同社会地位、社会群体对历史事件的立场与观点，资料越全面，结论越可靠。

第三步，鉴别、比较史料。依据历史原貌或其他史料，判断史料的真伪；比较两则以上史料的异同，找出不同点，归纳共同点，明确史料的利用价值。

第四步，分析史料。明确史料的内容，将史料放入具体的时空中，依据史料产生的历史环境与作者个性，推测和想象史料蕴含的历史信息。

第五步，解决问题。根据史料信息重构历史原貌，探讨历史问题，构建合理的解释，寻找历史发展的规律性认识。

实践证明，对于某些历史知识，除非学生亲历过程来自主建构，否则无法真正理解与习得。只有通过探究学习，学生才能领悟历史学习的方法，学会判断史料、分析史料，从矛盾的材料中得出自己的见解。探究性学习获得的历史知识，才能在学生心中真正赋予新生和意义，被深层次地理解。

三、探究的原则

1. 以问题作为探究的出发点

爱因斯坦说过“提出一个问题，往往比解决一个问题更重要”。问题是学生展开探究的动力，是探究式教学的灵魂和核心。探究式教学中问题的设计会直接影响探究性学习的进行。一个好问题往往既能吸引学生的注意力、引发学生从不同角度进行分析，还能激发学生思维的灵感，发展学生对知识的迁移和历史思维等多方面的能力。教师必须注意问题设计的质量和水平，问题设计应难易适度，符合学生的认知发展水平；问题设计要有探究价值，具备探究性。

探究活动是在一定史实基础上进行的合理推论，需要激活学生思维，善于发现学生不符合情理的思考倾向，不要以简单问答的形式引导学生死记硬背历史结论，更不能把知识作为预先定死的东西给学生。探究式学习既要以思维的广阔性为内涵，尊重历史的个性，倡导学生的多样性发展，又要以思维的深刻性为氛围，把个性视角转化为独特的历史见解。

2. 以史料研习为核心

历史课程展现的是一个成人的世界，它与学生所能理解的现实世界和精神世界相去甚远。中学生的历史意识尚未定型，需要教师弥补史料不完整的缺点，在史料与史实之间、在“过去”与“现在”之间筑起沟通的桥梁，帮助学生发展历史思考中的类推、解释、想象等能力。历史又是一门解释性学科，从史料或材料中寻找历史事实是历史学习最基本的途径。要培养学生历史创新思维能力，进行历史探究，必须有思维、探究的材料。只有学生能够自主地运用史料、分析史料，才是唯一能将学生带入探究历史奥秘的途径。

教师提供的材料一定要全面，采用单一的观点和材料，企图让学生去探究、形成正确的史学认识是不可能的。利用少许单方面的材料佐证教科书，或对某个重要问题只提供一段材料，这也不是真正的探究式教学，不利于学生分析、思考问题，相反易于形成看问题独断、偏执的个性。充足的史料，尤其是正反观点全面的史料，更容易引起学生的思索，主动去构建问题。但鉴于课堂教学时间和学生阅读量等客观因素，我们日常教学中不可能大篇幅地引入史料，如何在有限的教学时间内既达到历史脉络清晰连贯，又不至于材料臃肿繁杂呢？关键在于要用科学、自然的方式将这些史料加以延展，进行关联化、线性式的互动链接，在史料与史料之间搭建起一条清晰的逻辑“桥梁”。

3. 教师应发挥指导作用

教师应成为历史探究活动的设计者和活动过程的引导者与组织者，要努力寻找教学对象与教学内容的最佳结合点，善于将各种间接经验转化为学生生活情景中的直接经验，将直接经验与所学知识结合。

在学生探究式学习过程中，教师应给予他们引导、点拨和启发而不是直接施教，是尊重学生自己的判断和创见，引导学生探究解决问题的途径。教师要帮助学生克服探究中的困难，提供探究中所需要的服务，引导学生观察探究要点，以及与学生一起分享成功的愉快等。教师的指导作用体现在以下几个方面：

一是激发学生的学习兴趣，帮助学生形成学习动机。

二是通过创设符合教学内容要求的情境和提示新旧知识之间联系的线索，帮助学生建构当前所学知识的意义。

三是在可能的条件下组织合作学习，并对合作学习过程进行引导，使之朝有利于意义建构的方向发展。引导的方法包括：提出适当的问题以引起学生的思考和讨论；在讨论中设法把问题一步步引向深入以加深学生对所学内容的理解；要启发诱导学生自己去发现规律、自己去纠正和补充错误的或片面的认识。

4. 探究式学习重在过程而不在结论

中学历史学习主要是为了获得一种分析问题、解决问题的思维方法和历史意识。这种方法和意识的养成，仅靠传统的接受式学习是无法做到的。从这个意义上说，历史探究式学习，对历史思维的训练、历史意识的养成和历史学科素养的孕育，其作用和意义远远超出了探究活动本身。探究式学习只要求学生经历探究的过程，懂得使用合理的方法，掌握相关的技能，提高分析解决问题的能力，但最终结果并不是解决所有问题，学生所得出的结论可以是开放性的、多元化的答案。

第四章　历史学科素养的考查研究

尽管承载历史学科核心素养的新课标颁布于 2018 年，但对于学科核心素养的考查早已渗透于包括高考在内的高中历史教学考查当中。

第一节　关于唯物史观的考查

高中历史新课标指出，唯物史观是揭示人类社会历史客观基础及发展规律的科学历史观和方法论。它从社会的物质生产与生产方式等方面揭示了人类历史发展的客观基础，从历史发展的一般规律与特殊规律等方面揭示了人类历史发展的辩证运动。迄今为止，还没有哪一种历史观和方法论，在研究和解释历史方面比唯物史观更科学、更全面。2017 年全国高考历史考试大纲要求"注重考查在唯物史观指导下运用学科思维和学科方法发现问题、分析问题、解决问题的能力"，取代了 2016 年考试大纲中"注重考查在科学历史观指导下运用学科思维和学科方法分析问题、解决问题的能力"的表述，明确地突出了唯物史观对历史教育的指导地位。这既是对高中历史教学的方向性指引，也是高考试题命制的重要指导思想。

唯物史观理论原先分散在《黑格尔法哲学批判》《神圣家族》《德意志意识形态》《〈政治经济学批判〉序言》等马恩原著中，是后人从中提炼并结合本国历史的具体情况而形成的理论体系。如第二章第一节所述，高中生应掌握的唯物史观基本理论包括：人类历史的发展趋势是从低级向高级发展、从孤立分散走向密切联系，生产力与生产关系的辩证关系，经济基础与上层建筑的辩证关系，社会存在和社会意识的辩证关系，阶级斗争是推动阶级社会发展的直接动力，人民群众是历史的创造者，等等。在近几年历史高考全国卷中出现了大量渗透唯物史观考查的试题，值得我们深入研究。

一、生产力与生产关系的辩证关系

人类进行物质生活资料的生产既要同自然界发生关系，人们之间也要发生一定的社会关系，这就构成了生产力和生产关系，二者辩证统一于生产方式。它们之间既对立又统一，相互依存、相互作用，有着不可分割的内在联系。

1. 生产力决定生产关系

生产力状况决定生产关系的性质。历史上的各种生产关系都是适应一定的生产力发展需要而产生的。有什么样的生产力，就会产生什么样的生产关系。生产力状况是生产关系形成的客观前提和物质基础。

生产力的发展决定生产关系的变革。生产关系是生产力发展需要的产物，只有当它为生产力提供足够的发展空间时才能够存在。随着生产力的发展，原本适合生产力状况的生产关系便由新变旧，走向自己的反面。当生产关系不能适应生产力的发展要求时，人们就要变革旧的生产关系，以适应生产力的发展。

(2015年全国Ⅰ卷·24)《吕氏春秋·上农》在描述农耕之利时不无夸张地说，一个农夫耕种肥沃的土地可以养活九口人，耕种一般的土地也能养活五口人。战国时期农业收益的增加　(　　)

A. 促进了个体小农经济的形成　　B. 抑制了手工业和商业的发展

C. 导致畜力与铁制农具的使用　　D. 阻碍了大土地所有制的成长

战国时期农业收益的增加是生产力发展的结果，使一家一户进行生产成为可能，从而促进了个体小农经济的形成。答案为A。

(2015年全国Ⅱ卷·26)唐宋时期，江南经济迅猛发展，南宋时全国经济重心已移至江南。促成这一转变的主要动力之一是　(　　)

A. 坊市制度瓦解　　B. 土地集中加剧

C. 农业技术进步　　D. 海外贸易拓展

中国古代经济以农业为主，经济重心的南移就是农业重心的南移，而农业的发展是生产工具、生产技术进步等生产力发展的结果。答案为C。

(2014年全国Ⅱ卷·33)有人描述19世纪初英国的情景时说，妇女和女孩们曾从黎明到深夜整天不断地使用的嘤嘤作响的纺车，如今已被弃置屋隅。那些打着拍子砰然作响的手织机也多半闲置无闻。这说明　(　　)

A. 生产领域出现革命性变化　　　B. 工业革命推动妇女解放

C. 重工业成为国民经济主导　　　D. 家庭手工业已不复存在

材料体现的是19世纪初期英国工业革命的情景。工业革命是生产力发展的表现，它推动了生产方式的变革，机器生产代替了手工劳动。答案为A。

(2015年全国Ⅰ卷·41)材料：有历史学者为说明近代以来科学技术在生产力发展中的作用，引用了如下公式：

生产力＝科学技术×(劳动力＋劳动工具＋劳动对象＋生产管理)

这一公式表明，科学技术有乘法效应，它能放大生产力诸要素。

——摘编自齐世荣总主编《世界史》

运用世界近现代史的史实，对上述公式进行探讨。

(说明：可以就科学技术与公式中一个或者多个要素之间的关系进行论证，也可以对公式进行修改、补充、否定或提出新的公式，并加以论述，要求观点明确、史论结合、史实准确)。

本题需要对生产力诸要素进行理解，可依据世界近现代史上的两次工业革命和第三次科技革命的相关史实，选取科学技术与公式中一个或多个要素之间的关系进行论证，如第一次工业革命中牛顿力学与瓦特改良蒸汽机、工厂制度的建立，第二次工业革命中电力的广泛使用与垄断组织的形成等内容，论证它们之间的关系。论述时需把握"科学技术是第一生产力"的观点，它促进了劳动工具的改进、推动了生产管理水平的提高。

2. 生产关系反作用于生产力

生产关系对生产力的反作用主要表现为两种情形：当生产关系适合生产力发展的客观要求时，它对生产力的发展起推动作用；反之，就阻碍生产力的发展。

生产关系的变革，归根到底是由生产力发展的要求决定的。生产关系反作用的发挥，都是以适应一定的生产力状况为前提的；否则，它必然失败。

(2016年全国Ⅱ卷·29)1930年，鄂豫皖革命根据地英山县水稻单位面积产量增加二三成，有的甚至达到五成，出现"赤色区米价一元一斗，白色区一元只能买四五升"的情况。这主要是因为根据地　　(　　)

A. 农民生产的积极性高涨　　　B. 红军英勇奋战保卫农民生产

C. 政府主要精力用于增产　　　　D. 人民打破国民党的经济封锁

红色根据地粮食价格低，是因为土地革命大大提高了农民的生产积极性，即生产关系的变革解放和发展了生产力。答案为 A。

(2018 年全国Ⅰ卷·26)北宋前中期，在今四川井研县一带山谷中，密布着成百上千个采用新制盐技术的竹筒井。井主所雇工匠大多来自“他州别县”，以“佣身赁力”为生，受雇期间，若对工作条件或待遇不满意，辄另谋高就。这反映出当时　　　　(　　)

A. 民营手工业得到发展　　　　B. 手工业者社会地位高

C. 雇佣劳动已经普及　　　　D. 盐业专卖制度解体

根据“成百上千个采用新制盐技术的竹筒井”可知井研县制盐业规模较大，并且井主所雇工匠具有选择权，可看出井研县制盐业不是官营手工业，而是民营手工业。这种雇佣关系适应了当时制盐业的发展。答案为 A。

(2018 年全国Ⅱ卷·35)20 世纪 60—70 年代，法国、联邦德国和意大利北部原本落后的农村迅速实现了机械化，数百万农民成了相对富裕的农场主。这一变化的原因是　　　　(　　)

A. 马歇尔计划开始发挥作用　　　　B. 欧洲经济一体化的推动

C. 西欧社会福利制度的确立　　　　D. 布雷顿森林体系的瓦解

由材料“20 世纪 60—70 年代，法国、联邦德国和意大利北部”可知，1967 年欧共体成立后，欧洲经济一体化推动了欧洲农村经济的发展。答案为 B。

二、经济基础与上层建筑的辩证关系

经济基础是上层建筑赖以存在的根源，是第一性的；上层建筑是经济基础在政治上和思想上的表现，是第二性的、派生的。

1. 经济基础决定上层建筑

经济基础决定上层建筑的性质。每一种社会形态的上层建筑都是为了适应自己经济基础的需要而建立的。上层建筑的根本性质取决于它的经济基础的性质。

经济基础决定上层建筑的变革。生产力的发展引起生产关系即经济基础的变化，上层建筑或慢或快也要发生变革。

(2017 年全国Ⅱ卷·31)1977 年,我国各大专院校录取新生 27.3 万人,至 1988 年高校在校生总规模达 206 万人,2001 年增长至 719 万人。在此期间,高等职业教育和各种形式的成人高等教育的入学人数也有很大增长。由此可知 ( )

A. 社会对专业人才的需求得到了解决

B. 高等教育实现了与生产劳动相结合

C. 人才选拔制度的改革适应了经济社会发展

D. 恢复统一高考制度促进了高等教育的普及

材料为 1977 年、1988 年、2001 年三个时段高校的在校人数,通过数据变化并结合时代背景可知,高校在校生规模的扩大是经济社会发展的结果和要求,说明随着改革开放的深入,经济社会的发展对人才的需求不断增加,人才选拔制度的改革适应了经济社会的发展趋势,体现了经济基础决定上层建筑。答案为 C。

(2018 年全国Ⅲ卷·30)1956 年,刘少奇在中共八大政治报告中指出:"我们目前在国家工作中的迫切任务之一,是着手系统地制定比较完备的法律,健全我们国家的法制。"这反映了当时 ( )

A. 法制建设开始迈向制度化

B. 法制工作围绕组建新政权展开

C. 法制建设与国内主要矛盾的变化密切相关

D. 政治体制改革推动了依法治国的全面实行

1956 年三大改造完成,社会主义制度在中国确立起来,国内主要矛盾转变为先进的社会制度与落后的生产力之间的矛盾,法制建设应适应新形势的需要,体现经济基础决定上层建筑,答案为 C。

2. 上层建筑反作用于经济基础

上层建筑反作用于经济基础,其反作用主要表现在:上层建筑一经产生,便成为一种积极的能动的力量,促进自己经济基础的形成、巩固和发展;同时与阻碍、威胁自己经济基础发展的其他经济关系、政治势力和意识形态进行斗争。

当上层建筑代表先进生产关系时,会促进生产力发展,巩固经济基础。当上层建筑代表落后生产关系时,就会成为阻碍生产力发展、阻碍社会前进的落后力量。

(2016年海南卷·20)1942年,中共中央规定:“一切尚未实行减租的地区,其租额照抗战前租额减少百分之二十五,”“在游击区及敌占点线附近,可比二五减租还少一点,只减二成、一成五或一成。”这一规定旨在　(　　)

A. 打击封建地主经济　　B. 加强各阶层的抗日大联合

C. 削弱国民党在敌后的势力　　D. 纠正王明“左”倾路线

减租政策属于生产关系调整,其目的是适应当时的政治(上层建筑)需要,即加强各阶层的抗日大联合,体现出经济基础与上层建筑的相互作用。答案为B。

(2016年全国Ⅱ卷·26)宋代,有田产的“主户”只占民户总数20%左右,其余大都是四处租种土地的“客户”。导致这种状况的重要因素是　(　　)

A. 经济严重衰退　　B. 土地政策调整

C. 坊市制度崩溃　　D. 政府管理失控

此题呈现的是宋代租佃关系盛行,说明自耕农减少、土地兼并严重,这与政府“不抑兼并”的政策密切相关,是上层建筑反作用的表现。答案为B。

三、社会存在与社会意识的辩证关系

生产力的发展使生产关系发生变化,必定会使经济基础和上层建筑发生相应的变化,这样的社会存在又会产生新的社会意识。社会存在与社会意识何者为第一性的问题,是划分历史唯物主义和历史唯心主义的根本界限。

1. 社会存在决定社会意识

社会存在的性质决定社会意识的性质。社会意识来源于社会存在,具有鲜明的时代性和阶级性。有什么样的社会存在就会有什么样的社会意识与之相适应。

社会存在的变化决定社会意识的变化。社会意识的发展变化归根到底都是同社会存在的发展变化相适应的,随着社会存在的变化,人们的社会意识会发生或早或迟、或快或慢、或大或小的变化。

(2013年全国Ⅱ卷·27)清代有学者说:“古有儒、释、道三教,自明以来,又多一教,曰小说……士大夫、农、工、商贾,无不习闻之,以至儿童、妇女不识字

者,亦皆闻而如见之,是其教较之儒、释、道而更广也。”这表明 ( )

A. 小说成为一种新的宗教传播载体

B. 小说的兴起冲击了封建等级观念

C. 市民阶层扩大推动世俗文化发展

D. 世俗文化整合了社会的价值观念

随着商品经济的发展和市民阶层的发展壮大,与之相适应的是世俗化的市民文学。体现了社会存在决定社会意识。答案为C。

(2017年全国Ⅰ卷·27)明前中期,朝廷在饮食器具使用上有一套严格规定,例如官员不得使用玉制器皿等。到明后期,连低级官员乃至普通人家也都使用玉制器皿。这一变化反映了 ( )

A. 君主专制统治逐渐加强　　B. 经济发展冲击等级秩序

C. 市民兴起瓦解传统伦理　　D. 低级官员易染奢靡风气

材料的主旨是明朝在前中期与后期使用饮食器具上的变化,从有等级规定到无等级性,反映了经济发展对社会等级观念的冲击,体现了一定时期的文化是一定时期政治经济的反映,即社会存在决定社会意识。答案为B。

(2017年全国Ⅰ卷·29)1904年,湖南、四川、江苏、广东、福建等长江流域与东南沿海9个省份留日学生共计1883人,占全国留日学生总数的78%,直隶亦有172人,山西、陕西等其他十几个省区仅有351人。影响留日学生区域分布不平衡的主要因素是 ( )

A. 地区经济文化水平与开放程度有别

B. 革命运动在各地高涨程度存在差异

C. 清政府鼓励留学的政策发生变化

D. 西方列强在中国的势力范围不同

从留日学生的来源看,长江流域和东南沿海较多,其他地方较少,分布不平衡。东南沿海和长江流域是通商口岸的主要分布地,也是近代中国经济文化发展、思想开放程度较高的地方。留日学生分布区域不平衡的现象根源在于中国近代化进程的地区差异,反映了社会存在决定社会意识。答案为A。

(2017年全国Ⅱ卷·33)13世纪后半期,佛罗伦萨市政府决定扩建一座小而简陋的教堂,并专门发布公告称,教堂要与“佛罗伦萨的众多市民的意志结合

而成的高贵的心灵相一致”。这反映出，当时佛罗伦萨（　　）

A. 工商业阶层成长壮大　　B. 人文主义广泛传播

C. 教会权威进一步提升　　D. 新教理论初步形成

13 世纪后半期，随着佛罗伦萨商品经济和资本主义生产方式的不断发展，市民阶层发展壮大，教堂要与市民阶层的意志与心灵相一致，体现了社会存在与社会意识之间的关系。答案为 A。

2. 社会意识反作用于社会存在

社会意识反映社会存在，并对社会存在起促进或阻碍的作用。先进的、革命的、科学的社会意识对社会存在的发展起着积极促进作用；反之，落后的、反动的、非科学的社会意识对社会存在的发展起着阻碍作用。

（2015 年全国Ⅰ卷·26）宋代，东南沿海地区出现了一些民间崇拜，如后来被视为海上保护神的妈祖、被视为妇幼保护神的临水夫人等，这些崇拜得到朝廷认可，后世影响不断扩大，这反映出（　　）

A. 朝廷不断鼓励海洋开发　　B. 女性地位逐渐得到提高

C. 东南沿海经济社会影响力上升　　D. 统治思想与民众观念趋向一致

东南沿海地区的民间崇拜得到中央政府的认可，是其经济发展、社会影响力不断提升的结果，说明社会意识是社会经济发展的反映。答案为 C。

（2016 年海南卷·7）关羽因其忠义勇武，被世人称颂，至宋徽宗时被封为“忠惠公”，其后不断加封，到清代被封为“忠义神武关圣大帝”。这种现象反映了（　　）

A. 关羽的个人品德决定了民众崇拜的形成

B. 历代皇帝的好恶决定着崇拜关羽的取向

C. 对关羽的信仰符合官方意识形态的要求

D. 民众的信仰不断推高关羽“神”的地位

关羽“神”的地位的不断提升是政府适应民众需求而不断加封的结果，民间对关羽的信仰符合官方的需要。政府提倡的思想属于官方意识形态，体现了社会意识是社会存在的反映。答案为 C。

（2017 年全国Ⅱ卷·26）北朝时，嗜好奶类制品的北方人常常嘲笑南方人的喝茶习俗。唐中期，北方城市中，“多开店铺，煎茶卖之，不问道俗，投钱取饮。

其茶自江、淮而来，舟车相继，所在山积”。据此可知，唐中期 （ ）

A. 国家统一使南茶开始北运 B. 南北方饮食习惯趋于一致

C. 南方经济文化影响力上升 D. 南方经济水平已超越北方

材料体现的是北朝到唐中期北方对喝茶态度的变化。茶叶自江淮而来，反映了唐中期南方经济的进一步发展，正是由于其经济的发展而影响、改变了北方人对喝茶的观念和习惯，说明社会意识是社会存在的反映。答案为C。

(2014年全国Ⅱ卷·29)1926年，有报纸评论说：“自从将介石抬出三民主义，大出风头以后，许多人都觉得主义是值钱的，于是乎孙传芳标榜三爱(爱国、爱民、爱敌)，东三省有人主张三权(民权、国权、人权)。听说四川有些军人到处请教人替他们想个主义玩玩。”这种现象反映了当时 （ ）

A. 政治宣传促使各界思想趋同

B. 标榜主义成为军阀自保的主要手段

C. 民主思想已经成为社会潮流

D. 各地军阀对三民主义理解存在差异

新三民主义成为国共合作的基础，也是国民革命运动的指导思想。随着国民革命运动的推进，三民主义(民主)思想得到迅速传播，成为社会潮流，是先进的社会意识起积极作用的反映。答案为C。

四、阶级斗争是推动阶级社会发展的直接动力

阶级斗争是推动社会形态更替的直接动力和杠杆，促使社会形态发生质变。它还不断给统治者以这样或那样的打击，推动同一社会形态的量变。

(2018年全国Ⅰ卷·29)五四运动后，出现了社会主义是否适合中国国情的争论，有人反对走俄国式的道路，认为救中国只有一条路，就是“增加富力”，发展实业；还有人主张“采用劳农主义的直接行动，达到社会革命的目的”。这场争论 （ ）

A. 确定了新民主主义革命的道路

B. 使思想界认清了欧美的社会制度

C. 在思想上为中国共产党的成立准备了条件

D. 消除了知识分子在救亡图存方式上的分歧

这场争论围绕社会主义是否适合中国国情而展开，有利于人们认清社会主义的理论，促进了马克思主义在中国的传播，进而为中国共产党的成立准备了思想条件。此题考查中国共产党成立的历史背景，体现了阶级斗争推动历史发展。答案为C。

(2018年全国Ⅰ卷·33)1847年6月，正义者同盟改名为共产主义者同盟，以"全世界无产者，联合起来"的新口号代替"人人皆兄弟"的旧口号，并规定同盟的目的是："通过传播财产公有的理论并尽快地求其实现，使人类得到解放。"这一变化说明　(　　)

A. 共产主义者同盟接受了马克思的革命理论

B. 马克思主义的诞生推动了无产阶级的斗争

C. 工人运动在欧洲的主要资本主义国家开始兴起

D. 无产阶级与资产阶级的矛盾成为社会主要矛盾

"全世界无产者，联合起来""通过传播财产公有的理论并尽快地求其实现，使人类得到解放"体现了马克思的革命理论，而正义者同盟接受了这些理论，说明共产主义者同盟接受了马克思的革命理论，成为第一个以科学社会主义为指导思想的国际无产阶级的政党。答案为A。

五、人民群众是历史的创造者

人民群众是社会物质财富的创造者，也是社会精神财富的创造者，是社会变革的决定力量。人民群众是历史的主体，是推动历史发展的真正动力。

(2014年全国Ⅱ卷·32)罗马共和国早期，当罗马遭受外族进攻时，平民曾多次将自己组织的队伍撤离罗马，拒绝作战，迫使贵族在政治上做出让步。《十二铜表法》的制定就是这种斗争的成果之一。可见当时　(　　)

A. 贵族逐步丧失制定法律的主导地位

B. 平民采取有效方式争取自身权益

C. 贵族让步在法制发展中起决定作用

D. 平民与贵族的政治诉求日趋一致

此题主旨为罗马平民为迫使贵族让步而拒绝作战，最终使贵族做出妥协，通过了《十二铜表法》，从而推动了罗马法律的发展。体现了罗马平民在人类向法制化迈进的过程中做出的贡献。答案为 B。

(2018 年全国Ⅰ卷·24)《墨子》中有关于“圆”“直线”“正方形”“倍”的定义，对杠杆原理、声音传播、小孔成像等也有论述，还有机械制造方面的记载。这反映出，《墨子》 ( )

A. 汇集了诸子百家的思想精华

B. 形成了完整的科学体系

C. 包含了劳动人民智慧的结晶

D. 体现了贵族阶层的旨趣

《墨子》中记载的数学、物理学、机械制造等科学知识，是中国古代劳动人民在生产实践中总结的经验智慧，反映劳动人民创造了历史。答案为 C。

(2018 年全国Ⅱ卷·29)1923 年底，孙中山认为：“俄革命六年成功，而我则十二年尚未成功，何以故？则由于我党组织之方法不善，前此因无可仿效。法国革命八十年成功，美国革命血战八年而始得独立，因均无一定成功之方法。惟今俄国有之，殊可为我党师法。”其意在 ( )

A. 走苏俄革命的道路　　B. 放弃资产阶级代议制

C. 加强革命的领导核心　　D. 改变反封建的斗争目标

1923 年底，孙中山接受苏联的建议和中共的帮助，看到了人民群众的伟大力量，用“联俄、联共、扶助农工”三大政策重新解释三民主义，促成国共两党合作，加强了革命的领导核心，实现了伟大的转变。答案为 C。

六、以唯物史观为指导论述历史与现实问题

“能够将唯物史观运用于历史学习、探究中，并将其作为认识和解决现实问题的指导思想”，是新课标对唯物史观素养水平划分的较高要求。在学业质量水平的具体描述中，新课标对唯物史观的第 3、4 级水平又提出：“能够史论结合、实事求是地论述历史与现实问题。”[①]实际上，这些要求在高考历史试题中早已有所体现。

2018 年全国Ⅰ卷第 42 题提供了《鲁宾孙漂流记》的小说梗概，并提示其中

① 中华人民共和国教育部：《普通高中历史课程标准(2017 年版)》，第 43～44 页。

许多情节反映了世界近代早期的重大历史现象，要求学生结合世界近代史的所学知识，从梗概中提取一个情节，指出它所反映的近代早期重大历史现象，并概述和评价该历史现象。（要求：简要写出所提取的小说情节及历史现象，对历史现象的概述和评价准确全面。）

小说的情节不仅能够反映出近代早期新航路开辟和大航海时代殖民扩张、奴隶贸易等重大史实，也折射出文艺复兴、宗教改革等许多历史文化现象，试题将阅读文学作品与分析历史现象联系在一起，强调对考生完整思维过程的考查。这道题的解答步骤如下：提取情节——指出该情节所反映的历史现象（情节与历史现象之间的关联性）——进行概述和评价。它所考查的能力包括：提取有效信息，在相应时空背景下归纳历史知识，对信息进行完整、准确、合理的解读，提出和发现问题，客观叙述历史事物，透过现象看本质，独立得出历史结论，正确认识和评价历史事物。题目"评价该历史现象"的要求，需要学生从时间与空间、原因与结果、动机与效果、必然与偶然、局部与整体等角度加深对历史的理解，运用"生产力与生产关系""经济基础与上层建筑""社会存在与社会意识"的相互关系等唯物史观基本原理，对历史现象进行全面、合理、辩证的评价，并做到论从史出、史论结合。

近年来，历史高考全国卷的试题都有一道类似的开放性论述题。它留给学生的自由空间很大，有利于他们从多个角度进行思考和表达，但如果把握不好往往容易失分。这一方面需要进行必要的训练，但另一方面，掌握和运用唯物史观的立场、观点和方法去分析、解决问题，才是全面、客观地认识历史的最佳途径。

纵观历年高考试题，对唯物史观的考查在历史高考试题中非常常见，且形式多样。培养学生用唯物史观分析、解决问题的能力，既是高考应对之策，也是高中历史教学应达到的目标。人类对历史的认识是由表及里、逐渐深入的，高中生的历史学习也是一个由浅至深的过程，要透过历史的纷繁表象认识历史的本质，探究历史发展进程的必然性和规律性，离不开科学的历史观和方法论的指导。只有运用唯物史观的立场、观点和方法，才能从宏观上理解并把握历史发展的趋势，提高历史学习的深度与广度，提高对历史问题的分析和探究能力。

坚持正确的思想导向和价值判断，立德树人，是历史课程的根本任务。李大钊说："历史观者，实为人生的准据，欲得一正确的人生观，必先得一正确的历史观。"①因此，历史教学必须坚持以唯物史观为指导，对人类历史发展进行科学阐释，将正确的思想导向和价值判断融入对历史的叙述和评判中；要通过历史学习，让学生全面、客观地认识历史与现实，从而形成正确的世界观、人生观和价值观。

第二节 关于时空观念的考查

时空观念是历史学习的前提和基础。任何历史事件都是在特定的、具体的时间和空间条件下发生的，只有将历史置于一定的时空框架中，才能显示出它们存在的意义。历史高考试题源于教材但远高于教材，在命题立意上着重考查学生核心素养，对历史时空观的考查尤为突出。笔者整理了一份近三年历史高考全国Ⅰ卷试题时空观念素养的考查统计表：

表 4-1

时间	选择题	非选择题
2016 年	24、25、27、28、30、31、33、34、35	40
2017 年	24、25、27、29、30、31、32、33、34、35	41、42
2018 年	24、25、26、27、28、29、30、31、33、35	41、42

一、对历史时间的考查

时间是历史的线索和脉络，历史高考试题中考查时间点的很多，如下题：

(2008 年全国卷Ⅰ卷·20)在 1878 年的日本，儿童玩拍球游戏时，用 10 种最值得采用的新事物的名称来代替数字，它们分别是汽灯、蒸汽机、马车、照相机、电报、避雷针、报纸、学校、信箱和轮船。这主要反映了日本 （　　）

A. 殖产兴业的经济政策　　B. 富国强兵的奋斗目标

① 李大钊：《史学要论》，长春：时代文艺出版社，2009 年，第 44 页。

C. 全盘西化的生活方式　　　　　　D. 文明开化的文化政策

1878 年这个时间点属于明治维新开始后，“汽灯、蒸汽机、马车、照相机、电报、避雷针、报纸、学校、信箱和轮船”是西方工业革命的文明成果，当时日本政府主张“文明开化”的国策，学习西方器物、服饰及自然科学。A 项殖产兴业指创办企业，与题干相比范围小。B 项富国强兵指经济与军事，与题干无关。C 项全盘西化与史实不符。题干涉及社会生活的方方面面，抓住切入点，代入历史情境，联系当时日本的政策，理解文明开化的政策，可以选出 D。

又如：

(2016 年全国Ⅰ卷 · 30)1943 年 8 月，国民党颁布《抗战期间宣传名词正误表》，把“亲日派”“长征时代”“争取民主”“国共合作”“抗日民族统一战线”等归为“谬误名词”，禁止刊载。这反映了国民党　(　　)

A. 努力缓和与其他党派的矛盾　　　　B. 竭力塑造战时政府的形象

C. 与中共争夺抗战的领导权　　　　D. 力图维护一党专制的局面

本题主要考查学生对 1943 年这个时间点的判断。1943 年处于抗战的相持阶段，国民党退守大西南，在国统区的统治日趋专制独裁，从而判断答案为 D。

(2017 年全国Ⅰ卷 · 29)1904 年，湖南、四川、江苏、广东、福建等长江流域与东南沿海 9 个省份留日学生共计 1883 人，占全国留日学生总数的 78%，直隶亦有 172 人，山西、陕西等其他十几个省区仅有 351 人。影响留日学生区域分布不平衡的主要因素是　(　　)

A. 地区经济文化水平与开放程度有别

B. 革命运动在各地高涨程度存在差异

C. 清政府鼓励留学的政策发生变化

D. 西方列强在中国的势力范围不同

1904 年处于清末新政的阶段，甲午战后有大量的中国人赴日留学，全国各地留学生比例不同，既与开放程度有关，也与经济发展水平有关，故答案选 A。

(2017 年全国Ⅰ卷 · 31)1990 年，一份提交中央的报告说，理论上的凯恩斯主义和实践中的罗斯福新政，实际上是把计划用作国家干预的一种手段，从那时候起，计划与市场相结合成为世界经济体制优化的普遍趋势。据此可知，该

报告的主旨是（　　）

A. 肯定国家干预经济的发展模式

B. 阐明融入经济全球化的必要

C. 主张摆脱传统经济模式的束缚

D. 剖析西方经济体制的实质

1990年,中国处在改革开放的关键阶段,还没有确立社会主义市场经济体制的目标,但计划经济与市场经济的争论初露端倪,故答案选C。

以上试题都是考查历史事件的时间点。高考不仅考查时间点,还考查时间段。

(2007年全国Ⅰ卷·22)20世纪70年代,毛泽东提出"三个世界"划分的理论,主要目的是（　　）

A. 团结第三世界发展中国家,使中国尽早恢复在联合国的合法席位

B. 支援第三世界国家人民的反美斗争

C. 表明中国是第三世界发展中国家,不与美苏结盟

D. 团结第二、第三世界国家,反对霸权主义

要注意题干说的是20世纪70年代这个时间段。1971年中国恢复在联合国的席位,选A不合适。结合美苏争霸的事实,可以看出三个世界划分的战略思想突出了第三世界的重要作用,中国政府明确把加强同第三世界的团结与合作作为自己外交政策的重要内容。20世纪70年代,中国联合世界上大多数国家,结成反对超级大国霸权主义的统一战线,为国际社会贡献了自己的力量。故答案选D。

(2007年全国Ⅰ卷·23)《欧洲经济史》描述了18世纪中期以来欧洲某些地区出现的现象,"贵族的炫耀生活,受到财富日益增长的资产阶级的仿效,甚至受到挑战。虽然他们有时被人轻蔑地说成是'暴发户',但是,他们的购买力形成了他们自己竞相仿效的基础"。这段描述说明（　　）

A. 工业革命已经影响到社会生活

B. 启蒙思想的传播消除了人们的等级观念

C. 政治革命使封建贵族告别了昔日生活

D. 科技进步降低了生产成本,物价相对低廉

解答本题必须首先找“18 世纪中期以来”这个时间段，并与英国第一次工业革命时间相对应，此时生产力迅速发展、资产阶级财富日益增长，从而推出工业资产阶级因财富增长而效仿贵族的生活。B 项说法绝对，C 项不符合题意，D 项与题意无关。

把握了时间段，就相应地把握了阶段特征，才能做出合理的逻辑推测，由此可以看出把握历史时间段多么重要，这是学习历史的起点和归纳历史的终点。

又如 2010 年全国Ⅰ卷第 27 题：

表 4-2　　明代洪武至弘治年间(1368—1505)徽州祁门土地买卖契约情况表

时间	使用通货类别及契约张数
洪武年间至永乐年间	宝钞 23、银 1、布 1
宣德年间至景泰年间	宝钞 4、银 27、布 42、稻谷 4
天顺年间至弘治年间	银 52、稻谷 1

表 4-2 反映了　　（　　）

A. 宝钞在民间的信用降低　　B. 社会经济大幅度衰退

C. 生活资料均可作为支付手段　　D. 白银始终是主要流通货币

大明宝钞是明朝官方发行的唯一纸币。从表中可以看出，明朝时期纸币使用逐渐减少，实物作为通货手段现象也在减少，唯有白银日益成为主要流通货币。逐一判断四个选项，只有 A 项表述准确。

(2016 年全国Ⅱ卷・28)19 世纪中期以后，中国市场上的洋货日益增多，火柴、洋布等用品“虽穷乡僻壤，求之于市，必有所供”。这种状况表明　　（　　）

A. 中国关税主权开始丧失

B. 商品经济基本取代自然经济

C. 民众生活与世界市场联系日趋密切

D. 中国市场由被动开放转为主动开放

抓住“19 世纪中期以后”和“中国”两个时空关键词，就能判断出这一时期中国民众生活与世界市场联系日趋密切，答案为 C。

(2016 年全国Ⅱ卷・31)“一五”计划期间，我国住宅建设占基本建设投资额的比重不断减少，其他非生产性建设投资也开始受到抑制。这表明我国

（　　）

A. 致力于奠定工业化基础

B. 国民经济结构臻于平衡

C. 大力压缩基本建设投资规模

D. 城市化的进程趋于缓慢

题干告诉学生在“一五”计划期间，我国非生产性的消费包括住房投资减少，联系 1953—1957 年这一时间段，“一五”计划优先发展重工业，奠定了工业化的初步基础，可以判断答案为 A。

（2016 年全国Ⅱ卷·33）英国 18 世纪人口死亡率明显下降，但 1816 年以后死亡率上升。1831—1841 年，工厂集中的伯明翰每千人死亡率由 14.6 上升到 27.2，利物浦由 21 上升到 34.8。导致上述情况发生的重要原因是　（　　）

A. 城市环境极其恶化　　B. 化学工业污染严重

C. 人口膨胀食物短缺　　D. 医疗技术水平下降

学生只要明确 1831—1841 年是工业革命期间，理解此时工厂制度的形成，环境污染、工作压力加大，就可以选出 A。

（2017 年全国Ⅰ卷·35）1976 年，美、英、法等西方国家组成七国集团，协调经济政策以解决世界经济难题，苏联加入后成为八国集团。1999 年，八国集团国家和中国、巴西、印度等组成二十国集团，寻求合作以促进国际金融稳定和经济持续增长。从这一历程可看出　（　　）

A. 世界格局的变化冲击旧的世界经济秩序

B. 经济全球化深入到贸易金融领域

C. 越来越多的亚非拉国家进入世界体系

D. 区域经济集团从封闭走向开放

把握时间段 1976—1999 年，从冷战期间到冷战后经济全球化加强，两极格局终结，和平与发展成为世界主题，故答案为 A。

以上选择题都考查了时间段，这既是时间点的联合，也是大的历史阶段中的历史小阶段，这种考查有增多的趋势。

二、对历史空间的考查

历史事件的发生依赖于时空，英国学者卡尔断言：“爱犯错误的人类深受时代环境、地点环境的影响而难以达到真理。”①历史高考试题既考查时间观念，也涉及空间概念的考查。“历史地图本身兼具了历史和地图的双重价值，这就决定了它具有其他教学用具或者资料无法取代的地位。”②历史地图有多种形式，如分布图、疆域图、路线图、形势图等。

分布图是表现历史现象空间位置与分布范围的示意图，制图对象的特性和分布状态不具有空间连续性和面积可测性，这类历史地图往往是近似的或示意的，主要采用范围法、符号法、点值法等制图方法。如下面的试题。

(2017 年全国Ⅱ卷·24)图 4-1 为春秋战国之际局部示意图。当时，范蠡在陶、子贡在曹鲁之间经商成为巨富，这一现象反映了

A. 区域位置影响商贸发展　　B. 争霸战争促进经济交往

C. 交通条件决定地方经济状况　　D. 城市规模扩大推动商业繁荣

图 4-1

该题考查经济分布图，当时黄河中下游是经济重心，中国古代商业得到发展，根据图示，曹、鲁位于黄河中下游，是春秋战国时期的经济重心，故答案为 A。

又如 2011 年全国Ⅰ卷第 25 题，试题提供了一幅依据《隋书·食货志》等而制作的南北朝时期各地区货币使用情况示意图(图略)，该图显示，长江流域主要使用铜币，黄河流域主要使用绢、帛作为货币，河西走廊和岭南地区主要使用

① E. H. 卡尔:《历史是什么?》，北京:商务印书馆，2007 年，第 4 页。

② 陈海燕:《历史地图在中学历史教学中的运用研究》，山东师范大学，2015 年，第 1 页。

金银作为货币。题目问“这反映出”，四个选项分别是：A. 长江流域经济水平总体上高于黄河流域；B. 河西走廊与岭南地区经济发展速度最快；C. 黄河流域的丝织业迅速发展；D. 长江流域经济发展相对稳定。

根据题干信息可知，各地经济发展过程中所使用的货币不相同，实际上反映了南北朝时期南北方经济发展程度的不同。A 项说法不符合史实，南北朝时期南方开始开发和发展，但经济重心仍在北方；河西走廊与岭南地区主要使用金银作为货币，但无法体现发展速度快慢，缺乏足够信息支持，应排除 B 项；南北朝时期北方动荡影响手工业正常发展，排除 C 项；南北朝时期北方战乱，长江流域相对稳定，有利于经济发展，D 项正确。做好这道试题，既要有历史基础知识，又要有历史空间概念。

疆域图反映政权的控制范围或国家力量的对比。如 2011 年全国Ⅰ卷选做题第 47 题考查了第二次世界大战的进程(图 4-2)，题目要求是：

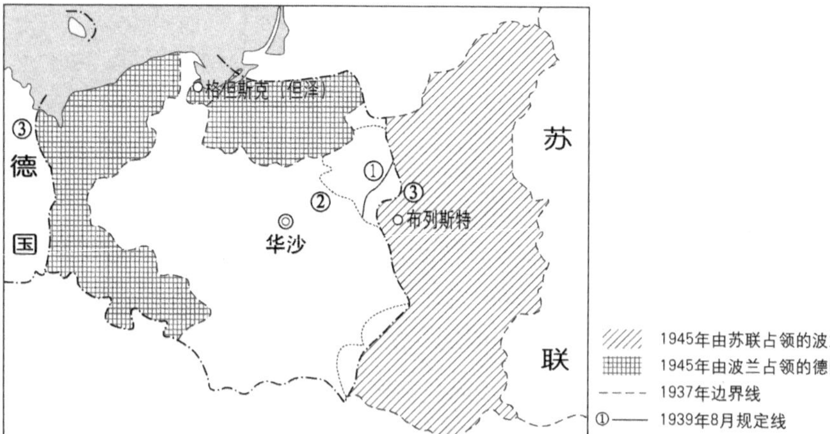

图 4-2

(1)根据图并结合所学知识，分别说明图中①、②两条界线形成的主要原因。(7 分)

(2)根据图并结合所学知识，评述第二次世界大战后波兰东、西部边界线的确定。(8 分)

这道题对学生的识图能力要求很高，要求学生对历史地图具备很强的识别、记忆、时序叠加的能力。学生要掌握第二次世界大战前苏联从波兰东部划分的东方战线，签订了《苏德互不侵犯协定》，苏德瓜分了波兰。苏德战争中，苏联打败了德国解放了东欧，与美英军队会师于柏林，苏军占有了东方战线以东的波兰土地。波茨坦会议上，战败的德国被迫将东部的一些土地割给波兰，波兰东部的土地按照东方战线割给苏联。本题考查第二次世界大战前后欧洲国家疆域的变化，领土部分与波兰有关。历史地图可以直接表示出人类政治军事的活动，课堂教学活动中应注意提高学生的识图能力，努力用若干张地图来说明历史。

又如，2013 年全国高考试题第 41 题提供了“东汉十四州”和“唐开元十五道”两张示意图（图 4-3），要求考生比较两图，从中提取两项有关汉唐间历史变迁的信息，并要求考生结合所学知识予以说明。这是通过历史地图对比从中获取有效信息的典型试题，同时也考查了结合所学知识分析和理解问题的能力。

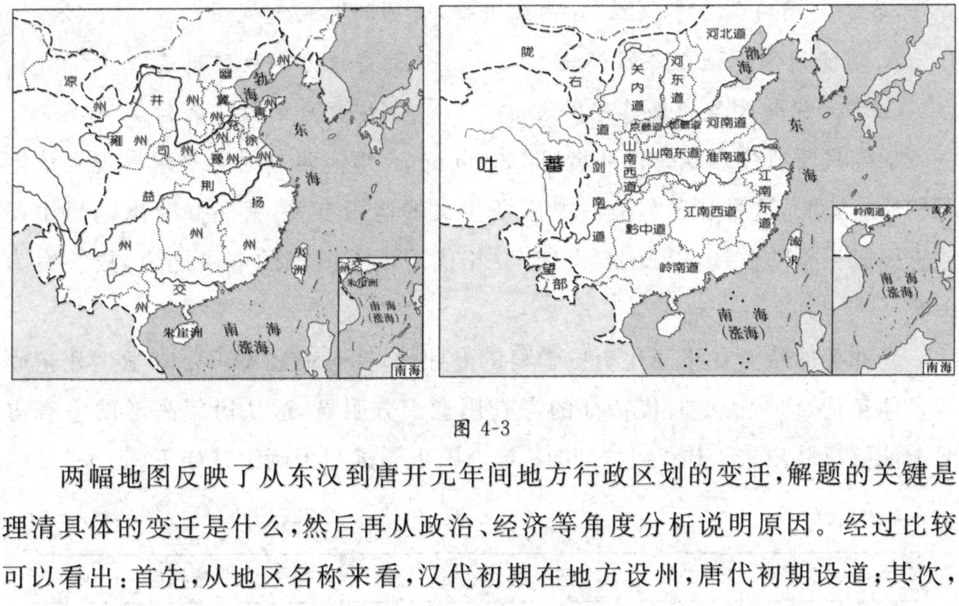

图 4-3

两幅地图反映了从东汉到唐开元年间地方行政区划的变迁，解题的关键是理清具体的变迁是什么，然后再从政治、经济等角度分析说明原因。经过比较可以看出：首先，从地区名称来看，汉代初期在地方设州，唐代初期设道；其次，汉代州名与唐代道名有很大不同，唐代的道多以山、岭、江、河的东西南北来命名，依据山川地理形势来命名；再次，从道和州的分布区域上看，汉代的州集中于黄河中下游地区，唐代的道南北分布大体平衡。造成这种差异，是由于南方社会经济有了很大发展。汉代经济重心在北方，黄河中下游地区人口密集，社会经济发展水平高，州集中于此；到唐代，南方经济逐渐发展，体现在行政区划上道的分布南北大体平衡。

三、对社会时空的考查

社会时空即历史所处的时代背景和时代特征，学生是否具有历史阶段性意识决定了答题能否正确。如2017年全国Ⅰ卷第41题第2问，要求学生概括国民党一大《宣言》中的民族主义与近代法国民族主义内涵的相同之处。这是要求学生从宏观时代背景出发，分析法国和中国由于国情不同、时代环境不同，所导致的民族主义内容的差异。

又如：

(2017年全国Ⅲ卷·35)20世纪70年代初，美国联邦政府机构臃肿，财政支出庞大。总统尼克松在咨文中呼吁，应当"使权力和资源开始从华盛顿流回到州和地方，更重要的是回到全体人民手中。我们要使各州和地方担负更多的责任，我们将同他们分享收入"。由此可知，美国联邦政府试图　(　　)

A. 消除国家干预经济的弊端　　B. 将权力下放到州政府

C. 扩大福利政策的覆盖范围　　D. 恢复自由放任的传统

学生只要抓住宏观时代环境，即20世纪70年代西方国家普遍出现经济停滞和通货膨胀，这种状况与战后凯恩斯主义的运用有关，就能判断出题目主要考查国家干预的弊端，以及20世纪70年代后西方国家的解决之道，故答案为A。

新课标的特点在于淡化历史学科的专业性，高考命题不再要求学生死记硬背具体年代，但对历史时代特征的考查用意十分明显，这从历年高考的考查方向上能够反映出来。以2014—2018年全国Ⅰ卷试题为例统计如下(表4-3)：

表 4-3

时间	选择题	非选择题
2014年	27、28	40
2015年	24、27、28、29、33	46
2016年	28、31、34	47
2017年	27、30、35	42
2018年	27、29、30、31、35	41、42

四、历史时空观念考查的趋势

高考考查时空观念在坚持能力立意的同时又追求“素养立意”，现结合历年高考试题和 2018 年深圳二模试题，分析如下。

1. 呼应时事，关照历史与现实的连接点

不回避时政热点，充满鲜活的时代气息，选材贴近生活、反映时代主题，并与当前的社会热点问题相呼应，这是许多历史试题的特色。学习历史的目的在于探明历史变迁的路径，寻求解决现实问题的方法，“我们只有根据现在，才能理解过去；我们也只有借助于过去，才能理解现在”。[①]历史试题呼应时事热点，体现了“历史问题现实思考，现实问题历史借鉴”的特点，凸显历史学科的教育功能。很多试题考查到了时空观的水平 4：“在对历史和现实问题进行独立探究的过程中，能将其置于具体的时空框架下；能够选择恰当的时空尺度对其进行分析、综合、比较，在此基础上做出合理的论述。”[②]

例如，2016 年全国Ⅰ卷第 40 题从历史上的“人口问题”入手与当时国家人口政策调整相呼应，第 45 题唐太宗谱牒改革与当前社会上的“修谱热”相呼应；2017 年全国Ⅰ卷第 30 题，显性介入“14 年抗战”及“七七事变”爆发 80 周年的时政热点；2018 年是马克思诞生 200 周年、维新变法 120 周年、改革开放 40 周年，这些时政热点背后的历史事件分别出现在全国Ⅲ卷的第 28、29、31 题中，而 2018 年全国Ⅱ卷第 41 题，则契合了当今中美贸易战的时事热点，题目如下：

材料　中国是大豆的故乡，甲骨文中就有关于大豆的记载，先秦时期，大豆栽培主要是在黄河中游地区，“豆饭”是人们的重要食物，《齐民要术》通过总结劳动人民长期的实践经验，认识到大豆对于改良土壤的作用，主张大豆与其他作物轮种。唐宋时期的文献中都有朝廷调集大豆送至南方救灾、备种的记录。大豆的种植推广到江南及岭南……从古至今，各式各样的豆制品是中国人喜爱的食物，提供了人体所需的优质植物蛋白。

1765 年，大豆引入北美，最初作为饲料或绿肥。19 世纪 60 年代，豆腐在美国开始被视为健康食品。19 世纪末，大豆根瘤的固氨功能被发现，在美国干旱地区推广种植。至 1910 年，美国已经拥有 280 多个大豆品种，1931 年，福特公司从大豆开发出人造蛋白纤维，大豆成为食品工业、轻工业及医药工业的重要

---

① E. H. 卡尔：《历史是什么?》，第 146 页。

② 中华人民共和国教育部：《普通高中历史课程标准(2017 年版)》，第 63 页。

原料。1954 年，美国成为世界上最大的大豆生产国，种植面积超过一亿亩，大豆在南北美洲都得到广泛种植，美洲的农田和中国人的餐桌发生了紧密联系。

——摘编自刘启振等《“一带一路”视域下栽培大豆的起源和传播》等

（1）根据材料并结合所学知识，概括我国历史上种植利用大豆的特点和作用。（12 分）

（2）根据材料并结合所学知识，说明大豆在美国广泛种植的原因。（8 分）

（3）根据材料并结合所学知识，简析物种交流的积极意义。（5 分）

本题以“‘一带一路’视域下栽培大豆的起源和传播”为主题，通过大豆在中国古代的种植和利用、在世界范围内的推广传播等材料，考查了我国古代农业科技领先世界的成就以及中国为人类文明交流所做出的贡献，彰显了民族自信，突出了构建人类命运共同体的历史意义。一切历史都是当代史，历史教学需要关照当下，通过学习历史引领学生对现实生活进行反思追问，帮助学生提升历史意识，促进批判性思维、创新性思维的发展。

2. 注重时空对比

历史事物在不同阶段存在不同的演变规律与发展趋势。某一个制度、某一个政党、某一个国家、某一个政策等，不同时期有不同的演变规律。学生只有把握了其规律才能了解其本质。

（2017 年全国Ⅰ卷·25）

表 4-4

皇帝纪年	公元纪年	郡级政区
汉高帝十二年	前 195 年	15 郡
汉文帝十六年	前 164 年	24 郡
汉景帝中六年	前 144 年	68 郡、国
汉武帝元封五年	前 106 年	108 郡、国

表 4-4 为西汉朝廷直接管辖的郡级政区变化表。据此可知（　　）

A. 诸侯王国与朝廷矛盾渐趋激化

B. 中央行政体制进行了调整

C. 朝廷解决边患的条件更加成熟

D. 王国控制的区域日益扩大

联系所学知识，题干事实上在告诉学生分封制在汉初（即汉高帝）是郡国并行制，当时诸侯国比较多，郡相对后世比较少。文帝景帝时期郡的数量不断增多，特别是在景帝平定“七国之乱”以后，郡的数量大大增加，诸侯国在汉代不断缩减，表明中央集权不断得到加强，为其解决边患创造了条件。

(2017年全国Ⅰ卷·27)明前中期，朝廷在饮食器具使用上有一套严格规定，例如官员不得使用玉制器皿等。到明后期，连低级官员乃至普通人家也都使用玉制器皿。这一变化反映了　(　　)

A. 君主专制统治逐渐加强　B. 经济发展冲击等级秩序

C. 市民兴起瓦解传统伦理　D. 低级官员易染奢靡风气

等级秩序逐渐宽松，僭越行为日益增多，而政府管控放松，抓住明前中期和明后期两个不同的阶段，联系所学知识可知是由于商品经济的发展和资本主义萌芽的出现，经济发展冲击等级秩序，故答案为B。学生需把握新经济因素出现的前后，历史事物在不同阶段的演变。

(2017年全国Ⅰ卷·32)在公元前9至前8世纪广为流传的希腊神话中，诸神的形象和性情与人相似，不仅具有人的七情六欲，而且还争权夺利，没有一个是全知全能和完美无缺的。这反映了在古代雅典　(　　)

A. 宗教信仰意识淡薄　B. 人文思想根植于传统文化

C. 理性占据主导地位　D. 神话的影响随民主进程而削弱

联系所学知识，理解人文思想在希腊出现不是偶然的，公元前9世纪至公元前8世纪，希腊神话中神表现得像人一样，说明人文思想根植于传统文化之中，这与东方传统神话中神的全知全能全善形成了鲜明的对比，故答案为B。

历史时间与空间是结合在一起的，随着时间的推移，历史的发展延续一般会有空间的拓展和变换，对历史空间的把握，对于分析、解答历史问题具有非常重要的作用，甚至是突破性的作用。

(2018年深二模·28)19世纪中后期，有20多万广东人拖家带口、扎根上海、聚族而居，活跃在各行各业中。出现这一现象最主要的原因是　(　　)

A. 民族资本主义初步发展　B. 上海经济发展迅速

C. 宗族观念仍然根深蒂固　D. 华南地区战乱不断

本题考查鸦片战争后，对外贸易中心从广州转移到上海，这一基础知识涉及《南京条约》。A项是19世纪末，甲午战后；C项宗族观念存在是聚族而居的原因，不是拖家带口从广州到上海的原因，也不是为什么要扎根于上海的原因。D项“华南地区战乱不断”不符合史实。联系教材，近代中国自然经济的逐步解体，故答案为B。

(2018年深二模·24)西汉时,皇帝多次下令在郡国广建皇室宗庙。东汉初年,庙制逐步简化,除在长安和洛阳立高祖庙,合祭西汉诸帝,此外别无他庙。这一变化反映出 ( )

A. 佛教东传日渐兴盛　　B. 宗法观念日益淡化

C. 皇帝制度逐步稳固　　D. 外戚宦官轮流专权

本题从历史的进程来看宗法制、皇帝制度的变化。西周之后分封制、宗法制日益衰落;皇帝制度是皇权加强的表现。A项违反基本史实,汉代儒学兴盛,中国古代社会世俗权力大于宗教神权,可以排除;D项出现于东汉末年,排除;B项是表象没有回答出原因,C项基础知识可以佐证,故答案为C。

(2018年深二模·25)北宋时期,政府下令商人将粮草运至边境指定地点,得到的报酬是官卖商品茶、盐、铁、香等物资的经营许可。这说明当时 ( )

A. 政府对商业的垄断空前强化　　B. 商税成为主要财政来源

C. 抑商政策严重阻碍商业发展　　D. 政府货币短缺财政拮据

本题考查战国至明清重农抑商政策的长时段的变化,中唐之后的官商分利政策的背景。A项与题干意思相反,显然垄断、抑商政策减弱,与汉代的盐铁官营相比,从秦汉到隋唐,特别是中唐后抑商政策减弱,至明清又加强;B项错误,小农经济时代,农业是主体;题干是官商分利有利于商业发展,体现不了C项;D项是官商分利政策的背景:节约经营成本、减少财政赤字,增加政府收入。另外,将粮食运到北方边疆,政府给予"许可"而题干没有说给予货币,联系基础知识:当时白银短缺、民间产生"交子"等,可判断D项正确。

(2018年深二模·42)两汉、魏晋时期的中国文献中常见对大秦国(古罗马帝国)的记载(表4-5)。阅读材料,完成下列要求。(12分)

表 4-5

类别	文献及成书年代	记载
地理位置	《史记》(西汉)	黎轩(即后人所谓大秦)地处大月氏西约数千里的安息之北,安息长老传言,条支有弱水、西王母。
	《抱朴子》(东晋)	(大秦)地方三万里,最大国也。
风土人情	《魏略》(魏晋之际)	有小城邑合四百余,东西南北数千里,置诸小王甚多。
	《后汉纪》(东晋)	谷食常贱,国用富饶,以石为城郭,周圜百余里。
	《晋书》(唐)	城中屋宇皆以珊瑚为棁柄,琉璃为墙壁,水精为柱础。

（续表）

类别	文献及成书年代	记载
政治概况	《后汉纪》（东晋）	王无常人，国中有灾异，风不时节，辄放去之，而求贤人为王，放者终无怨。
	《抱朴子》（东晋）	此国不畜奴婢，虽国王夫妇，犹躬耕籍田，亲自居桑织经；此国不用刑罚，人民温睦，皆多寿考；国人谈虚说妙，唇理绝殊。
人物形象	《后汉纪》（东晋）	人皆粗长大、平正若中国人。
	《无上秘要》（北周）	有药名“大秦玄坚”，能使上飞轻举，超体霄真，此乃天仙之所服，飞神之所研。
	《北堂书钞》（唐）	昆仑之东十万里有大秦之国，人长三十丈，寿万八千岁，不知禾稼，但食沙石。

——根据庞乃明《古代中国的罗马帝国形象》整理

辨析上述古籍记载，结合所学知识，提取合理的信息，任选一个角度，探讨古代中国人对罗马帝国的认识。（要求：自拟论题，观点明确，史论结合，逻辑合理。）

本题考查魏晋南北朝时期，中国与罗马帝国的地理位置、气候条件、经济发展、政治概况等情况的比较。联系所学知识，魏晋南北朝时期战乱频繁、民生凋敝、宗主督护制控制庞大人口，社会黑暗；古罗马社会存在公民，罗马也有以《十二铜表法》为代表的成文法可以保护平民的一些利益。罗马帝国地域广大；魏晋南北朝时期小国林立。在古代雅典，由于民主政治制度的客观需要，以及智者学派等影响，社会上辩论风气盛行。这种风气影响到后来的古罗马，导致罗马人也热衷于哲学思辨；魏晋南北朝时期佛教流行于中国。张骞通西域开通了丝绸之路，对西方有了一些了解，但受地理条件的限制也造成了解的不充分。

答案示例：

角度：古代中国人对古罗马帝国政治概况的认识。

观点：古代中国人对古罗马帝国政治概况的认知，既有其合理的成分，也存在与现实脱节的臆想。（2分）

论证：东晋人对大秦国政治方面的记载散见于《后汉纪》与《抱朴子》。其中“国人谈虚说妙，唇理绝殊”的记载有一定的合理性，而“不畜奴婢”“不用刑罚”的说法则与史实不符。在古代雅典，由于民主政治制度的客观需要，以及智者学派等影响，社会上辩论风气盛行。这种风气影响到后来的古罗马，导致古罗马人也热衷“谈虚说妙”，“唇理绝殊”。另一方面，古希腊和古罗马社会存在大量奴隶，古罗马有以《十二铜表法》为代表的成文法，足证“不畜奴婢”“不用刑罚”之说有误。(4分)自张骞通西域以来，中原王朝对西方国家有了一定的了解。但由于空间上的阻隔，古代中国人无法全面、真实地加以认识。另一方面，有感于魏晋时期战乱频繁、民生凋敝、宗主豪强控制庞大人口的现实，时人塑造出“贤人为王”“人民温睦”“不畜奴婢”“不用刑罚”的大秦印象。这种印象失真却美好，为时人苦闷的内心带去一丝慰藉。(4分)

结论：由于东西方交往日益密切，魏晋时期的中国人模糊地了解到古罗马帝国的政治状况。这种了解真假参半，有一部分如实地反映了现实，还有很大一部分是古代中国人基于社会现实而形成的主观臆想。这种认识是特定时空环境下的产物，有一定的局限性。(2分)

3. 考查新情境下的问题解决

新课标提出学业水平考试的命题原则，明确提到新情境的类型包括：学习情境、生活情境、社会情境、学术情境。创设试题情境，考查学生在新情境下如何解决问题，利于检测和评价学生的历史学科核心素养水平。

(2018年深二模·30)1937年6月13日《申报》刊登《克隆斯达海军》电影广告(图4-4)，对此广告推断正确的是 (　　)

A. 红色文化是当时上海的主流文化

B. 播放该片旨在激励民族抗战精神

C. 中苏联合抗日引起西方列强不满

D. 抗日民族统一战线已经正式建立

图 4-4

本题代入历史情境，抓住时间是七七事变前夕，当时是南京国民政府统治时期，是大地主大资产阶级的政府，排除A项；C项当时没有发生；D项抗日民族统一战线在淞沪会战爆发后正式建立，标志是1937年9月，国民党中央通讯社发表了《中共中央为公布国共合作宣言》。

“历史时空观念素养培养的有效策略主要有：关注历史时空知识的补缺与学法指导，为时空观念铺垫；注意历史阶段特征与学生主动性发挥，增强历史时间敏感度；善于将历史与地理学科进行创新结合，加深历史空间观念；综合专题教学与通史教学的优势发挥，纵横搭建历史网络；有效发挥历史地图教学时的双重功用，综合强化历史时空观念。”①

综上所述，高考考查趋势，除了考查时间段外，会更多地侧重于时空对比，例如同一地区不同时期的对比、同一时期不同区域的对比；会侧重于细节的考查，例如地图类试题将历史时空知识隐藏于图片之中、考查历史事物发生的地理相对位置及变化、历史事件发生的空间上的典型事件等，以此全面考查“获取和解读信息”“调动和运用知识”“概括和阐释事物”等综合能力。张汉林教授认为，“历史思维的表现之一，是在时间中思考（thinking in time）”。② 高考试题不断地发展变化，我们的策略也要不断地改进，并且要努力走在高考变革的前列，唯有抓住不变之要素——核心素养，方得始终。

第三节　关于史料实证的考查

史料实证作为最具历史学科特点的核心素养之一，往往也是高考考查的重要内容。高考试题最早对此做出的探索，可以追溯到2001年上海高考的那道“老山汉墓”题：

（2001年上海卷·37，部分）2000年北京老山汉墓被确认是汉武帝儿子燕王夫人之墓。科学家对女主人的头像进行复原后，意外地发现她极像西域女子，这引起了人们的关注和猜测：她是今新疆地区人，是古代中亚人，是有西域民族血统的汉族人，还是西域以外的人？你倾向于哪一种说法？请简要说一说你的理由。

女主人究竟属于哪一民族，需要进一步探究。研究这一问题有何历史意义？

揭开这一谜底，有待进一步收集直接和间接的证据。你认为有哪些方法？

虽然这一试题是针对探究性学习的，但题目的具体史料和设问正体现着史料实证素养。笔者查阅了以往高考试题侧重于“史料实证”素养考查的部分，对

① 袁婕：《历史学科核心素养之时空观念的培养及策略》，温州大学硕士论文，2017年，第18～29页。

② 张汉林：《从历史学谈历史学科的核心素养》，《历史教学（上半月刊）》2016年第5期，第15页。

照《普通高中历史课程标准(2017年版)》的“课程目标”,选出一些典型试题,在此基础上,从史料本身的认知、史料的解读与推论、用史料证据链解决实际问题、新课改下高考考查趋势四个方面入手,对史料实证素养的考查做初步分解和归类。

一、史料的认知

新课标在“课程目标”中明确要求:“了解史料的多种类型,掌握收集史料的途径和方法;能够通过对史料的辨析和对史料作者意图的认知,判断史料的真伪和价值,并在此过程中增强实证意识。”[①]可见,中学生学习历史首先得明确史料的分类,其次能在唯物史观的指导下判断其价值,才能形成新的历史认识。

1. 史料类型

根据不同的划分标准,史料可分为不同种类。目前高考试题综合了多位历史专家对史料分类的论述,较为常见的是两种划分方法。

(1)按表现形式划分

按表现形式可以将史料分为文献史料、实物史料和口述史料三大类。

如2018年全国Ⅰ卷第25题,根据安史之乱之后的藩镇割据状况,运用表格把文献史料进行归类列表,从而让考生得出相对合理的结论。

如2017年全国Ⅲ卷第27题,关于宋太祖驾崩前夜宋太宗(时为晋王)的活动,北宋时期有不同记载。该题的选项主要涉及辨识史料的类型,实物史料比文献史料更有说服力。

如2017年天津卷第12题,关于西汉海昏侯刘贺墓的发掘和成果,材料一引自《汉书》,材料二引自廖伯源《昌邑王废黜考》,问材料一和材料二的史料有何不同。

实物史料和文献史料都可呈现历史事实,文献史料具有一定的史学研究价值,但较之于实物史料,其史料价值又稍逊一筹。

(2)按史料价值划分

按照史料的价值可以将史料分为第一手史料和第二手史料。这是高考考查最多的,也是学习历史最需要注意的分类方法。

如2017年天津卷第12题,关于西汉海昏侯刘贺墓的发掘和成果,第(3)问

① 中华人民共和国教育部:《普通高中历史课程标准(2017年版)》,第6页。

是:结合所学知识,指出材料三中的出土文物所印证的史实。这些出土文物对材料一、二有何价值?

如 2010 年广东卷第 10 题 :

研究中国古代丝织业的发展情况时,不可以作为第一手史料的是（　　）

A. 考古学家在河南安阳墓葬中发现的商代玉蚕

B. 甲骨文中有“蚕”“桑”“丝”等文字

C.《诗经·卫风·氓》写道:“氓之蚩蚩,抱布贸丝。”

D. 刘克祥《简明中国经济史》记载:“商周时期的蚕桑生产和纺织手工业已相当发达。”

第一手史料是直接真实反映历史面貌的信息,如遗迹遗物等,是研究历史最有力的证据。第二手史料如回忆录、后人的记载等,需要考据佐证。文学作品在一定程度上可以作为史学研究的史料来对待,但是必须谨慎使用。

2. 史料价值

史料的价值大小与史料的类型直接相关,不同类型的史料其史料价值不同。一般来说,实物史料高于文献史料,官方记载优于民间记载,第一手史料要比第二手史料更可信。

(2016 年浙江卷·3)《明太祖实录》有一段圣旨:“今天下已定,而民数未核实,其命户部籍天下户口,每户给以户帖。”而中国第一历史档案馆藏明代户帖原件所录圣旨为:“说与户部官知道,如今天下太平了也,只是户口不明白俚(哩)。教中书(省)置下天下户口的勘合文簿、户帖,你每(们)户部家出榜,去教那有司官将他所管的应有百姓,都教入官,附名字,写着他家人口多少。写得真,着与那百姓一个户帖。”这说明（　　）

A.《实录》与《户帖》,都是第二手史料

B. 官方原始记录与口述史料,需仔细甄别使用

C. 第一则材料是文献史料,更具有历史的实录感

D. 第二则材料是实物史料,更能反映历史的原貌

(2015 年上海卷·7)为研究三国时代的历史,某同学找来了电脑游戏《三国英杰传》、二十四史中的《三国志》、小说《三国演义》、电视剧《三国》的影碟,其中属于第一手史料的是（　　）

A.《三国志》　　B.《三国演义》　　C.《三国》　　D.《三国英杰传》

史料的价值显而易见。但是,考古实物和文献史料的可信度也会根据研究

的主题不同而不同，比如，2017年天津卷第12题关于西汉海昏侯刘贺墓的发掘和成果，如果拿来研究西汉后期的历史，它是非常好的第一手史料，但有很多学者拿墓里面出土的屏风作为研究孔子身高的第一手史料，距离孔子的时代，它比《史记》还远，这也未必比《史记》的记载更可靠。[①] 同样，《史记》在研究孔子时不是原始史料，但对于研究司马迁则是较为可信的第一手史料。所以，不同史料的可信度要根据研究主题来判断，只有明确了研究主题，才谈得上史料的真伪，才能辨识史料的不同价值。

(2013年浙江卷·13)司马迁的《史记》记载了商王的世系，但长期以来并不能确定该记载是否真实。19世纪末20世纪初殷墟甲骨文的发现，证实《史记》的记载基本上是正确的。以下说法最准确的是 (　　)

A. 考古资料比文献材料更真实

B. 考古发现是历史研究的重要依据

C. 历史记载必须经过考古发现证实

D. 历史记载不存在纯粹的客观性

通过对选项的比较分析，进而比较考古实物与历史文献的另一个不同点：考古发现是偶然的、碎片化的，只能反映局部或者个别的历史，而历史文献往往比较系统地介绍一段较为完整的历史。商周以后的历史，文献史料往往放在很重要的位置，而考古发掘起到进一步印证的作用。所以，不同性质的历史问题，对不同类型的史料依赖程度不一样，价值也就不一样。

历史的真实是一个相对性的概念，我们对历史的叙述都是源于史料，通过现有的史料，创设合理的情境来理解和认识历史。[②]

二、史料的解读与推论

历史不可逆，认识历史只能通过现存史料，必须重视史料的收集、整理和辨析，去伪存真、去粗取精。梁启超曾指出："史料以求真唯尚……孤证不足以成说，非荟萃而比观不可。"[③]历史试卷所选取的史料形式多样，这就要求学生运用

① 陈光裕、郑晓峰：《由西汉海昏侯刘贺墓引出的史料实证命题》，《历史教学》2017年第17期，第36页。

② 田耕：《通过史料实证增进历史理解——以"军机处"微格教学为例》，《历史教学》2015年第23期，第58页。

③ 梁启超：《中国历史研究法》，第81页。

正确的方法,仔细解读与推论。

1. 史料来源的可靠性

任何一个历史结论都必须有史料的支撑,而运用史料论证历史问题的前提是史料必须真实可靠。历史高考不需要考生再去收集史料,只需要考生对命题专家提供的史料加以正确地分析、解读,并得出正确的结论,或者运用史料对专家设定的问题加以论证而已。

(2007 年上海卷·8)据报道,上海发现了一张可能是元朝棉纺织革新家黄道婆的真人画像(图略)。某同学想从下列四方面考证画像真伪,最关键的应该是确认画像的　(　　)

A. 人物年龄　B. 尺寸大小　C. 创作时间　D. 色彩浓淡

题目中,黄道婆是元朝人,如果画像是元朝人所画,可靠性就较强,如果是后代人靠想象所画,可靠性就差。

一般来说,史料愈是丰富,人们对历史的认识就愈是全面。史料愈原始、可靠,愈接近历史的本来面貌。

(2015 年江苏卷·2)据秦琅琊石刻,皇帝之土,西涉流沙,东有东海。但西汉学者编写的《淮南子》等书说颛顼帝即已"西济于流沙",大禹"东渐于海,西被于流沙",更有"纣之地,左东海,右流沙"。上述差异最能说明　(　　)

A.《淮南子》等书以传说贬抑秦始皇

B. 年代久远导致历史记述莫衷一是

C. 历史材料的运用首先要辨别真伪

D. 石刻与文献形成证据链印证历史

《淮南子》是汉初黄老之学的代表作,主张坚持汉初旧制,无为而治,刘安作《淮南子》的目的,是反对汉武帝推行削弱诸侯、加强中央的政治改革。此题的考查思路提示我们要关注历史记载的源头,看到史料的时候,经常需要追问:记载者为什么要这样写?有什么目的?受什么影响?这也是考查史料可靠性的一个重要思路。

(2013 年浙江卷·20)"尽管罗马法律在妇女继承财产上做了严格限制,但一些聪明人往往能找到法律的漏洞……随着罗马在地中海地区的扩张,妇女们也开始占有大宗财产。……许多妇女管理着家庭的财政事务和大地产。"这段话表明　(　　)

A. 妇女在家庭中的地位逐渐与男子平等

B. 罗马法关于财产关系的规范不够严密

C. 妇女的财产继承权富有自然法的精神

D. 妇女的财产占有体现公民法的灵活性

此题的考查提醒我们，考查史料的可靠性需要重视逻辑，尤其在史料有限的条件下，要学会依据现有的史料和史实，合理想象，科学推测，得出准确结论。

历史研究往往也会根据新史料、新证据的产生，重新审视已有的结论。比如，2011 年浙江卷第 14 题考查的北宋东京用煤问题：北宋东京有没有实现煤炭取代木柴和木炭？材料二提出了一个反面的证据，这样，根据材料得出的结论就要加以修改。这个试题告诉我们，对历史认识要抱一种实事求是的开放态度，同时也要重视反证。正视反证本身就是史料实证的科学态度。

2. 论据的充分性

高考命题者往往巧妙地将材料进行加工，以一种崭新的形式出现，材料隐含着重要历史信息，再加上中国语言博大精深，特别是很多字词古今差别很大，还有从西方翻译过来的"译文"材料，保留了西方人"含而不露"的表达方式、幽默性的"欧化语言"技巧，针对这一命题趋势，应注意对材料的巧妙辨别，获取有效信息，论据要充分，体现史论互证。

(2006 年广东卷·2)甘肃灵台出土了一把春秋时期的古剑，剑柄用青铜铸成，剑身铁质。研究者据此得出结论："最迟在春秋时期，中国已经使用铁器。"这一判断 (　　)

A. 材料充分、理解准确，结论合理

B. 材料充分、理解不准确，结论不合理

C. 材料不充分、理解准确，结论合理

D. 材料不充分、理解不准确，结论不合理

史证的充分性实质上是历史论证中的逻辑问题。一般而言，史料与结论之间的关系有几种：必要条件、充分条件、充要条件，要重视证据的充分性。

多则材料的互证也是保证论据充分性的重要方法，从不同角度看问题，增强历史的"证据意识"。这类试题在高考中最为常见，比如，2012 年江苏卷第 22 题，图文互证；2016 年江苏卷第 2 题图文互证记载了"荆轲刺秦王"的历史事件，图像和文字史料互证，可获得较为真实的历史。

2014 年山东卷第 38 题，某历史兴趣小组以"20 世纪初中国的社会发展与女性解放"为课题开展探究性学习，使用了以下材料：材料甲是根据《中国婚姻

史》统计的历代节妇烈女人数绘制的柱状图，材料乙是根据巴金小说《家》绘制的一组同名连环漫画，材料丙是1919年长沙《大公报》的一则报道，并提供了兴趣小组从中得出的两个结论。题目要求考生回答“为什么要收集、研究材料甲?”“使用材料乙、丙进行课题研究时，兴趣小组应该优先选择哪则材料？说明理由。”三则材料从形式看差别特别大，但它们都针对同一个主题——20世纪初中国的社会发展与女性解放，研究的是有关女性解放的具体问题，最后要求说明理由。设问也充分考虑了不同学生的实际认知，可根据自己的所长选择材料，只要论证合理即可。

2013年安徽卷第37题第(3)小题：对三则材料所反映的妇女地位分别进行辩证解读。第一则材料的信息是：中国妇女解放的要求，不但是精神上的，而且是身体上的；第二则材料从思想、习俗和人身等角度列举史实；第三则材料从人的权力角度出发要求提高妇女地位。此题留有2007年广东卷第26题的痕迹，当年广东卷的第26题引用《明会典》、《中国婚姻家庭史》、明代小说《醒世恒言》和《金瓶梅》等官方文献、学者著作和小说作为史料，互证了妇女地位的问题。

高考命题史料的选择，都是命题专家反复斟酌、精挑细选的。除了视频和音频受纸质试卷的限制，高考试题史料呈现的形式基本上遵循了高中生的心理特点。考生要对现有的高考试题提供的史料，进行价值分析判断，还要对史料和相关联的历史做出价值判断，更应该注意到史料撰述者的知识背景、主观立场、时代观念、社会环境都会对历史的记载产生重大影响。这样才能挖掘和解读史料涵盖的更多信息，从而保证论据的充分性。

3. 论证的完整性

史料实证类高考试题的题干和选项都包含特别多的信息，这些信息都是重要的论据。充分挖掘有效的论据，并以此为依托，我们可以通过合理的想象和科学的推演，得出较为合理的结论。

2004年全国Ⅰ卷第19题、2007年山东卷第9题、2012年四川卷第13题、2015年山东卷第39题(非选择题)、2016年上海卷单科历史第38题和2017年全国Ⅱ卷第26题，虽然材料各异，却都考查了对唐朝经济发展状况的有效信息的提取。

2015年全国Ⅰ卷第27题：“河南、江苏两地科举考试状元人数表的变化反映了……”

2014 年全国Ⅰ卷第 28 题："据研究，1853 年，印度人均消费英国棉纱、棉布 9.09 便士，而中国是 0.94 便士。这反映出当时中国……"

以上同为数据类的史料实证选择题。数据对比和变化中包含的有效信息主要体现在"这些数据是在什么背景下变化的"，"这些数据的变化说明了什么问题"。从数据对比和变化中获取信息时，要注意从纵向和横向两个方面分析数据变化的趋势，同时要注意看整体，不能局限于某一个时期或时间段，而应全面理解数据对比和变化所反映的问题。

史料实证类的试题，有些论据为隐性的，比如，非选择题的每则材料后，一般要注明该史料的来源或出处，这是出于命题科学性和严谨性的考虑。引文出处是对所引(选)用材料(史料)的来源进行的说明(解说)，材料的引文注释往往包含了解题的关键信息，包括引文的出处、作者、文章写作的时间、文章的题目等。这些出处(说明)对于我们理解材料往往提供了重要的信息，这些信息经常能帮助我们准确地理解和把握材料的内容与思想，从而使论证更完整。

(2015 年福建卷·14)《景德镇陶录》记："唐武德中，镇民陶玉者载瓷入关中，称为假玉器，且贡于朝。于世昌南镇瓷名天下。"《江西通志》载："景德镇……水土宜陶。宋景德中始置镇，因名。"材料反映了 ( )

A. 唐时瓷都景德镇已驰名天下　　B. 陶玉身份为官营手工业者

C. 该产品工艺精美畅销海内外　　D. 陶玉追求产品的知名度

类似以上的高考试题，近几年各地高考中频频出现，它们都紧扣课改精神，采用多样化的材料创设新情境，试题表现形式丰富多样，彰显了历史学科自身的特点。新鲜活泼的材料，新颖灵活的设问，使考生耳目一新，体现了较好的原创性，也贴近学生的认知水平，反映出命题者取材视野的广阔性和独具匠心的命题技巧。在选取材料命制试题时，命题者都会面临材料内容多，如何取舍的问题，在实际操作过程中，往往以"省略号"的方式进行取舍。"省略号"省去的一般是无效信息，留下的是有效信息，"省略号"前后又反映不同层面的信息。

在材料信息的获取上，材料的表层信息很直观，较易获取，而材料涉及的隐性信息需要归纳、迁移才能获得。怎样获取有效信息？可从论述的观点中获取暗示作者主张的隐性信息，可从材料关键词或结合所学知识获取相关隐性信息，可从学科常识中获取相关隐性信息，这些隐性信息往往制约着答案是否全面与正确，在解读材料获取有效信息时，一定要注意这些隐性信息。

(2014 年浙江卷·13)有学者认为，中国的瓷器(china)深受世界人民喜爱，所以，中国被称为 China。更有学者指出，China 是“秦”的音变（Qin→Chin-a）。解决这个问题的关键是　（　　）

A. 在考古学上取得突破，找到有说服力的证据

B. 利用计算机等先进科技手段，进行广泛调查，得出科学结论

C. 调查中外著名历史学家意见，用民主方式解决这一学术问题

D. 弄清最早用 China 称呼中国者先获悉了“秦”还是“瓷”的信息

获取了充分的论据，分析历史问题的过程，往往是“由表及里”，使史实、史论、史法有机地结合起来，得出科学的结论，体现了论证的完整性。

（2017 年全国Ⅱ卷·35）20 世纪 70 年代至今，《赫鲁晓夫回忆录》多次出版，并被翻译成多种语言。因其内容的复杂性，不同年代版本的内容均有所不同。由此可知，此回忆录作为一种史料　（　　）

A. 能够准确记述作者的事迹

B. 比相关研究著作的可信度更高

C. 版本越新越接近历史真相

D. 反映出时代对历史叙述的影响

此题的切入点把史实、史论、史法有机地结合起来，从而辩证地得出科学的结论。2012 年全国Ⅰ卷第 25 题、2014 年全国Ⅰ卷第 25 题、2016 年全国Ⅰ卷第 30 题都是这类典型试题。

史论结合是高考考查的基本方向，这种理念在高考中渗透于各种类型的试题当中，如选择题，大多数试题都是提供一段材料，要求考生据材料得出结论。比如：

（2016 年全国Ⅰ卷·27）明初废行省，地方分设三司，分别掌管一地民政与财政、司法、军事，直属六部。明中叶以后，皇帝临时派遣的巡抚逐渐演变为三司之上的地方最高行政长官。这一变化有助于　（　　）

A. 扩大地方行政权力　　B. 提高地方行政效率

C. 削弱六部的权限　　D. 缓解中央与地方的对立

该题通过史料让学生分析相关史实，从而得出正确结论，即从史料引出结论。据材料“直属六部”“演变为三司之上的地方最高行政长官”等内容，可知巡抚的出现减少了地方处理事务的环节，能够集中地方权力，提高效率。

史料实证要求我们在学习历史时要注意运用不同方法来进行史料实证。主要方法有两类：一类是内证法，即从史料本身的关键信息中得出结论；另一类

是旁证法，即把史料和与之相关的知识联系起来，旁证包括其他方面的史料，历史研究中一些公认的结论、普遍的规律、教材的知识等，我们一般称之为所学知识，旁证法就是结合所学知识分析史料的过程。[①]

（2016 年全国Ⅱ卷·35）20 世纪 50 年代中期，美国一位著名黑人爵士乐演唱家，在美国新闻署的资助和安排下，多次赴非洲等地巡演，赢得了大量歌迷，很多人通过他的演唱知道了美国。美国政府机构支持该演唱家海外巡演的主要目的是（　　）

A. 争取国内黑人选民支持　　B. 展示美国的经济实力

C. 抵制不结盟运动的发展　　D. 与苏联争夺中间地带

该题主要是通过史料让学生分析相关史实，从而得出正确结论，我们可以用旁证法。

三、用史料形成证据链，解决实际问题

新课标关于“史料实证”素养的最高水平要求是：“能够比较、分析不同来源、不同观点的史料；能够在辨别史料作者意图的基础上利用史料；在对历史现实问题进行独立探究的过程中，能够恰当构建自己对所探究的问题的论述。”2017 年全国Ⅰ卷第 42 题（表略），并未刻意去因循，但基本渗透了这些要求。把 14—17 世纪的中外历史放在具体的历史材料情境中，要求从中提取相互关联的历史信息，自拟论题阐述。整个图表出现了大量人物、物种、制度等材料信息，每个学生选取的材料不同，提取的有效信息就不同，概括的要点就不同，构建出史料实证的证据链、思维链就不同，得出的结论自然千差万别。试题本身无关乎你对 14—17 世纪的中外历史掌握有多翔实，而重在通过这样的历史材料和问题情境建立起历史事物的内在逻辑联系，形成的证据链、思维链，从而能得出自己的看法和结论，解决实际问题。

类似的题目如 2015 年上海卷第 39 题（图略）：

“丝绸之路”，从广义上讲并非只是丝绸贸易的通道，而是指中西方之间的多元化、多层次、多维度的交流通道。假设你是一名历史学家，在研究“丝绸之路”的过程中，遇到了如下问题，该如何解决？

---

① 冯健：《从不同类型史料的价值看学生史料实证素养的培养》，《中学历史教学参考》2017 年第 10 期，第 34 页。

解决一：史料 A、B、D，因为三则史料在时间上观点一致，且文献和考古成果可以相互印证。具有时序感，懂得运用两重证据法，并且能判断不同史料的权威性。

解决二：能根据具体问题，判断不同类型史料的真实性、权威性。相对于其他类型的史料，作为直接实物史料的沉船是最有效的证据。因为古沉船的踪迹能说明从出发地到终点的沿途路线，形成一定的证据链，船上的考古发现又能和沙捞越等地出土的中国瓷器、瓷片互相印证。

解决三：能阅读地图，并根据所学知识，解决证据链问题。为了填补缺失的证据链，应该沿着海上丝绸之路的线路继续寻找古沉船。

结论：能根据情境，进行多维度的解释。丝绸之路的长期延续需要经济、政治、文化因素的合力支撑。中外商人通过商品贸易获取财富是其中最重要的因素。不同社会的政治、宗教、生活方式、物种等交流也在一定程度上推动了丝绸之路的延续。

除此之外，2011 年以来的全国Ⅰ卷第 42 题、全国Ⅱ卷第 42 题，基本上都是通过证据链解决现实问题的典型试题，解决此类问题的关键在于形成证据链，形成证据链需要注意的基本原则有：第一，证据不可少，证据史料充足和证据之间的关联性都要考虑；第二，逻辑不可少，证据史料最终的目的就是通过各种合乎情理的逻辑得出结论；第三，史料之间能够互证，具有协调一致性。① 傅斯年曾说，历史学即史料学，虽有偏颇之处，但史料确实是历史认识的基石，对历史学科核心素养的考查离不开史料实证。

四、史料实证素养的考查趋势

1. 试题类型变化

考查方式可能仍以选择题与材料题为主，但会根据水平层次的划分，在分值和选项附分上发生相应的变化。

（2016 年上海卷 · 35）下列四个选项，各项分值 0～3 分不等，从中选择一个你认为最合适的答案是：

右侧漫画（图略）表达的主旨应是　（　）

---

① 苗颖：《“史料实证”素养的教学分解初探——基于对 2000 年以来相关高考试题的分析》，《历史教学》2017 年第 3 期，第 54 页。

A. 日本军国主义野心勃勃，妄图控制中国（1 分）

B. 英美等国态度暧昧，按兵不动（1 分）

C. 中国奋起反抗，站在反法西斯斗争的前沿（3 分）

D. 中日战争一触即发（0 分）

学生的认知水平和能力层次不同，得出的结论不同。高考题目恰巧可通过附分的不同，体现差异，区分水平。

2. 试题设问语言的变化

如 2017 年天津卷第 12 题关于西汉海昏侯刘贺墓的发掘和成果，材料一引自《汉书》，材料二引自廖伯源《昌邑王废黜考》，第（1）问：材料一和材料二的史料有何不同。第（3）问：结合所学知识，指出材料三中的出土文物所印证的史实。这些出土文物对材料一、二有何价值？

直接问史料价值的题目，在 2011—2016 年的高考的大题中几乎没有出现过，而 2017 年的天津卷非常切合核心素养的要求，有效直观地考查辨识和运用史料的能力。

3. 考查新情境下的问题解决

2018 年颁布的《普通高中历史课程标准（2017 年版）》提出学业水平考试的命题原则明确提到新情境的类型包括：学习情境、生活情境、社会情境、学术情境。多维度地创设试题情境，考查学生在新情境下如何解决问题，利于检测和评价学生的历史学科核心素养水平。以台湾地区的大学测试题为例：

教科书描述某一古都：“这个城市的人口大约一百万，外国人可能占了三分之一。城内围隔成一百多个坊，除了皇城、中央官署外，还有东、西两个市场。如果有机会拜访这座城市，你会因为众多的佛寺而感到震惊。宴会上常可看到外国女子组成的乐队，坐在骆驼背负的平台上表演，演奏着类似吉他的琵琶。”这座都城最可能是（　　）

A. 东汉的洛阳　　B. 唐朝的长安

C. 北宋的汴京　　D. 清朝的北京

2017 年全国卷的第 28、29、32 题也都采用创设新情境的方式呈现。

被用作命题的情境可以多种多样，如有情节的历史片断或历史故事、历史人物的言行、有史料价值的文学作品、历史题材的美术作品、历史文物图片、对历史地理和建筑环境的描述等。

4. 评价标准注重差异化

新课标中有如下典型试题：①

材料一：1899 年 1 月，康有为在回忆“公车上书”时说：“再命大学士李鸿章求和，议定割辽台，并偿款二万万两。三月二十一日电到北京，吾先知消息，即令卓如(梁启超)鼓动各省，并先鼓动粤中公车，上折拒和议，湖南人和之……时以士气可用，乃合十八省举人于松筠庵会议，与名者千二百人，以一昼二夜草万言书，请拒和、迁都、变法三者……并日缮写，遍传都下，士气愤涌，联轨察院(都察院)前里许，至四月八日投递，则察院以既以用宝(光绪帝批准和约)，无法挽回，却不收。”许多论著据此认为康有为发起和组织了“公车上书”，并将之视为资产阶级改良派走上政治舞台的标志。

——摘编自《康南海(指康有为)自编年谱》等

材料二：20 世纪七八十年代以来，史学界对康有为的说法提出了诸多质疑。茅海建详细查阅清朝军机处《随手档》《早事档》《上谕档》《电报档》《洋务档》《收电》《交发档》《宫中电报电旨》等档案，提出：“从二月二十七日至四月二十一日，在不到两个月的日子里，上奏、代奏或电奏的次数达 154 次，加入的人数超过 2464 人次……在各省，封疆大吏电奏反对者(反对签订和约)已过其半数；在京城，翰林院、总理衙门、国子监、内阁、吏部官员皆有大规模的联名上书；举人们的单独上书也达到了 31 次，加入的人数达到了 1555 人次；举人们参加官员领衔的上书为 7 次，加入人数为 135 人次。”“四月初八日(5 月 2 日)，即康有为所称‘不收’其上书的当日，都察院代奏了官员举人的上书共计十五件。”“由此可以证明，康有为组织的十八行省公车联名上书，并非都察院不收，而是康有为根本没有去送。”

——摘编自茅海建《戊戌变法史事考二集》

(1)评析材料一、二论点所依据的不同类型史料的价值。

(2)根据材料一、二，概述以康有为为代表的士大夫阶层对甲午战争失败的反应。

本题重点考查学生能否认识不同类型史料的价值，并利用材料做出自己的论述。不同水平学生作答及评分标准，相应的得分不同。答案示例如表 4-6 所示：

---

① 中华人民共和国教育部：《普通高中历史课程标准(2017 年版)》，第 60 页。

表 4-6

	评分标准	示例
水平一	能够区分史料的不同类型；能够从所获得的材料中提取有关的信息。	在论证士大夫阶层对甲午战争失败的反应中，能够涉及材料的内容。
水平二	在对历史事件进行论述的过程中，能够尝试运用史料作为论据来论证自己的观点。	在论证士大夫阶层对甲午战争失败的反应中，能够对材料一、二进行对比并据此作为论述的证据。
水平三	在探究特定历史问题时，能够对史料进行整理和辨析；能够利用不同类型史料的长处，对所探究的问题进行互证，形成对该问题更全面、丰富的解释。	材料中相同的记述更接近于历史真实，记述存在差异的内容需要辨析。材料二证明材料一中康有为的“公车上书”是不存在的，因此对是否有康有为组织的十八省“公车上书”一事存疑。
水平四	能够在辨别史料作者意图的基础上利用史料，恰当地运用材料构建自己对探究问题的论述。	能够对材料一、二所反映的共同史实加以概括：甲午战争后，清朝士大夫阶层普遍认识民族危机深重，纷纷上书反对签订和约。能够根据材料分析康有为“公车上书”的真伪。

史料是通向历史认识的桥梁，在历史学习中需要了解史料的多种类型；掌握收集史料的基本途径，要有求真求实的历史证据意识，学会甄别史料的真伪和价值的基本方法；能从史料中提取有效信息，并根据史料解读观点，提出自己的认识，解决实际问题。在发展学生史料实证素养的同时，能够兼顾其他四类历史核心素养，这正是当下历史课堂教学以及学生素质发展所必需的。

第四节　关于历史解释的考查

高考作为选拔优秀人才的考试，侧重考查历史学科的核心素养，其中，最核心的是历史解释素养。本节尝试梳理 2010 年以来全国卷的历史高考试题，从中探寻历史解释素养的考查方式。

一、历史解释的两种考查类型

王生在《历史解释素养考查的两种类型及教学启发——基于2017年全国卷历史阐释题的探讨》中认为，近十年来全国卷的历史阐释题可分为两种类型，第一种是“史事—理解—描述”型，第二种是“观点—辨析—评论”型。这种归纳方式值得肯定，但是王生在这篇文章中并未解释这两种类型诞生的理论依据和相互关系。鉴于此，笔者依据历史解释的基本要素，在纵观2010年以来的高考试题的基础上，提出历史高考试题全国卷所考查的历史解释素养可划分为两种类型，即：“史料、史事—概括、理解—描述、阐释”型和“理论、论题—思维、论证—评判、建构”型。

“史料、史事—概括、理解—描述、阐释”型是在给定一些史料或史事（历史结论）的情境下，要求考生获取和解读史料或结论给定的信息，并最大限度获取有效信息，对其进行完整、准确、合理的概括和理解，从而能够客观叙述历史事实，正确解读历史事物，认识事物的本质，最终实现准确描述和阐释历史。考生在作答此种类型的题时，要注意以下几点：对“史料、史事”最大限度提取有效信息；对有效信息进行全面、准确和合理的“概括和理解”；通过“描述、阐释”，对历史事实进行客观叙述和正确解读，揭示历史事物之间的相互关系，从而认识历史事物的本质。

“理论、论题—思维、论证—评判、建构”型是要调动和运用所学历史理论，辨别历史事实、历史叙述、历史结论等专业术语和相关历史理论，依据史料，发现历史问题，独立提出论题或观点，运用理性思维，进行合理论证和独立探究，验证论题或观点或者提出新的历史解释，最终实现对历史事实的客观评判，建构历史的意义。特别需要注意的是，历史高考试题全国卷涉及的理性思维包括：逻辑思维（概念的内涵与外延、分析、推理和论证）、批判性思维（不懈质疑、多元意识、理性归纳与演绎）、辩证思维（整体性、系统性、联系、发展、变化、转化、换位、宏观与微观、对立、多角度）和创新思维（求异、逆向、发散、想象）。考生在作答此种类型的题时，要注意以下几点：“理论、论题”中“理论”依据的是马克思主义的唯物史观指导下的历史理论，而“论题”（或“观点”）提出需要具备归纳性和深刻性；在“论证”的过程中要运用理性思维（逻辑思维、批判性思维、辩证思维、创新思维）进行客观合理的论证；“评判”需要在客观公正的前提下进行，“建构”意义是历史解释的核心目的。

这两种类型中,“史料、史事”和“理论、论题”是高考历史解释考查的前提和基础,“概括、理解”和“思维、论证”是高考历史解释考查的过程和方法,“描述、阐释”和“评判、建构”是高考历史解释考查的结果和能力导向。

二、两种历史解释类型在高考中的考查

纵观2010年以来的全国卷高考题,主要考查了选择题、材料分析题和论述题三种类型的题目。笔者从“史料、史事—概括、理解—描述、阐释”型和“理论、论题—思维、论证—评判、建构”型这两种类型对高考三种题型进行了分析。

1.“史料、史事—概括、理解—描述、阐释”型的选择题

在“史料、史事—概括、理解—描述、阐释”型下,我们可以从“史料、史事”“概括、理解”“描述、阐释”这三个角度来看2010年以来的高考全国卷选择题。

以“史料、史事”为基础,越来越重视考查最大限度从史料中提取有效信息的能力。通过给出“史事”(结论),来获取信息得出答案的有:2010年全国Ⅰ卷第24题“西周封国国名题”、2011年全国Ⅰ卷第35题“科学家共同之处题”、2013年全国Ⅰ卷第28题“恩格斯称赞科学家题”、2014年全国Ⅱ卷第24题“周代雅言题”、2015年全国Ⅱ卷第24题“‘三代’之美题”和第26题“南宋经济重心转移题”等。通过给出“史料”来考查的方式近年来越来越多,成为高考全国卷历史选择题考查的主要方式,考查的“史料”越来越关注史学研究前沿成果,如2018年全国Ⅰ卷第25题“藩镇割据题”,其史料来自张国刚《唐代藩镇研究》和复旦大学历史地理研究所博士李碧妍的新著《危机与重构:唐帝国及其地方诸侯》,2018年全国Ⅱ卷第31题“《两把尺》题”的漫画来源于最近史学界兴起的妇女史研究成果;考查的“史料”越来越符合新课改考查能力和素养的要求,比如2018年全国Ⅰ卷第28题“长颈鹿题”和2017年全国Ⅱ卷“北朝至唐朝饮茶习俗题”等;考查的“史料”形式越来越丰富,越来越多的史料以表格、图片、漫画、地图等形式呈现出来。

“概括、理解”的过程中看重完整性、准确性和合理性。对于表格和漫画类材料的“概括、理解”是最能体现这些特性的,比如2017年全国Ⅰ卷第25题“西汉朝廷直接管辖郡的变化表题”和第34题“《又是斯大林格勒》题”就是这种类型。

“描述、阐释”类的选择题着重考查学生正确解读历史,揭示历史事物之间的因果关系,认识历史事物的本质,所以考查这种类型的题目一般以反映、表

明、说明、实质、目的、意在、原因、合理解释、相互关系等表述来进行提问。纵观2010年以来的全国卷历史选择题，考查“描述、阐释”类型的占了绝大部分，这也反映出因果关系和历史事物本质在历史考查中的重要地位。

2.“理论、论题—思维、论证—评判、建构”型的选择题

在“理论、论题—思维、论证—评判、建构”型下，我们可以从“理论、论题”“思维、论证”“评判、建构”这三个角度来看2010年以来的高考全国卷选择题。

“理论、论题”类的选择题着重考查学生调动和运用所学历史理论，辨别历史事实、历史叙述等专业术语和相关历史理论。考查历史理论的有：2018年全国Ⅰ卷第24题“《墨子》中机械记载题”考查历史唯物主义中人民群众是历史的创造者的理论；考查历史叙述与历史事实等历史专业术语题有：2017年全国Ⅰ卷第26题“唐武德元年同一事件的历史叙述”，2017年全国Ⅱ卷第25题“官修史书题”和第35题“《赫鲁晓夫回忆录》不同版本题”，2017年全国Ⅲ卷第27题“宋太祖驾崩题”，2013年全国Ⅰ卷第24题“司马迁《史记》题”，2010年全国Ⅰ卷第35题“丰岛海战题”。

“思维、论证”类的选择题需要依据史料，运用理性思维，进行合理论证、推理和探究，所以考查这种类型的题目一般以变化发展、由(据)此可知、据此推理出等表述来提问。考查变化发展的逻辑思维，如2013年全国Ⅰ卷第29题“晚清现代化趋向题”；考查由(据)此可知或推理出的逻辑思维，如2018年全国Ⅰ卷第34题“英国工业革命发生原因题”就是通过对英国工业革命条件推理过程来体现对英国工业革命起源条件的全面认知，又如，2015年全国Ⅰ卷第31题“‘一五’计划中英美工业指标题”，需要通过图表，用逻辑思维推知中国原有工业基础薄弱。

“评判、建构”类的选择题，需要对历史事实进行客观评判，建构历史的意义，此种类型的题目一般以产生什么意义、影响、有助于等方式来进行提问，如2016年全国Ⅰ卷第27题“明清巡抚职责的演变题”就直接问巡抚职责的演变“有助于”。另外，还有很多考查这一类型的题目，其评判的表达往往不见于题干和提问，而见于选项，如2018年全国Ⅰ卷第29题“五四运动后社会主义理论的争论”，题干和问题看不出来是考查评判类型，需要通过选项才能得出。

3.“史料、史事—概括、理解—描述、阐释”型的材料分析题

在此种类型下，“史料、史事”是材料分析题的基石，按照“概括、理解”由浅入深，其提问方式有概况内容、主要活动、进行说明到比较异同、变化发展、基本特征或特点，最后“描述、阐释”材料中现象所反映出的基本趋势、本质及造成此种现象的因果关系，通常以背景、原因等词来进行提问。

如2014年全国Ⅰ卷第40题，该题提供了关于宋应星和牛顿的两则材料，然后提出问题：(1)根据材料一、二并结合所学知识，分别指出宋应星、牛顿二人科技成果的特点及它们出现的背景。(2)根据材料一、二并结合所学知识，分析指出二人科技成果命运不同的原因。

再如2013年全国Ⅰ卷第40题，这是一道选做题。题目以清末新政为背景，摘录了《清德宗实录》中的一段文字，提出了两个问题：(1)根据材料并结合所学知识，概括清末新政与戊戌变法的共同之处。(2)戊戌变法与清末新政两次改革的结果差异很大，根据材料并结合所学知识分析其原因，并指出清末新政的实质。

4.“理论、论题—思维、论证—评判、建构”型的材料分析题

全国卷的材料分析题中，围绕“理论、论题”进行“思维、论证”的题最早出现在2010年全国Ⅰ卷第40题第(3)问“阐述恩格斯‘历史前提’”，以后则变为专门12分的论述题。以“评判、建构”的角度来考查的材料分析题较多，其中“评判”的提问方式主要表现为评价作用和功过、认识意义、历史功绩等；“建构”的提问方式主要表现为总结经验、给出建议、进行认识和历史启示。

5.“史料、史事—概括、理解—描述、阐释”型的论述题

这种类型题目要求提炼史料的信息，对其进行概括和分析，从而描述和阐释其形成的原因或产生的影响。这种题目的代表有：2018年全国Ⅰ卷的“鲁滨孙题”，2016年全国Ⅲ卷的“自开商埠题”，2015年全国Ⅱ卷的“新中国节假日演变题”，2014年全国Ⅰ卷和Ⅱ卷的“教材目录修改题”，2013年全国Ⅰ卷的“汉唐行政区域划分演变题”和Ⅱ卷的“中英建筑对比图题”。

6.“理论、论题—思维、论证—评判、建构”型的论述题

这种类型题目要求根据史料或者材料中的理论，独立提炼出材料中的论题或观点，运用逻辑思维或辩证思维进行论证，并最终进行客观评判以及意义的建构。这类题目近几年考查得越来越频繁，如2018年全国Ⅰ卷的“鲁滨孙题”(本题既包括对材料信息的概括和提取，也包括对其进行评价)，2018年全国Ⅱ卷的“张之洞汉阳铁厂题”，2017年全国Ⅰ卷的“14—17世纪中外历史事件分析题”，2017年全国Ⅱ卷的“钟表的演变题”，2017年全国Ⅲ卷的“中国近代转型题”，2016年全国Ⅰ卷的“卢梭观点分析题”，2015年全国Ⅰ卷的“生产力公式

题”,2012 年全国Ⅰ卷的“‘冲击—反应’模式题”’,2011 年全国Ⅰ卷的“欧洲崛起方式题”。

三、两种历史解释类型的异同

王生在《历史解释素养考查的两种类型及教学启发——基于 2017 年全国卷历史阐释题的探讨》中认为“史事—理解—描述”型和“观点—辨析—评论”型具有一些共性,如:依托具体的材料情境,渗透历史解释的必备品质,凸显思维开放性与主动性的特质,遵循历史表述的基本规范。但它们又存在一些不同,如:历史解释的对象不同,思维指向和特质不同,考查的落脚点不同,赋分的理念和原则也有所不同。[①] 虽然王生描述的这两种类型只是针对论述题,但这些异同对于“史料、史事—概括、理解—描述、阐释”型和“理论、论题—思维、论证—评判、建构”型是同样成立的。“史料、史事—概括、理解—描述、阐释”型和“理论、论题—思维、论证—评判、建构”型还有另外一些共同点和不同点。

1. 共同点

(1)史料和史事是基础,不管哪种类型都要立足史料和史事

史料和史事是历史研究的出发点,高考题通过史料和史事来营造历史情境,近年来随着史料使用形式的丰富(表格、图片、漫画、地图等)和史料内容的新颖(教材中完全没有涉及的知识越来越多),营造出来的历史情境越来越符合历史学科的特性,不管是理解和阐释历史事物的因果关系,认识历史的本质,还是评判历史,建构意义,都需要建立在题目给出的史料和史事的基础上,否则学生很容易脱离史料和史事,造成跑题的现象。

(2)理解和思维是历史解释的必经过程

不管是进行概括判断还是进行理性论证,都离不开理解和思维的过程。理解是历史解释的前提,思维又是理解的必经途径。在进行理解和思维的过程中,都需要用到理性,特别是涉及逻辑判断、历史批评、辩证思考以及创新情境下,这种理性思维和理解是非常重要的。

(3)“描述、阐释”与“评判、建构”的能力导向至少是历史解释水平 3

在新课标中,历史解释水平 3 要求能够分辨不同的历史解释,尝试从来源、

---

① 王生:《历史解释素养考查的两种类型及教学启发——基于 2017 年全国卷历史阐释题的探讨》,《历史教学(上半月刊)》2017 年第 7 期,第 29～33 页。

性质、目的等多方面，说明导致这些不同解释的原因并加以分析；水平 4 要求在独立探究历史问题时，能够在尽可能占有史料的基础上，尝试验证以往的说法或提出新的解释。水平 3 中的“来源”指的就是因果关系，“性质”和“目的”指的就是本质，这些就是“描述、阐释”需要解决的问题；水平 4 中的“独立探究”“验证以往说法”“提出新的解释”就是“评判、建构”所需要解决的问题。

2. 不同点

“史料、史事—概括、理解—描述、阐释”型（下称前者）和“理论、论题—思维、论证—评判、建构”型（下称后者）还有不同点。其表现在：

(1)考查的角度不同

前者基本上要求考生从史料、史事出发，进行客观的概括和理性的分析，从而描述历史事物之间的因果关系或者揭示历史的本质或目的；而后者则更要求考生在全面占有史料的基础上，进行论题或观点的提取和概括，运用理性思维进行论证，从而进行历史的评判和意义的建构，这与前者相比更具有主观性。

(2)思维的程度和水平不同

前者注重的是概括和理解，后者则包含分析、推理、论证、多元意见、不懈质疑、辩证思考、换位思考等；前者注重的是描述史事的因果关系，后者则需要提炼主题和观点，进行论证；前者注重的是揭示历史本质，而后者则需要进行评价和判断，并建构历史的意义甚至提出新的解释。总之两者的思维程度和水平是不一样的。

(3)考核的能力水平不同

前者主要考查历史解释的水平 3，后者主要考查历史解释的水平 4(前面已经论述)；前者主要考查历史解释的学业质量水平 3(能够分辨不同的历史解释，尝试从来源、性质、目的等多方面，说明导致这些不同解释的原因并加以分析，能够选择、组织和运用相关材料并使用相关历史术语，对系列历史事物做出解释)，后者主要考查历史解释的学业质量水平 4(在独立探究历史问题时，能够在尽可能占有史料的基础上，尝试验证以往的说法或提出新的解释；能够在正确的历史观和方法论的指导下，全面、客观地论述历史和现实问题)；前者重在考核理解的正确与否，后者重在考查论证的严谨和深刻与否；前者重在信息的提取和因果关系的正确阐述，后者重在论题的深刻与否，论证的逻辑是否严密，评判是否客观合理，建构是否新颖和符合实际。

四、历史解释的高考考查趋势

未来高考围绕历史解释的这两种类型，可能会有如下的考核趋势。

1. “史料、史事”与史学前沿成果紧密结合

历史学科前沿成果是历史学研究的最新成果，其往往是建立在新的历史观点或者新的史料基础上形成的对以往历史问题新的认知。为了加强高考的选拔功用，未来高考可能加大对历史前沿成果的考查。其考查角度很有可能从史料实证素养或者历史解释素养角度进行考查，如果从历史解释素养角度考查，很可能需要考生使用新的视角去阐释和认知以往的历史问题。如 2018 年全国Ⅰ卷第 25 题“藩镇割据题”和 2018 年全国Ⅱ卷第 31 题“《两把尺》题”都与史学前沿紧密结合，需要我们站在新的视角去分析。

2. 按水平层次进行评分标准的划定

由于新课标提倡学业质量水平和素养水平能力层次划分，高考考查历史解释的学业质量水平和素养水平层次集中在第三层和第四层，所以未来的高考试题很有可能将依据历史解释的学业质量水平和素养水平能力的第三层和第四层进行考查。

上海近几年的高考题在按水平层次进行评价的方面做了很多有益的尝试，不管是在选择题还是在材料分析题和论述题中都有较好的体现。

(2016 年上海卷·33)下列四个选项，各项分值 0～3 分不等，从中选择一个你认为最合适的答案：“苟可致富强者，儿自为之，吾不内制也。”“变法乃素志，同治初即纳曾国藩议，派子弟出洋留学，造船制械，凡以图富强也。若师日人之更衣冠，易正朔，则是得罪祖宗，断不可行。”从材料来看，慈禧的意思是

(　　)

A. 有条件地支持变法(3 分)　　B. 希望清王朝复兴(1 分)

C. 祖宗之法不能变(1 分)　　D. 反对洋务运动(0 分)

(2016 年上海卷·38)材料　1886 年 8 月 7 日，《纽约时报》发表文章，对上海租界做了如下描述：

租界之内，三国(指英、美、法)享有独立的行政权力。美国和英国的租界联合起来，成立了类似于市政府的工部局，还有由纳税人选举产生的议会。法租界则有法国人建立的公董局。世界上很少有城市的市政管理像上海这样运转良好。上海警队(巡捕房)的组织相当完善，警力充足。警官包括欧洲人、印度

人和清国人。欧洲人穿着规范的伦敦制服，印度人的警服介于伦敦和印度服装之间，而清国人的警服几乎与他们的传统服装没有区别。

我们对一个城市还能有什么更多的要求呢？这里有很好的下水道，有清洁的供水系统和完善的照明系统，个人财产也受到了良好的保护，人们没有失窃和失火之苦，居民们可以在路况极好的街道上舒适地行走。

问题：你如何看待该文作者对上海租界的描述？

水平1：能根据文本作者的立场、视角等对文本进行评价。作者对上海租界的描述有其符合事实的一面。在西方人的管理下，租界内出现了近代城市供水网络、公共照明系统以及公共道路系统，治安保障机制比较完备，客观上促进了上海城市建设的现代化。但是由于作者外国人的身份，他对租界的市政管理大加赞美，却忽视了以工部局为代表的“独立的行政权力”，是脱离中国政府行政管理和法律管辖的殖民政权，对中国主权造成了严重侵害。租界内的公共管理系统虽然完善，但主要是为了保障外国人生活的安全与舒适。这些都表明租界乃“国中之国”的事实。

水平2：仅能对文本的内容进行分析。

水平3：没有结合文本材料回答问题。

上海历史解释素养类选择题按水平层次进行赋分为未来全国高考历史解释素养按水平层次进行考查提供了重要的借鉴。

第五节　关于家国情怀的考查

家国情怀作为高考历史价值观的导向，有必要引起我们的重视。纵观近些年高考对“家国情怀”核心素养的考查，我们可以看出其主要表现为：以史实为基础、依据一定的价值观对史实做出主观评判；立足家国情怀进行隐性考查，分辨真伪、善恶、进步与倒退，以及公平、正义与否；对历史的认识延伸到对自身成长和现实社会的认识上，从历史中获取有益的养料，从实践的层面体现历史的价值。

以2010年以来相关高考试题为例，根据家国情怀的内涵和外延分析，笔者从家国情怀的考查水平层次、考查内容、设问方式、考查特点、考查趋势等几方面入手，进行初步的分解和归类。

一、对家国情怀的考查水平层次

新课标对“家国情怀”的考查水平定为两个层次，第一层是能够具有对家乡、民族、国家的认同感，理解并认同社会主义核心价值观和中华优秀传统文化，具有对祖国和人民的深情大爱；能够理解和尊重世界各国优秀文化传统。第二层是能够把握中华民族多元一体的发展趋势，以及世界历史发展的进步历程，形成正确的世界观、人生观、价值观和历史观；能够呈现出对历史的反思，从历史中汲取经验教训，更全面、客观地认识历史和能够将历史学习所得与家乡、民族和国家发展繁荣结合起来，立志为新时代中国特色社会主义建设、中华民族伟大复兴做出自己的贡献。

近些年高考题对这两个层次或多或少均有考查。

(2016 年全国Ⅰ卷・48)材料　随着唐朝的发展，由少数民族将士组成的“蕃兵”“蕃将”，成为唐朝开边拓土的重要力量，高丽人高仙芝出身于将门之家，唐玄宗开元后期出任安西都护府，镇守西域，天宝六年(747)，高仙芝率一万骑兵，历经艰难险阻，长途奔袭阻断西域商路的小勃律(今克什米尔境内)，俘其国王，经此一役，“诸胡七十二国皆震慑降服”。

天宝八年(749)，高仙芝以石国(依附于唐朝的西域小国)不守藩属之礼为由，率军征讨，大肆杀掠，掠得大量金银珠宝，皆入其家。石国王子召引大食(阿拉伯帝国)军队进攻唐安西四镇，与高仙芝率领的唐军战于逻罗西域(在今哈萨克斯坦境内)，唐军大败，自此，唐朝在西北疆域的扩展受阻。

——摘编自白寿彝主编《中国通史》

题目要求有两个：

一是根据材料并结合所学知识，概括高仙芝成为唐朝名将的时代背景。

这一问的参考答案是：强大的综合国力；中外文化交流频繁；对外贸易繁荣；积极的边疆政策；开放的民族政策与用人政策。这些从民族政策、国家综合国力、文化交流等角度考查了家国情怀素养的第一个水平层次。

二是根据材料并结合所学知识，评述高仙芝的功过。

这一问的参考答案是：维护唐朝的统治；为丝绸之路的畅通与西域稳定做出过贡献；个人贪婪一定程度上影响了唐朝的西域开拓。很显然此一小问就需要学生在建立起正确的世界观、人生观、历史观的基础上批判地认识历史人物的功过；从另一方面讲出题者也正是通过对高仙芝的功过评价来引导学生形成正确的历史价值观。从考查水平层次的角度讲,此一问着重考查了家国情怀的第二个水平层次。

(2015 年全国Ⅰ卷·40)材料一 在历史中,儒学一直在发展与创新。唐代韩愈以周公、孔子的继承者自居,排斥佛、道,鄙薄汉代以来的儒学,认为周公、孔子之道在孟子之后已经断绝。他在《原道》中说:“吾所谓道也,非向(先前)所谓老与佛之道也。尧以是传之舜,舜以是传之禹,禹以是传之汤,汤以是传之文、武、周公,文、武、周公传之孔子,孔子传之孟轲。轲之死,不得其传焉。”他的这一主张被宋代儒者接受并发扬。当代学者认为韩愈开了宋代“新儒学”的先河。

——摘编自卞孝萱等《韩愈评传》

材料二 19 世纪末,康有为撰写《新学伪经考》《孔子改制考》二书,认为汉代以来儒者奉为经典的《周礼》《左传》等书,是汉代学者为王莽篡汉而伪造的,影响恶劣,导致“中国之民,遂二千年被(遭受)暴主夷狄之酷政”。他主张回归孔子所编定的《诗经》《礼记》等原典,理解真正的儒学精神。在他看来,孔子是一位伟大的改革家,《春秋》便是孔子为“改制”而创作的。他甚至用西学来解释《春秋》,认为《春秋公羊传》中的“三世”说为:“始于据乱(世),立君主;中于升平(世),为立宪,君民共主;终至太平(世),为民主。”

——摘编自张海鹏等编《中国近代史》

问题:我们应当以什么样的态度对待孔子与儒学?

这道题的参考答案是:应历史地看待孔子与儒学,不应盲目地肯定或否定;将真实的孔子与神圣化的孔子区别开来;借鉴其精华,摒弃其糟粕。我们从中可以看出高考考查了:对于第一层次优秀传统文化的认同;对于第二层次即关于传统文化的反思,从而形成更加客观、全面、科学的认识。

纵观近年的高考考查趋势,对于家国情怀第二层次的考查越来越多且形式越来越灵活。

二、对家国情怀的考查内容及设问方式

高考试题对于家国情怀考查的内容范围主要集中于:宗法制、儒家思想、近代救亡图存运动、抗日战争、两次世界大战、对于历史人物的评价、传统文化的批判继承等内容。通过梳理,从 2010 年到 2017 年全国卷的材料分析题中可以整理出近年考查家国情怀内容的设问方式,其具体为:

• 根据材料并结合所学知识，概括指出远东国际军事法庭建立的背景；说明远东国际军事法庭庭长先后提出的法官座次安排的理由。（2010 年全国Ⅰ卷第 46 题）

• 说明中国法官抗争的原因，并加以简要评价。（2010 年全国Ⅰ卷第 46 题）

• 根据材料三，概括指出郭沫若评价曹操的标准、指导思想和方法。（2010 年全国Ⅰ卷第 47 题）

• 根据材料并结合所学知识，简要评述清末对“德”“才”的新认识。（2011 年全国Ⅰ卷第 40 题）

• 简析盟旗制度的历史作用。（2011 年全国Ⅰ卷第 45 题）

• 钱玄同对待传统文化的态度变化在清末民初颇具代表性，简要说明这种变化的历史背景。（2011 年全国Ⅰ卷第 48 题）

• 根据材料并结合所学知识，说明韩愈对儒家发展的作用。（2013 年全国Ⅰ卷第 48 题）

• 根据材料二并结合所学知识，说明“包青天”在后世广为传颂的原因。（2014 年全国Ⅰ卷第 48 题）

• 我们应当以什么样的态度对待孔子与儒学？（2015 年全国Ⅰ卷第 40 题）

• 根据材料并结合所学知识，指出丘处机西行的意义。（2015 年全国Ⅰ卷第 48 题）

• 根据材料并结合所学知识，评述高仙芝的功过。（2016 年全国Ⅰ卷第 48 题）

• 根据材料并结合所学知识，说明历代儒者尊季札为“贤人”的原因。（2017 年全国Ⅰ卷第 48 题）

• 根据材料并结合所学知识，简析季札出使在文化融合方面的意义。（2017 年全国Ⅰ卷第 48 题）

从上述的材料设问可以归纳出高考考查家国情怀设问的引导词主要是：概括、说明、评价、评述、简析、态度、看法等。家国情怀是人们的思想情感、价值观念，根植于人们的内心，对它的考查是在人们对历史事件、历史人物的叙述、理解、认识、评价中体现出来的。

三、高考考查家国情怀的特点

高考试题对于家国情怀的直接考查较少，往往是在围绕主流价值观的前提下以隐性的方式进行考查。具体表现如下。

1. 凸显国家意志

高考是国家选拔人才的大型综合性考试，所以在历史高考的试题中，国家意志需要凸显，而家国情怀就是国家意志凸显的具体表达方式。

2. 围绕主流价值观

历史高考考查需要紧密围绕当今主流价值观，不能出现政治导向错误或与当今主流意识形态相悖离。从 2015 年全国Ⅰ卷第 30 题到 2016 年全国Ⅰ卷的第 30 题的转变，就充分体现出对于主流价值观的考查。由于 2015 年国共关系回暖，所以 2015 年全国Ⅰ卷第 30 题考查国民党在抗战中的正面表现。

（2015 年全国Ⅰ卷·30）1933 年到 1937 年上半年，国民政府军事委员会先后统筹完成了江宁、镇江、虎门、马尾、连云港等要塞区的建设，又大规模构筑了京沪、沪杭、豫北、晋北、绥东等侧重于城市和交通线防御的工事。它反映了国民政府（　　）

A. 力图防范各地兴起的反蒋运动　　B. 对日持久防御作战的战略意图

C. 全力"围剿"红军的企图　　D. 试图削弱各地军阀的实力

但 2015 年考查国民党对于抗战的贡献引发了大规模肯定国民党的趋势，主流价值观借用 2016 年全国Ⅰ卷第 30 题，给国民党在抗战时期的评价定下基调。即国民党对内仍然实行一党专政，对于抗日有一定贡献。

（2016 年全国Ⅰ卷·30）1943 年 8 月，国民党颁布《抗战期间宣传名词正误表》，把"亲日派""长征时代""争取民主""国共合作""抗日民族统一战线"等归为"谬误名词"，禁止刊载，这反映了国民党（　　）

A. 努力缓和与其他党派的关系　　B. 竭力塑造战时政府的形象

C. 与中共争夺抗战的领导权　　D. 力图维护一党专政的局面

3. 直接考查较少，隐蔽性较强

历年高考题，对于家国情怀，国家主流价值观的直接考查很少，其往往是通过对人物、制度、事件等的认识和评价，来考查家国情怀和学生的价值观。

例如，2017 年上海卷第 22 题第（3）问：你是否同意作者对卢梭学说的评价？说明你的理由。2017 年上海卷第 23 题第（3）问：你怎样看待中国在两次世界大战中的表现和国际地位的变化？2017年全国Ⅰ卷第48题：简析季札出使在文化融合方面的意义。2015年全国Ⅰ卷第40题：我们应当以什么样的态度对待孔子与儒学？

四、立足家国情怀，进行历史价值判断

家国情怀在五大核心素养中起着价值引领的作用。在以家国情怀为基础进行价值评价的时候，考生应该做到以下几点：树立正确的世界观、人生观和历史价值观；认同社会主义核心价值观；认同中华民族优秀的传统文化，认识中华文明的历史价值和现实意义；从历史的角度认识中国国情，形成对统一的多民族国家的自信心和自豪感；胸怀天下，放眼世界，了解世界历史文明发展的多样性，尊重世界各国、各民族的文化传统。

1. 个人价值观

关于个人价值观的考查，我们可以看出从2014年全国Ⅰ卷第48题人物题开始，每年高考都会涉及对历史人物背后的历史背景及历史价值观的考查，如2014年的包青天、2015年的孔子和丘处机、2016年的高仙芝、2017年的季札。

2. 中华民族优秀传统文化

关于中华民族优秀传统文化的考查也主要集中于中外人物评价题，在选择题及材料分析题中也偶有涉及。

例如2015年全国Ⅰ卷第40题：我们应当以什么样的态度对待孔子和儒学？

2016年全国Ⅰ卷第24题：

孔子是儒家学派的创始人，汉代崇尚儒学，尊《尚书》等五部书为经典，记录孔子言论的《论语》却不在“五经”之中，对此合理的解释是　（　　）

A. 五经为阐发孔子儒学思想而作

B. 汉代儒学背离了孔子的儒学思想

C. 儒学思想植根于久远的历史传统

D. 儒学传统由于秦始皇焚书而断绝

(2015年全国Ⅰ卷·48)材料　丘处机(1148—1227)，登州(今属山东)人，19岁时投入道教全真派。全真派是当时新出现的一个道教派别，主张兼修儒、释。丘处机潜心研习，成为一方道教领袖。其时黄河南北陷于战乱，全真派徒众剧增，成为蒙古、金、宋竞相争取的对象。

1220年，应成吉思汗之召，丘处机偕弟子西行，历时四年，行程万余里，到达成吉思汗驻跸的雪山（在今中亚地区）。成吉思汗常与他交谈，丘处机“每言欲一天下者，必在乎不嗜杀人。及问为治之方，则对以敬天爱民为本”。成吉思汗深为认同，“命左右书之，且以训诸子”。史载：某日暴雷异常，成吉思汗询问是何预兆，丘处机借此回答说：“人罪莫大于不孝，不孝则不顺乎天，故天威震动以警之。似闻境内不孝者多，陛下宜明天威，以导有众。”成吉思汗采纳了他的建议。

丘处机的弟子李志常撰写了《长春真人西游记》一书，记录了丘处机西行谒见成吉思汗的经历与见闻，流传至今。

——据《元史》等

根据材料并结合所学知识，指出丘处机西行的意义。

此题考查的就是元朝统治者吸收中原文化，特别是儒家文化，从而促进了文化和民族的融合，有利于传统文化的流传和发扬。

3. 统一多民族以及世界历史文明发展的多样性

关于统一多民族的自信心和自豪感，以及了解世界历史文明发展的多样性，主要集中于改革题、和平与战争题进行考查，此外也散见于用世界眼光考查历史的发展变化。例如：

庞贝是古罗马的第二大城市。公元79年，维苏威火山喷发，庞贝被厚厚的火山灰掩埋，从此消失了一千多年。只是因为古罗马作家小普林尼在书信中记载下了这一惨剧，才为人们了解庞贝的消失留下了线索。与之相比，2008年中国汶川大地震（　　）

A. 造成的经济损失相对较小　　B. 受到了世界各地的关注和救援

C. 灾后重建工作进展迅速　　D. 反映出人类征服自然能力增强

本题考查学生是否能够把握世界历史从分散到整体的历史进程，进而用世界的眼光去看待历史问题，进而得知古代的重大事件影响面小，而现代的重大事件具有全球性影响。

（2010年全国Ⅰ卷·46）材料　远东国际法庭法官既为由日本投降书上签字受降各国所派遣，法官们的席次当然应该以受降签字国的先后为序，即以美、中、英、苏、澳、加、法、荷为序。但庭长不喜欢这个安排。由于他想使与他亲近的英、美法官坐他的两侧，便提议应按联合国安全理事会的五强为中心安排，即以美、英、苏、中、法为序。但是有人指出：按照联合国宪章，安全理事会五个常任理事国是以中、法、苏、英、美(按照国名英文字母先后)为序的。这样,中国和法国法官将坐在他的两旁。于是庭长又提议:可以用一般按国名英文字母先后为序的办法。但马上发现,居中的将是中、加等国的法官,英、美法官离庭长更远了。

1946年5月2日正式开庭的前一天,庭长宣布,经过盟军最高统帅同意,座席安排是,庭长右侧为美、中、法等国法官,左侧为英、苏等国法官。这样,英、美两国法官居中。中国法官表示:"这个安排是荒谬的,它既非按照受降签字的次序,又非按照联合国安理会五强排列的次序,亦非按照一般国际会议以国名字母先后排列的次序,用意何在,殊属费解。"说毕便愤然离开。

第二天,远东国际法庭正式开庭。开庭前庭长宣布,最高统帅已经同意,法官行列和座席的顺序以受降签字国的顺序为准。

——摘编自梅汝璈《远东国际军事法庭》

根据材料并结合所学知识,概括指出远东国际军事法庭建立的背景;说明远东国际军事法庭庭长先后提出的法官座次安排的理由。

说明中国法官抗争的原因,并加以简要评价。

本题以第二次世界大战后远东国际军事法庭上围绕法官座次安排的斗争而展开考查。从"这个安排是荒谬的,它既非按照受降签字的次序,又非按照联合国安理会五强排列的次序,亦非按照一般国际会议以国名字母先后排列的次序,用意何在,殊属费解……第二天,远东国际法庭正式开庭。开庭前庭长宣布,最高统帅已经同意,法官行列和座席的顺序以受降签字国的顺序为准"要求学生以学习到的抗日战争的基础知识,理解中国的抗日战争对世界反法西斯战争做出的伟大贡献,使得学生能在站在世界历史的长河中认识抗战的伟大,并进一步提高中华民族的自尊心和自豪感。

五、家国情怀素养考查的趋势

家国情怀受到当今主流价值形态的影响,未来高考可能将围绕家国情怀素养,进行以下方面的考查。

1. 紧紧围绕当今主流价值形态

围绕时代主流价值,体现国家意志,发挥历史课程立德树人教育功能。通过历史学习,使学生能够从历史角度关心国家命运,关注世界发展,成为德智体美劳全面发展的社会主义建设者和接班人。朱汉国认为,高中历史教育,必须服务于新时代中国特色社会主义建设事业，要培养社会主义事业的建设者和接班人，必须践行社会主义核心价值观。社会主义核心价值观就是高中历史教育要确立的价值观念。在学习历史、认识历史、解释历史、评判历史的过程中，必须坚持社会主义核心价值观，确立正确的价值取向，明辨是非，扬善去恶。如评价一个国家发展与否，当以富强、民主、文明、和谐为价值目标；评价一个社会进步与否，当以自由、平等、公正、法治为价值取向；臧否一个历史人物，当以爱国、敬业、诚信、友善为价值准则。

高考体现了国家的意志，其目的是为国家选拔优秀的人才，未来高考势必围绕着主流价值观、立德树人和促进国家与世界的发展等角度进行考查。

2. 按水平层次进行评分标准的划定

按水平层次进行评分标准的划定是未来历史学科进行学业质量考核的重要趋势，对于家国情怀素养来说也不例外。例如：

下列四个选项，各项分值 0～3 分不等，从中选择一个你认为最合适的答案：西汉时，社会上有一批人被称作“游侠”。司马迁在《史记》中认为，游侠坚守自己奉行的道义，为别人排难解纷，敢作敢为，信守言诺，值得称颂；班固在《汉书》中认为这些游侠不遵守制度，不尊重权威，身为小民而行使生杀大权，死有余辜。这反映出（　　）

A. 司马迁与班固的思想境界有高下之别(0 分)

B. 对历史问题的评价因时因人而异(2 分)

C. 两汉主流意识形态发生了变化(3 分)

D. 两汉时期游侠群体发生了质的变化(1 分)

本题通过对“游侠”这个群体不同时代的评判中考查学生对于汉代主流价值形态理解的差异程度，所以通过这种差异化的考查，可以更准确、全面地反映学生的水平，从而能够更好地为选拔人才服务。

3. 家国情怀素养命题形式发生变化

根据近些年全国高考和其他省市的高考考查趋势，未来家国情怀素养题命题形式将更加多元化，但在可以预见的未来，将仍然以选择题和材料分析题为主。只是在材料分析题或者论述题中，会更加突出评价、态度、价值观、看法、观点类题型的考查。这一点在近些年，特别是 2016 年、2017 年上海高考的论述题和材料分析题中有很突出的体现。例如 2017 年上海卷第 22 题“选取并概括作者的事实陈述。你是否同意作者对卢梭学说的评价？说明你的理由”；第 23

题“你怎样看待中国在两次世界大战中的表现和国际地位的变化”。

六、家国情怀素养的高考备考策略

首先，历史教师应在历史教学所特有的教学资源上发挥历史教学的独特性，培养学生的家国情怀素养。历史教师应加强自身的学习，具备勇于担当的责任感，利用教科书中的家国情怀内容进行拓展，运用多种方法，进行家国情怀教育。正确理解新课标中的家国情怀教育思想，充分挖掘历史教科书中的家国情怀教育资源并运用典型资源，创设活动对学生开展家国情怀教育，如：历史人物图片展、历史人物辩论赛、历史话剧等。再如：在学习“丝绸之路”这一知识点时，应该让学生明确丝绸之路的开辟是在汉代大一统条件下进行的伟大的开创性事业，它沟通了东西方经济和文化的交流，更是中华民族主动走向世界、沟通外部世界的开创性事业。让学生在客观真实的史料基础上，通过学习、评判，从而形成正确的认知。

其次，校园文化的建设是培养学生家国情怀的重要方式，应注重校园文化建设。学校是学生接受直接教育的主要场所，更是“立德树人”的践行地，因此校园的文化建设对于学生的发展和价值观的形成有着重要的作用。家国情怀的内涵十分广泛，因而在校园文化建设上对于传统文化、优秀校友等方面资源的利用亦可以为帮助学生形成家国情怀创造良好的氛围。如：建立校史馆，建设中国传统文化艺术长廊等。

最后，发挥学生主体性的作用。结合学生现有的历史知识储备和历史思维能力，充分考虑学生的心理认知层次和水平，结合时代发展赋予家国情怀的内涵，引导学生形成正确的人生观、价值观，促进学生全面发展。

后　记

“高中生历史学科素养培养策略研究”是由姚晓岚主持的广东省教育科学“十二五”规划课题2013年度研究项目(课题批准号2013ZJK031)。早在2013年,姚晓岚就在思考以“历史学科素养”为核心目标引领高中历史教学改革问题,之后便带领深圳科学高中的历史教师团队开始了该课题的研究与实践。但在起步阶段,大家对“历史学科素养”的内涵还没有清晰的认识。我们在中国期刊全文数据库分别以题名和关键词搜索“学科能力”“历史学科能力”“学科素养”“历史素养”“历史学科素养”,从搜索结果看,当时国内关于学科能力的研究成果比较丰富,但是有关学科素养的研究却很少,关于历史学科素养的就更少了,仅有十几篇文章有所涉及。一方面说明当时人们对历史学科素养的关注程度不够、成果不多,这让我们对自己课题研究的创新性充满了信心。但另一方面也说明,我们当时开展这项研究无法“站在巨人的肩膀上”借鉴更多的成果,将会面临重重困难。

研究团队用了几个月时间查阅文献、集体研究,初步提出了历史学科素养的概念:历史学科素养指的是在历史学科学习中获得的历史知识、学科能力、历史意识和情感价值观的综合品质,其基本要素是知识、能力、意识和价值观。但对这一认识是否科学、恰当,我们的态度是谨慎的。

当我们艰难徘徊时,广东省教育研究院历史教研员魏恤民老师给予了及时的指导和关心。当时魏恤民老师正在参与教育部普通高中历史课程标准的修订试点工作,他介绍新课标修订的核心工作就是凝练历史学科核心素养。在姚晓岚的邀请下,魏恤民老师多次来到深圳科学高中具体指导课题研究。他对本课题的价值给予了高度评价,认为我们是先于教育部新课标修订组开展历史学科核心素养研究的一线教师,这一研究具有前瞻性、创造性和探索性,在全国处于领先地位。同时指出,历史学科核心素养的研究要围绕时空观念、史料实证、历史理解、历史解释等关键元素进行探索,要把理论研究与教学实践结合起来并落实在课堂教学中。非常荣幸的是，魏恤民老师还将深圳科学高中作为他指导的广东省历史学科核心素养的研究实践基地。研究团队有了魏恤民老师的加入和指导，大家兴奋不已，对协同攻关更充满了信心。

在课题研究的四年多时间里，我们共上了30多节研究课，进行课堂研讨近20次。深圳科学高中的青年教师在课题研究和教学实践中迅速成长、成熟起来。这期间，他们中有1人获得全国历史优质课高中组评比一等奖，2人获得深圳市青年教师基本功比赛一等奖，2人获得深圳市高考模拟试题命题比赛一等奖。

这本书是我们课题研究的最终成果。它的出版离不开多位专家、同仁的指导与帮助：

华南师范大学黄牧航教授是我们非常尊敬的专家。经邀请，他在生病痊愈出院后便专程从广州赶到深圳，为我们课题研究的进一步深化提出了宝贵意见。他特别指出，“情境教学”是落实历史学科核心素养的重要途径，并对历史学科的情境分类和创设手段提出了极富价值的建议。

华南师范大学特聘教授、《中学历史教学》杂志主编王继平对课题组老师的数篇文稿逐一进行了认真的阅读和修改。她以面对面交流的方式对本书的写作提出了非常宝贵的意见，让我们获益匪浅。

深圳市历史教研员唐云波一直关心本课题研究的进展情况，多次来我校与老师们深入探讨，并为课题研究提供了许多与同行广泛交流的机会和平台。

深圳市龙华区历史教研员李绍金老师先后7次应邀来我校指导课题研究。他参加了课题的开题会和结题会，深入课堂听课，参与课堂教学研讨。他对“时空观念”的内涵把握，对“历史理解”和“历史解释”的认识，对“历史价值观”的理解，以及在课堂教学中如何落实历史学科核心素养，都有着独到的见解，给我们的课题研究带来了很大帮助。

广西教育学院夏辉辉老师在忙于新课标省级培训和参加全国学术研讨会之时，不顾在外奔波的辛劳，仍然抽出宝贵的时间审读书稿，并将在培训和研讨会期间国内著名专家的有关最新研究成果及时传递给我们，对本书的结构、标题与内容提出了大量富有创见的建议。她的学术修养和认真态度令人敬佩。

正是有了这些志同道合的专家、同仁的指导与帮助，才使我们的课题研究和本书的写作得以顺利进行。2018年5月，广东省教育厅在华南师范大学组织开展了“普通高中新课程方案和新课标省级培训”，姚晓岚作为授课专家为省级骨干教师和地市教研员做了专题培训，培训报告就是本书的主要内容。

本书总体设计和构建写作框架由魏恤民、姚晓岚完成。各章节执笔者为：

第一章第一节，魏恤民；第二节，李小锋、魏恤民。

第二章第一节，李小锋；第二节，姚晓岚、魏恤民；第三、四节，姚晓岚；第五节，赵超、李冰凝、刘筠尧。

第三章第一、二节，姚晓岚；第三节，彭圣梅；第四节，姚晓岚。

第四章第一节，姚晓岚；第二节，陈伟；第三节，夏艳红；第四、五节，何冠彬。

全书由姚晓岚统稿，魏恤民对全书提出了修改意见并进行了审改。

由于出版时间紧迫，加之我们的水平有限，书中难免有疏漏和不当之处，恳请读者批评指正。

姚晓岚　魏恤民

2018 年 8 月